新 인재시교

신인재시교

新因材施教

자녀를 행복한 성공으로 이끈 부모의 교육철학 29편

… 김민희 지음 …

이랑 BOOKS

차례

프롤로그 : 문제아는 없다, 문제부모만 있을 뿐 \ 9

 **1부 가족이 살아가는 힘이 된다!**

- 편지에서 길을 찾다 – LS산전 나경일 씨와 경영학과 재학 중인 딸 나성진 양
  매일 손편지를 쓰는 아빠가 있다 \ 16

- 친구 같은 아빠에서 길을 찾다 – 광고인 박웅현 씨와 '히까닥' 철학도 딸 박연 양
  "아이를 조금 덜 사랑하세요" \ 24

- 밥상머리 교육에서 길을 찾다 – 밀레코리아 대표 안규문·조윤숙 부부와 두 남매
  밥상머리는 인생 최고의 선행학습장 \ 33

- 대화에서 길을 찾다 – '대화의 신' 어머니 이정숙 씨와 원조 '공부의 신' 아들 조승연 씨
  '대화의 신'이 '공부의 신'을 만들다 \ 43

- 눈높이 교육에서 길을 찾다 – 공병호 경영연구소 소장과 아들 공민수·현수 군
  생각의 힘을 길러주는 눈높이 대화법 \ 53

- 균형에서 길을 찾다 – 공대 출신 어머니 이강화 씨와 무용수 딸 박소영·상은 양
  논리와 감성을 아우르는 균형감이 필요하다 \ 62

- 청출어람에서 길을 찾다 – 강만홍 서울예대 교수와 뮤지컬배우 아들 강태을 씨
  아이의 자유로운 영혼을 존중하라 \ 73

- 가업에서 길을 찾다 – 세기테일러 윤인중 원장과 가업에 뛰어든 아들 윤일석 대표
  가업에서 체득한 인생의 산 교훈 \ 82

 공부를 놀이처럼, 놀이를 공부처럼!

- 공부놀이에서 길을 찾다 – 포항 농부 아버지 황보태조 씨와 의사·약사가 된 4녀 1남
  농부아빠가 만든 맞춤식 놀이공부법 ＼ 94

- 공동체 교육에서 길을 찾다 – 강화도 서당 아버지 이광구 씨와 생활교육 받은 삼남매
  "어? 그게 공부였어요?" ＼ 104

- 가족신문에서 길을 찾다 – 한국화장실연구소 조의현 소장과 아들 조영헌·조영한 교수
  꾸준함과 글쓰기 실력 키워준 가족신문 만들기 ＼ 115

- 홈스쿨링에서 길을 찾다 – 집중력 강화 전문가 황석호 씨와 14세에 대학생이 된 사남매
  몰입과 집중력 강화로 영재를 만든다 ＼ 124

- 육아 공부에서 길을 찾다 – '푸름이 교육법' 전수자 최희수·신영일 부부와 영재 두 아들
  자연에서 놀고 책으로 배운다 ＼ 134

- 놀이에서 길을 찾다 – 아빠놀이학교 교장 권오진 씨와 독립심 강한 남매
  삶은 놀이터, 일상의 모든 게 교육도구 ＼ 144

- 독서클럽에서 길을 찾다 – 입시 전문가 이석록·차은희 부부와 독서토론으로 실력 키운 남매
  친구와 함께라면 독서도 놀이가 된다 ＼ 154

3부 다른 세상에서 길을 찾아라!

- 아빠 밥상에서 길을 찾다 – 전 정림건축 이층노 대표와 아들 이은규 군
  아빠가 차려주는 '은소밥' \ 166

- 여행에서 길을 찾다 – 금융컨설턴트 박윤희 씨와 무역사업가를 꿈꾸는 딸 박정현 양
  서로에게 의지해 길을 걷다 \ 184

- 멘토에서 길을 찾다 – 서용순 이지출판 대표와 약학전문대학 진학한 아들 안상욱 군
  생일선물 대신 멘토와의 식사를 \ 192

- 동기부여에서 길을 찾다 – 서지훈 KT파워텔 상무와 F1 유망주 아들 서주원 군
  목표가 생기면 아이의 삶이 달라진다 \ 201

- 가족여행에서 길을 찾다 – '가정과 교육 세움터' 대표 옥봉수·박임순 부부와 삼남매
  여행을 통해 익힌 자기주도 학습능력 \ 210

- 꿈에서 길을 찾다 – 잔소리 고수 어머니 최혜영 씨와 팝피아니스트 아들 윤한 씨
  롤모델을 통해 자신의 꿈을 찾다 \ 220

 **아이의 자존감 길러주기!**

- 취미에서 길을 찾다 – 스승 같은 아버지 박광수 씨와 BMX 선수 딸 박민이 양
 "네가 하고 싶은 것을 즐기면서 하렴" \ 232

- 자립에서 길을 찾다 – 편견 없이 키운 어머니 우석주 씨와 마술사 아들 하재용 군
 열린 사고 아래에서 자립심을 키우다 \ 241

- 방황에서 길을 찾다 – 신아사업 성낙헌 대표외 아들 인더비 성지환 대표
 직선으로만 가는 인생은 재미없다 \ 251

- 자존감에서 길을 찾다 – 이무석 정신과 전문의와 서양화가 아들 이성수 씨
 완벽한 부모는 없다, 좋은 부모면 된다 \ 261

- 절대 긍정에서 길을 찾다 – 고려대 남기춘 교수와 패션모델 딸 남지현 양
 딸바보 아빠가 무대 위 스타를 키우다 \ 270

- 칭찬에서 길을 찾다 – 지켜보기 고수 장경애 씨와 뮤지컬배우 딸 김소현 씨
 딸에게 해준 무한긍정의 말 말 말 \ 279

- 기다림에서 길을 찾다 – 김명신 서울시의원과 남매 이동원·라슈 씨
 실패가 아니다, 삶의 방식이 다른 것이다 \ 288

- 바라지 않는 마음에서 길을 찾다 – 상담왕 교사 신규진 씨와 자매 신서현·서빈 양
 바라지 않아야 바라는 대로 큰다 \ 297

에필로그 : 뒤늦게 시작한 좋은 엄마 되기 공부 \ 307

행복한 부모가 말하는 자녀교육 Tip

- 아버지 나경일 씨의 Tip – 답장 없어도 실망하면 안 돼요! \ 22
- 박웅현식 '독서 교육' – 고전의 세계로 안내했더니 아이 스스로 진화하더라 \ 31
- 안규문·조윤숙 부부의 Tip – 가족식사 많을수록 아이의 성적도 더 좋아요! \ 42
- 어머니 이정숙 씨의 Tip – 성공을 부르는 엄마식 대화는 따로 있어요! \ 51
- 아버지 공병호 씨의 Tip – 나와 다른 아들의 생각, 있는 그대로 인정해야 해요! \ 60
- 어머니 이강화 씨의 Tip – 아무리 시간 없어도 수학 공부는 꼭 하게 하세요! \ 71
- 아버지 강만홍 씨의 Tip – 틀에 가두지 않아야 아이가 빛날 수 있어요! \ 81
- 아버지 윤인중 씨의 Tip – 가업 계승, 자녀 스스로 선택하게 하세요! \ 90
- 아버지 황보태조 씨의 Tip – 모든 농사의 가장 기본, 작물과 아이의 특성을 먼저 알아야 해요! \ 103
- 아버지 이광구 씨의 Tip – 감정을 자제하고 객관적으로 아이를 보아야 해요! \ 113
- 아버지 조의현 씨의 Tip – 휴간 없는 꾸준한 발행이 중요, 소소한 내용도 좋아요! \ 122
- 아버지 황석호 씨의 Tip – 공부는 자세가 중요, 좌선 자세로 명상부터 시작해 보세요! \ 132
- 최희수·신영일 부부의 Tip – 모든 아이는 영재로 태어납니다! \ 142
- 아버지 권오진 씨의 Tip – 삶을 놀이처럼, 놀이를 삶처럼! \ 152
- 이석록·차은희 부부의 Tip – 친한 친구끼리 놀 듯 책을 읽을 수 있게 해주세요! \ 162
- 아버지 이충노 씨의 Tip – 자녀와 관계회복을 원한다면 화내면 안 돼요! \ 182
- 어머니 박윤희 씨의 Tip – 단둘이 시간을 갖는 게 중요합니다! \ 190
- 어머니 서용순 씨의 Tip – 멘토 초청 식사는 일찍 시작할수록 좋아요! \ 200
- 아버지 서지훈 씨의 Tip – 간절한 꿈이 생기면 아이는 스스로 진화합니다! \ 208
- 옥봉수·박임순 부부의 Tip – 자녀와 소통하려면 '즐거운 나의 집'을 먼저 만들어 보세요! \ 218
- 어머니 최혜영 씨의 Tip – 아이 스스로 찾은 꿈이어야 행복하게 성공할 확률이 높아요! \ 228
- 아버지 박광수 씨의 Tip – 결단의 순간, 선택은 아이에게 맡겨주세요! \ 239
- 어머니 우석주 씨의 Tip – 챙겨주는 엄마는 아이를 수동적으로 만들어요! \ 249
- 아버지 성낙헌 씨의 Tip – 방황은 직업탐색의 시간, 실컷 방황하게 하세요! \ 259
- 아버지 이무석 씨의 Tip – 자존감 높은 아이로 키우려면 어떻게 해야 할까요? \ 268
- 아버지 남기춘 씨의 Tip – 믿는 대로 된다! "잘될 거야"라는 주문을 걸어주세요! \ 277
- 어머니 장경애 씨의 Tip – 칭찬을 할 때에는 구체적으로 이유를 밝히며 칭찬해주세요! \ 286
- 어머니 김명신 씨의 Tip – 부모의 가치관으로 아이의 진로를 판단하면 안 돼요! \ 296
- 아버지 신규진 씨의 Tip – 아이에 대한 기대와 바람을 버리세요! \ 305

 프롤로그

문제아는 없다,
문제부모만 있을 뿐

자녀교육에 과연 정답이 있을까? 안타깝지만 아이마다 타고난 소질과 적성이 다르니 일률적인 정답지가 있을 수 없다. 그렇다면 자녀교육에서 가장 중요한 점은 무엇일까? 바로 '내 아이에게 딱 맞는 교육법'을 찾아내는 것이다. 평소에도 꾸준한 관찰을 통해 내 아이가 진정 좋아하고 잘하는 것을 발견한 후 그의 삶이 행복하게 빛나도록 도와주는 것, 그것이 바로 부모가 해야 할 최선의 역할이다. 이 책에는 우여곡절 끝에 그 방법을 찾아내어 '행복'과 '웃음'으로 내 아이를 이끈 부모의 성공담이 소개되어 있다.

이 책의 키워드는 '행복한 성공'이다. 그에 맞게 자녀를 '행복한 성공'으로 이끈 부모의 교육철학 29편을 담았다. 주인공은 자녀교육 전문가가 아니다. 상담심리학은커녕 교육학 등도 배우지 않은 평범한 부모이다. 개중에는 광고인 박웅현 씨, 공병호 박사, 뮤지컬 배우 김소현 씨의 어머니, 마술사 하재용 군의 어머니 등 유명인도 있지만, 다섯 자녀를 수재로 키운 포항 농부와 수험생 딸을 위해 301통의 편지를 써준 아버지 등 평범한 부모도 있다.

이들은 아이가 가진 소질과 적성을 살려 자녀 스스로 행복한 인생을 살도록 조력자 역할을 성공적으로 해냈다. 부모가 자녀보다 앞서서 이끈 경우는 없었다. 대치동 학원가를 전전한 '돼지엄마'도, 자녀 스케줄을 하나하나 체크하는 '헬리콥터맘'도 없었다. 아이가 충분히 자기만의 생각을 가질 수 있도록 한걸음 뒤에서 지켜보고 기다려주었을 뿐이다. 자녀를 행복한 성공으로 이끈 부모는 그런 사람들이었다.

부모와 자녀가 다 함께 행복해야 진정한 성공

나는 부모와 자녀를 찾아다닐 때 좋은 학벌과 번듯한 직장을 성공의 잣대로 삼지 않았다. 어떤 일이든 분야에 관계없이 스스로 만족스러운 결과를 내면서 행복한 삶을 사는 것을 최우선으로 삼았다. 여기에 절대기준은 없다. 스스로 만족하고 행복하면 성공적인 삶으로 간주했고 진심으로 응원하였다.

또 하나, 자녀의 성공을 위해 부모의 맹목적인 희생과 고통이 뒤따랐다면 그 또한 행복한 성공의 범주에서 제외했다. 부모와 자녀가 다 함께 행복해야 진정한 성공이기 때문이다. 이 책에 부모뿐 아니라 자녀까지 함께 등장시킨 이유도 같은 차원이다. 자녀가 가고 있는 길이 행복한 성공이라는 것을 증명하기 위해서는 부모 측의 증언만으로는 부족했다. 일종의 삼자대면이 필요했다고 할까? 해외유학 중인 박웅현 씨의 딸 연이 양이 한국으로 올 때까지 넉 달 넘게 기다린 것도 이 때문이다.

취재하고도 차마 쓰지 못한 이야기도 있다. 이름만 대면 알만한 연주자와 그의 아버지가 그 경우였다. 바쁜 분들이라 밤늦게서야 어렵사리 만났고, 나는 그들과 꽤 오랫동안 이야기를 나누었다. 그러나 부자의 이야기를 파고들수록 무언가가 이상했다. 아들은 누가 봐도 성공한 음악가로서의 길을 걷고 있었지만 행복해 보이지 않았다. 알고 보니 아버지가 아들을 자신이 못다 이룬 꿈의 대리인으로 키웠고, 아들은 이런 아버지의 교육방식에 불만이 깊어 정상적인 소통이 되지 않았다. 결국 이 취재는 기사화 할 수 없었다.

초짜 배우와 각본 없는 드라마가 주는 감동

이 책이 보여주는 또 하나의 강점은 '각본 없는 드라마'라는 점이다. 등장인물 또한 '부모'와 '자녀' 역을 맡은 완전 초짜 배우이다. 신인배우가 각본 없는 예측 불허의 드라마를 만들어간 셈이다. 자녀 여럿을 둔 부모 역시 초연인 것은 마찬가지다. 첫째에게 통했던 교육철학이 둘째에게도 통할 가능성은 희박하다. 첫째와 둘째의 성향은 정반대인 경우가 많기에 부모 역할도 다를 수밖에 없다. 또한 정답 없는 내 아이 키우기는 기쁨과 아픔, 감동과 고통이 점철되어 있다는 점에서도 드라마 같았다. 한 가족 한 가족 만나면서 참 많이 울고 웃었다. 특히 일진 아들을 되돌리기 위해 CEO직을 그만두고 매끼 아들에게 따뜻한 밥상을 차려주는 이충노 전 정림건축 대표의 밥상에 함께 앉아 밥을 먹었던 기억은 지금도 강렬하게 남아 있다.

내 아이에게 딱 맞는 맞춤형 자녀교육

최근 아이큐 검사의 오류가 지적되면서 '다중지능검사'가 각광받고 있다. 다중지능검사는 선천적으로 타고난 강점을 찾는 검사로 사람은 각자 음악, 언어, 논리수학, 공간, 신체운동 등 잘하는 분야가 정해져 있다고 말한다. 행복한 성공을 이룬 사람 대부분은 자신의 강점 지능을 잘 찾은 경우이며, 부모 역시 아이의 강점 지능을 잘 발견하여 그에 맞는 교육을 시켰다는 것을 알 수 있었다.

우여곡절 끝에 내 아이에게 딱 맞는 '맞춤형 자녀교육'을 찾은 부모의 교육철학은 한편 한편이 보석처럼 빛난다. 밥상머리 교육, 편지, 자존감, 홈스쿨링, 가족신문, 균형, 롤모델, 취미, 아빠 밥상, 공동체 교육…… 그 과정에서 나는 자녀교육의 성공방정식과 좋은 부모의 정의를 다시 쓰게 되었다. '인생의 궁극적인 목적은 행복이며, 부모는 내 아이가 행복하게 살 수 있게 도와주는 존재'라는 소박한 진리를 머리가 아닌 가슴속에 새기게 된 것이다.

아이의 타고난 소질과 적성을 살려주자

이 책은 《주간조선》에 〈新 인재시교〉라는 타이틀로 연재 중인 기사를 엮은 것이다. '인재시교(因材施教)'는 공자의 『논어』의 「선진」편에 나오는 말로, '천편일률적인 방식이 아니라 사람마다 타고난 소질과 적성을 개발하여 환경과 상황에 맞게 교육한다'는 뜻이다.

수천 년 전 살다간 선인의 교육철학이지만, 요즘처럼 잘못된 교육 방식으로 아이들을 멍들게 하는 현대의 대한민국 부모들에게 더욱 필요한 말이기도 하다.

29편의 드라마를 엮기까지 많은 분의 도움이 있었다. 우선 취재원 한분 한분께 감사드린다. 이분들이 취재에 응하면서 한 말은 한결 같았다. "잘못된 교육철학으로 아이들을 멍들게 하는 대한민국 부모들에게 경종을 울려야 합니다. 저희의 경험이 작은 보탬이 되면 좋겠습니다."

《주간조선》선후배의 도움도 컸다. "좋은 학원, 좋은 학벌을 조장하는 기사 말고 가족 힐링이 될 수 있는 교육 연재기사를 구상해보라"며 길을 열어준 최준석 국장님, 〈新 인재시교〉 최고의 화제작이자 추석특집 커버스토리 '일진아빠 분투기' 탄생의 일등공신 정장열 부장님, 취재 후 "인재시교감 건졌다"라며 자리에 앉기 무섭게 취재원을 소개해준 박영철 선배, 수시로 기사의 각을 잡아주고 취재원을 소개해준 황은순 선배, 이 외에도 이민형 선배, 제1독자 우경희·황나령 선배,《톱클래스》이선주 편집장님, 서철인 선배, 이현숙 선배, 최선희 선배, 한재연 후배에게도 감사를 전한다. 무엇보다 거대한 우산 같은 남편 박동철 씨에게 존경과 사랑을 보낸다. 늘 엄마 자리에 있어주지 못해도 티 없이 밝게 자라는 개구쟁이 두 아들 수빈과 정빈에게는 따뜻한 미소를 건네고 싶다.

2014년 5월

김민희

손편지 · 친구 같은 부모 ·
밥상머리 교육 · 대화 ·
눈높이 교육 ·
균형감 · 청출어람 ·
가업 · 공부놀이 ·
공동체 교육 · 가족신문 ·
홈스쿨링 · 육아 공부 ·
놀이 · 독서클럽 ·
아빠가 차려주는 밥상 ·
단둘만의 여행 · 멘토 ·
동기부여 ·
가족여행 · 꿈 ·
취미 · 자립 · 방황 ·
자존감 · 절대 긍정 ·
칭찬 · 기다림 ·
바라지 않는 마음

1

가족이 살아가는 힘이 된다!

편지에서 길을 찾다

수험생 딸에게 보낸 아빠의 손편지 301통,
힘들고 지친 딸의 버팀목이 되다

매일 손편지를 쓰는
아빠가 있다

LS산전 나경일 씨와
경영학과 재학 중인 딸 나성진 양

매일 점심시간 쪼개 딸에게 쓴 편지

수험생 딸에게 매일 손편지를 쓴 아버지가 있다. 입시공부에 시달려 물에 젖은 솜뭉치처럼 축 처져 들어오는 딸, 그 딸을 보기가 애처로워 힘이 되어줄 수 있는 방법을 고민하다 시작한 편지다. 매일 써주겠다는 약속을 지키기 위해 아버지는 점심시간을 쪼개 편지를 썼다. 시간이 부족해 책상 앞에서 주먹밥을 먹어가며 편지를 쓰는 일도 많았다. 그렇게 쌓인 편지는 총 301통, 단행본으로 엮으면 1000쪽이 넘는 분량이 되었다.

충북 청주에 있는 LS산전에서 근무하는 나경일(53) 부장과 맏딸 성진 양의 이야기다. 딸에게 전하는 소박한 편지였지만 효과는 강했다. 평범한 직장인이자 세 자녀의 아버지가 쓴 편지는 차츰 입소문이 났고, 편지를 읽은 이들에게 큰 울림을 주었다. 부녀(父女)의 이야기는 청주에서 유명세를 탔다. 나씨는 청주 지역 라디오 방송에 초대손님으로 출연했고, 반칠환 시인이 대표로 있는 출판사에서 책도 냈다. 반 시인은 추천사에서 "교육의 붕괴와 아버지의 부재 속에서 쓴 이 편지는 이 시대 '부정(父情)의 의미'와 '편지의 힘'에 대해 생각하게 해준다"라고 말했다. 책 제목은 『아빠는 있다(지혜)』. 반 시인은 '아빠는 있다'는 말은 '아빠가 없다'는 것을 웅변한다며 스승이자 동반자로서 아버지가 실종된 현실을 지적했다.

아버지의 감동 편지를 받고 자란 성진 양은 국민대 경영학과에 진학해 대학생이 되었다. 27년간 한 회사를 성실히 다니면서 만족도 높은 아버지처럼 '좋은 회사에서 오랫동안 즐겁게 일하는 것'이 그의 꿈이다. 작가나 기자가 되고 싶은 생각도 있다.

"성진이가 고등학교 3학년이 되니 매일 늦게 들어오는데 해줄 게 없었어요. 물질적으로 풍족하게 도움을 줄 만한 형편도 아니었고. 아빠로서 뭔가는 해야겠다고 생각해서 매일 편지를 쓰기 시작했죠. 답장은 하지 말라고 했습니다. 할 공부도 많은데 부담될까 봐요."

아빠의 편지를 꼬깃꼬깃 접어 지갑에

아빠의 편지는 힘이 셌다. 힘들고 지칠 때마다 아빠가 써준 편지가 딸의 버팀목이 되었다. 지금도 성진 양은 지갑에 아빠 편지 몇 장을 꼬깃꼬깃 접어 지니고 다닌다. 중심을 다잡기 위한 용도다. 공부하기 싫을 때, 마음이 흐트러질 때마다 아빠의 편지를 꺼내 읽으면 마음을 다잡을 수 있다. 지갑을 열 때마다 편지가 보이면 아버지가 고생하시는 게 떠올라 돈을 덜 쓰게 되는 부수적 효과도 있다. 또 아빠표 서평은 흡수가 잘 되었다. 편지를 통해 아버지가 육성으로 전하는 책은 공부가 아니라 이야기처럼 들리기 때문이다.

부녀는 요즘도 거의 매일 편지를 주고받는다. 성진 양에게 스마트폰이 없던 때에는 이메일로 편지를 주고받았지만, 최근엔 스마트폰 메신저로 편지를 주고받는다. 그중 하나를 소개한다.

아버지 : (정호승 시인의 시 '고래를 위하여' 전문 인용) 성진아, 요즘이 마음속에 고래를 키우기 가장 좋은 시기일 거야. 책도 많이 읽고 영어 공부도 하며 마음속 푸른 바다에 고래를 담도록 하렴. 멸치처럼 작았다 해도 어느 순간 큰 고래로 자라 있을 거야. 파이팅! ♥ ♥

딸 성진 : 저도 요새 시간이 많아서 좋아요. 이럴 때 잘 보내야죠. 책도 많이 읽어서 마음이 꽉 찬 대학생이 될게요. 오늘 하루 파이팅! 힘내세요.
♥♥♥♥

아버지가 딸에게 보낸 편지의 장르는 다양하다. 수험생 딸을 바라보는 아버지의 애틋한 심정을 담은 응원 메시지부터 신문 읽을 시간이 부족한 딸을 위해 국내외 10대 뉴스나 작가 박완서 별세 등 화제의 이슈를 요약해 주기도 하고『체 게바라 평전(장 코르미에, 실천문학사)』『정의란 무엇인가(마이클 샌델, 김영사)』『젊은 베르테르의 슬픔』등의 서평을 써서 보내기도 한다. 호국의 날 6월에는 이문열의『영웅시대 1,2(민음사)』, 황석영의『손님(창작과비평사)』, 안정효의『은마(나남)』를 소개했다. 보통 평일에는 자유 주제로, 토요일에는 서평을, 일요일에는『성경』구절을 인용하여 편지를 썼다.

한번에 평균 200자 원고지 7매 내외의 편지, 그것도 주제를 담은 편지를 매일 쓴다는 것은 쉽지 않은 일이다. 그는 "의지가 흔들릴까 봐 딸에게 '매일 편지를 써 주겠다'는 약속을 했습니다. 쓰기 싫어도 약속을 지키기 위해 편지를 썼지요"라고 말했다.

부녀에게 편지는 소통의 가장 큰 수단이었다. 아버지는 말로 표현하는 것에 서툴고, 아버지를 꼭 닮은 딸 역시 말보다 글이 더 편했다. 성진 양은 "과묵한 아빠가 편지를 주시지 않았다면 아빠에 대해 잘 몰랐을 거예요. 편지로 새롭게 알게 된 아빠의 모습이 참 많아요"라고 말했다. 편지의 말미마다 '성진이를 사랑하는 아빠가'라고 쓰여 있지만, 아버지는 딸에게 사랑한다고 말로 해본 적은 거의 없다.

편지의 힘을 깨닫기 시작한 건 성진 양이 사춘기에 들어서면서부터였다. 성진 양 역시 사춘기의 반항기를 피해 가지 못했다. 초등학교 6학년 무렵 딸은 아버지가 곁에 오지도 못하게 했다. 아버지가 손을 내밀면 그 손을 매몰차게 뿌리쳤다. 성진 양은 "그때는 이유 없이 부모님이 싫었어요, 저를 사랑한다는 걸 알면서도 짜증이 났죠"라고 했다. 이런 딸의 마음을 되돌린 건 편지였다. 아버지의 말을 들으려조차 하지 않는 딸에게 아버지는 편지를 전했고, 편지가 쌓이면서 딸은 서서히 마음을 열었다. 성진 양은 아빠 편지가 없었다면 사춘기 때의 벽이 지금까지 남아 있었을 것이라고 말했다.

편지의 힘은 관심, 길지 않아도 좋다

나씨는 딸에게 보내는 편지의 가장 큰 힘을 '관심'이라고 말한다. "편지는 관심의 표현이에요. 쓰는 동안에는 그 사람만 생각하게 되니까요. 길게 쓰지 않아도 괜찮습니다. 거창한 내용이 아니어도 좋습니다. 내가 너에게 이렇게 관심을 가지고 있다는 마음을 전하는 것이 중요해요." 그는 최근의 학교폭력이나 왕따 문제도 편지로 해결할 수 있다고 말한다. "학교폭력과 왕따가 생기는 건 어른들이 아이들에게 진정한 관심을 보이지 않아서일 거예요. 부모나 선생님들이 매일 짧은 글을 자녀에게, 학생들에게 써준다면 왕따 문화는 없어질 것이라고 생각합니다."

인터뷰 도중 나씨는 가방에서 주섬주섬 종이 뭉치를 꺼냈다. 15년 전, 성진 양이 여섯 살 때 아버지 회사로 보낸 팩스와 초등학생 때 아버지에게 보낸 메모 꾸러미였다. "저는 잘 버리는 성격인데, 이상하게 아이들 편지와 일기장은 못 버리겠더라고요. 하나도 버리지 않고 모아두었어요. 시간이 지나면 아이들에게 소중한 선물이 될 것 같습니다." 성진 양은 "아빠! 이걸 아직도 가지고 계셨어요? 난 기억도 안 나는데"라며 울먹거렸다.

성진 양의 여동생 성은 양이 올해 고등학교 1학년이 되었다. 아버지는 성은 양을 위해 대규모 편지 프로젝트를 준비 중이다. 성진 양에게는 고등학교 3학년 한 해 동안만 편지를 썼지만, 성은 양에게는 고등학교 1학년이 된 첫날부터 하루도 빠짐없이 편지를 쓸 계획이다. 1000통이 목표라고 한다. 그는 "편지를 쓰면서 저도 마음이 많이 자랐습니다. 편지 쓸 내용을 만들기 위해 공부와 사색을 많이 합니다. 좋은 아빠가 되려면 공부가 필요하니까요"라고 말했다.

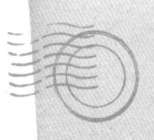

나성진 양, 그 후 어떻게 지내고 있어요?

나경일 씨의 아빠표 감동 편지는 여전히 여러 사람에게 큰 울림을 주고 있다. 부녀는 가정의 달 5월에 회사 사보 표지 모델로 등장했고, 라디오 초대 손님으로도 출연했다. 겨울방학 때에는 아버지 회사에서 아르바이트를 했는데, 부녀가 함께 출근해 주위의 부러움을 샀다. 이제 대학 2학년이 된 성진 양은 여전히 활발한 대학생활을 이어가고 있다. 합창반에 가입해 동아리 활동에 열심이고 경영학 공부에도 매진 중이다.

답장 없어도 실망하면 안 돼요!

❶ 내용보다 빈도가 중요하니 자주 써 주세요!

자녀에게 거창한 내용을 길게 쓰려고 작정하면 부담스러워서 편지 쓰기를 오래할 수 없다. 일기를 쓰듯 내용의 길이와 깊이에 구애받지 말고 자주 쓰는 것이 좋다. 자녀에게 주는 편지의 가장 큰 기능은 관심 전하기다. '아버지가 지금 너만을 생각하고 있다'는 메시지를 전하는 것만으로도 충분하다.

❷ 목표 편지 수를 정하세요!

꾸준한 편지 쓰기도 금연이나 다이어트처럼 의지력이 필요하다. 자녀나 주변 사람에게 목표 편지 수를 정해서 말하고 다니는 것이 좋다. '얼마간 몇 통의 편지를 쓰겠다'고 약속하면 그 약속을 지키기 위해서라도 꾸준히 쓰게 된다.

❸ 오랫동안 쓰려면 꼭 기획을 하세요!

몇 개월, 혹은 1년 이상 자녀에게 편지를 쓰려면 내용을 기획하는 것이 좋다. '월 : 아버지의 어린 시절, 화 : 너를 키우며, 수: 아버지의 회사생활, 목: 책 이야기' 등 요일별 테마를 정하는 것도 좋다. 편지를 쓰다 보면 아이는 물론 아버지도 함께 자란다. 인생의 본질적 가치를 놓치지 않게 되기 때문이다.

❹ 하고 싶은 잔소리도 편지로 하세요!

잔소리도 편지로 하면 잔소리로 들리지 않는다. 부모 입장에서는 잔소리의 핵심 메시지만 전달할 수 있고, 자녀 입장에서는 부모가 하고 싶은 말을 놓치지 않고 읽게 되니 일거양득이다.

❺ 답장을 바라지 마세요!

부모와 자식의 마음은 같지 않다. 100을 전한다고 해서 100을 이해하고 받아들이는 자식은 없다. 50 정도만 받아들여도 성공이다. 무반응이어도, 답장이 없어도 실망하지 말고 꾸준히 쓰라. 편지의 정성과 진심은 자녀에게 서서히 스며들 것이다.

❻ 편지는 고이 간직하세요!

자녀와 주고받은 편지는 버리지 말고 간직하라. 그 편지를 하나하나 모아 두면 가족의 역사이자 아이의 성장일기가 된다. 아이가 독립할 때 혹은 결혼할 때 선물로 주면 큰 의미가 될 것이다.

> 친구 같은 아빠에서 길을 찾다

아빠는 나의 첫 번째 멘토! 소재 불문·권위 사절!
허물없는 대화 통해 철학도로 자란 딸의 아빠 예찬

"아이를 조금 덜 사랑하세요"

광고인 박웅현 씨와
'히까닥' 철학도 딸 박연 양

그 아빠에 그 딸

이 시대 가장 잘나가는 광고인 박웅현(52·TBWA 코리아 전문임원) 씨와 미국 컬럼비아대 철학과에 재학 중인 철학도 딸 박연(22) 양 부녀. '나이는 숫자에 불과하다' '생각이 에너지다' '생각대로 T' 등 촌철살인의 카피를 탄생시킨 박웅현 씨는 '현재 가장 영향력 있는 광고인 1위'로 꼽힌다. 또한 그는 파워라이터이자 스타 강사이기도 하다. 『인문학으로 광고하다(알마)』 『책은 도끼다(북하우스)』 『여덟 단어(북하우스)』 등 출간하는 책마다 줄줄이 베스트셀러가 됐다.

그의 딸 박연 양 역시 아버지 못지않게 톡톡 튄다. 한국의 통조림 같은 학교 교육과 학원 교육에 적응하지 못해 세 개의 학원을 일주일 만에 때려치운 경력의 소유자다. 아버지는 그런 딸의 기질을 있는 그대로 인정해주면서 독서의 세계로 안내했고, '아빠식 감성 독서교육'을 통해 사고의 진화를 거듭한 딸은 결국 미국의 명문대에 당당하게 진학했다. 부녀의 이야기는 딸의 책 『인문학으로 콩 갈다(북하우스, 아버지의 『인문학으로 광고하다』를 패러디한 제목)』를 통해 어느 정도 알려졌다.

섭외 전, 박웅현 씨의 자녀교육 키워드로 '독서교육'을 정해뒀다. 그러나 부녀를 만난 지 5분 만에 그 키워드는 박살났다. 부녀에게 '독서교육'을 키워드로 풀어가고 싶다고 하자 이런 반응이 돌아왔다.

아버지 : "음, (제 자녀교육 철학을) 그렇게 소개할 것 같지는 않은데요?"
딸 박연 양 : "아빠의 독서교육 덕분에 내가 이런 사람이 된 것은 아니에요. 책의 길은 꽤 일찌감치 아빠와 갈렸어요. 그것 말고요, 아빠의 친구

같은 면? 그건 말이 되는 거 같아요."

아버지 : "그래 그래, 그거 좋다. 그건 동의가 되네요."

부녀는 속사포 같은 속도로 대화를 주고받았고, 결국 자녀교육 키워드를 '친구 같은 아빠'로 정했다. 연이 양의 말이다. "아빠와 저는 선후배 사이 같아요. 외국 친구들에게 아빠를 '내 첫 번째 멘토'라고 소개해요. 성적이 잘 나오지 않아도 멘토는 혼내지 않아요. 함께 걱정해주지. 저는 제 최고의 멘토인 아빠가 해주는 가이드라인을 믿고 따라요. 물론 결정은 제 스스로 하지만." 그리고 아버지를 보더니 "그리고 아빠가 잘 살았잖아, 그치?"라며 활짝 웃었다.

둘 사이에는 권력 관계가 없다. 박씨는 아버지라는 이름의 권위를 내세우지도 않고, 부모라는 이름으로 강요하는 것도 없다. 딸의 기질을 있는 그대로 인정하고 공감해준다. 그래서 딸은 초등학생 때 학교에서 개최한 생일 파티에 어머니 대신 아버지가 와 달라고 조르기도 했다. 친구 같은 아버지와 나누는 대화에는 벽이 없다. 소소한 일상부터 학교 숙제, 남자 친구 이야기까지 톡 까놓고 허물없는 대화를 한다. 연이 양은 "보수적인 아빠였다면 아빠와 거리가 멀어졌을 걸요? 자신의 문화생활을 이해하지 못하는 고지식한 아빠와 대화를 나누고 싶어 하는 딸은 없을 테니까요"라고 말했다.

부모가 행복해야 아이도 행복하다

자녀와 친구 같은 사이가 되기 위한 비결은 무엇일까? 박씨는 광고인답게 광고 카피 같은 한 문장을 내놓았다. "아이를 덜 사랑하세요." 아이를 덜 사랑하라니, 이 무슨 무책임한 말일까? 그가 '아이를 덜 사랑하라'는 말은 이런 뜻이다. "아이는 독립적인 유기체입니다. 나와 다른 생명체라는 것을 인정하고 그렇게 보도록 의도적으로 노력해야 하죠. 제 딸이지만 만나는 사람이 다르고 살고 있는 시대정신이 다른데 어떻게 제 주관을 집어넣을 수 있겠습니까? 우리나라 부모는 자식을 지나치게 사랑하는 게 문제예요. '내가 널 얼마나 사랑하는지 아느냐' '이게 다 너를 위한 거다' '너를 위한 희생이다'라는 발상은 위험해요. 아이의 인생에 족쇄를 채우는 겁니다."

그는 자식을 내 인생 최고의 작품으로 보거나 내 인생의 종합성적표로 보는 시각 역시 위험하다는 말도 덧붙였다. 그리고 한 외고생이 자살하면서 부모에게 남긴 편지를 언급했다. 〈엄마에게 정말 듣고 싶었던 말은 '사랑한다'가 아니라 '행복하다'는 말이었어요〉라는 내용이 담긴 편지…… 부모 스스로 행복해야 아이가 행복하다는 것이 그가 말하고자 하는 핵심이다. 그렇다고 그가 딸에게 무관심하거나 딸을 향한 사랑의 크기가 작은 것은 아니다. 그는 '사랑'이라는 표현을 가장 먼저 쓰고 싶은 대상이 바로 딸이라고 서슴없이 말한다. 즉 사랑하지만, 부모의 욕심이 투영된 사랑을 경계해야 한다는 얘기다.

단적인 에피소드 하나, 이번 연이 양의 귀국은 1년 만이다. 외동딸을 유학 보낸 부모는 오매불망 딸의 귀국일만을 손꼽아 기다렸을 것이다. 그러나 1년에 두 번, 방학마다 귀국했던 연이 양은 지난 겨울방학 때는 한국에 오지 않고 친구들과 보내겠다고 선언했다. 부모의 반응은 엇갈렸다. 어머니는 서운함을 감추지 못하며 반대했지만 아버지는 쿨하게 승낙했다. 아버지와 딸의 심정은 이렇다.

"비행기 티켓 값만 왕복 200만 원이 넘는데, 그 돈으로 한국에 가는 대신 여행을 다니면 더 좋지 않을까요? 세계 여러 나라의 친구들도 만날 수 있고, 얼마나 좋아?(딸 박연 양)"

"내심 서운했던 건 사실입니다. 딸이 보고 싶었으니까요. 하지만 그건 내 욕심이에요. 딸의 입장에서 감정이입을 해봤죠. '내가 그 나이라면?' 당연히 여행을 하고 싶고, 크리스마스를 친구들과 보내고 싶을 겁니다. 쿨하게 승낙했어요. 또한 여행은 길에서 읽는 책입니다. 반대할 이유가 없었지요(아버지)."

딸은 런던, 파리, 오슬로 등 곳곳을 신나게 여행했고 난생처음 친구들과 함께 크리스마스를 보냈다. 아버지는 "우리도 너 없이 나름 좋았어. 얼마나 로맨틱했다고. 거실에서 춤도 추고"라고 웃었다.

친구처럼 지내는 가족

연이 양은 자신의 집안을 '콩가루 집안'이라고 소개한다. '콩가루 집안'은 아버지의 친구 같은 면면을 상징적으로 보여주는 표현으로, 박연식 콩가루 집안은 유대감이 망가져 가는 타락한 집안이 아니라 가족 모두가 친구처럼 지내는 집안이다. 박웅현 씨 가족은 부부와 딸, 달랑 세 식구다. 셋은 동등하다. 아니, 동등하다 못해 일반적인 가족의 권력구조를 뒤집어버린다. 가족 내에서 어머니는 절대권력, 아버지는 최하층민으로 불린다. 이 표현에 가족 구성원 모두 동의한다. 연이 양은 "밖에서는 아빠가 멋지고 카리스마 넘친다고 하는데, 엄마랑 저는 믿을 수 없어요. 집에서 아빠는 제3계급이거든요"라며 큭큭 웃었다.

콩가루 집안 세 식구의 일상은 포복절도할 에피소드 투성이다. 주말마다 영화관 나들이를 한 후 미성년자 딸을 각종 선술집으로 데리고 다녔고, 집에서는 '베드 와인'을 즐긴다. 말 그대로 안방 침대에 세 식구가 모여 와인을 마시고 수다를 떨며 노는 것이다. 연이 양의 목덜미에 있는 꽃문양 문신은 온 가족이 심혈을 기울인 합작품이다. 함께 무늬를 고안했고, 디자인은 아버지 친구가 해주었으며, 홍익대 앞 문신 스튜디오 역시 아버지 지인이 소개해주었다. 셋이 함께 문신 스튜디오를 찾아갔고, 딸의 문신이 끝날 때까지 부모는 저녁을 먹으며 기다렸다.

연이 양이 자신의 콩가루 집안 이야기를 엮어 낸 책『인문학으로 콩 갈다』는 1만부가 넘게 팔렸다. 아버지가 낸 세 권의 책(『인문학으로 광고하다』 10만 부, 『책은 도끼다』 16만부, 『여덟 단어』 출간 2주 만에 2만 부)에 비하면 흥행 면에서 비교가 되진 않지만 엄연히 꾸준한 독자를 거느린 작가다. 이 책은 원래 '아빠의 육아일기' 콘셉트로 기획되었다. 박씨가 딸과 큭큭 대며 대화를 주고받는 걸 본 회사 후배가 "어떻게 하면 그렇게 딸과 재미있게 소통할 수 있어요? 이참에 육아일기를 한번 써 보는 것은 어때요?"라고 권유했고, 아버지는 딸에게 바통을 넘겨 "네가 직접 네 인생 19년의 육아일기를 써 보는 게 어떻겠니?"라고 제안했다. 『인문학으로 콩 갈다』 출간 이후 박씨는 '자녀교육 전문가'라는 타이틀이 하나 더 생겼다. 학교나 학부모 모임에서 종종 강연도 한다.

인생은 대충대충, 하루하루는 충실히

딸 연이 양에게 꿈을 물었다. 연이 양은 꿈이 없다고 당연한 듯 말하더니 "아빠는 그게 좋은 거래요"라고 했다. 아버지 박씨는 이렇게 말했다. "인생은 대충대충 살고 하루하루는 충실하게 살라는 말을 좋아합니다. 요즘 강의에서 젊은이들에게 꿈을 좀 꾸지 말라는 말을 많이 하죠. 판사, 외교관 이런 거창한 꿈은 인생을 살아갈 때 정작 중요한 게 아닙니다. 제가 살아 보니 인생이란 좋은 점들을 취하면서 순간을 살아가는 것이더군요."

연이 양은 아버지의 말 뒤에 이렇게 덧붙였다. "삶은 순간의 합이라고 생각해요. 무엇이 될 것인가가 아니라, 어떻게 살 것인가가 인생에서 더 중요하다고 생각합니다."

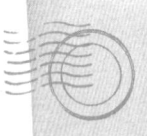

박연 양, 그 후 어떻게 지내고 있어요?

컬럼비아대학 철학과에 재학 중인 연이 양은 현재 철학의 본고장 독일 베를린 자유대학에 교환학생으로 가 있다. 2013년 2학기부터 1년간 머물 예정이다. 자칭 '콩가루 집안' 부모인 박웅현 씨 부부는 2014년 3월, 딸도 보고 여행도 할 겸 딸이 있는 베를린으로 떠났다. 그 후 세 식구는 함께 독일과 이탈리아 등으로 여행을 계획 중이다.

박웅현식
'독서 교육'

"고전의 세계로 안내했더니 아이 스스로 진화하더라"

사회와 국사는 암기하게 하지 마라

아버지 박웅현 씨는 딸이 중학교 1학년 때 사회와 국사를 직접 가르쳤다. 사회과목 문제집 다섯 권을 쌓아놓고 풀어대는 딸에게 아버지는 "문제집을 풀어서 성적이 잘 나오는 과목은 수학밖에 없다. 사회와 국사는 그렇게 하는 게 아니다"라며 옆에 앉아 교과서를 읽어주었다. 행간을 짚어가며 읽으니 네 쪽 읽는 데 두 시간이 걸렸다. 1년이 지난 후 딸은 과목 중 사회를 가장 좋아하게 되었다.

고전 독서 교육의 힘

고전 독서교육도 딸이 중학교 1학년 때 시작했다. 아버지는 자신이 딸의 나이에 가장 재미있게 읽은 앙드레 지드의 『좁은 문』을 들이밀었다가 실패했다. 딸은 "이 책은 너무 고리타분해요, 저는 드라마틱하고 역동적인 이야기가 좋아요"라고 했다. 그래서 다시 내민 책은 에밀리 브론테의 『폭풍의 언덕』. 딸은 단숨에 읽었고 1000쪽이 넘는 두 번째 책 『바람과 함께 사라지다』 역시 술술 읽었다. 딸 연이 양은 "『바람과 함께 사라지다』가 제 독서의 분기점이 되었어요"라고 말했다. 이후 연이 양은 고전의 매력에 푹 빠졌다. 부녀는 주말마다 강남의 대형서점으로 나들이를 했다. 노자의 책이 보이면 도가 사상에 대한 얘기를, 스탈린에 대한 책이 보이면 공산주의, 댄 브라운의 책이 나오면 다빈치에 대한 얘기를 나누었다.

아이 스스로 사고해야 성장할 수 있다

연이 양은 한때 시도했던 중곡동 학원교육에 대해 "일주일을 버틴 것도 스스로가 대견하다고 생각해요"라고 말한다. 그는 학원에 다닌 경험을 '전과'라고 표현한다. 학원을 일종의 감옥이라고 보기 때문이란다. 학원을 박차고 나와 독서를 기반으로 한 학습 효과는 컸다. '독해 능력과 감상 능력'을 기반으로 한 아버지의 독서교육을 통해 딸은 스스로 사고하는 법을 익혔다. 덕분에 딸의 사고력은 빠르게 진화했다.

딸은 진화가 빠른 장난감

박웅현 씨는 딸 연이 양을 "진화가 가장 빠른 장난감"이라고 표현했다. 어느덧 딸의 고전 해석 능력은 아버지를 능가하는 수준이 되었다. 박씨는 이런 딸에 대해 "기적 아닌가요?"라고 되묻는다. "라스콜리니코프(『죄와 벌』의 주인공)를 말하는 것 자체로도 대견해했는데, 지금은 플라톤과 아리스토텔레스를 심층적으로 이야기하니 업그레이드된 것이지요. 이젠 제가 따라가지 못해요. 이 아이가 참 부럽습니다. 제가 딸의 나이였을 때 꿈꾸던 삶을 지금 이 아이는 살고 있으니까요. 우리나라는 셰익스피어, 아리스토텔레스, 플라톤을 '카더라'로 듣지 직접 읽지는 않잖아요? 그런데 이 아이는 이제 그걸 원문으로 읽습니다."

밥상머리 교육에서 길을 찾다

자연스러운 인생 공부의 장인 밥상에서
소통하는 법을 배우다

밥상머리는
인생 최고의 선행학습장

밀레코리아 대표 안규문·조윤숙 부부와
금융 CEO를 꿈꾸는 아들 안선종 씨

가족간 허물없는 소통이 핵심

밀레코리아는 독일에 본사가 있는 프리미엄 생활가전 브랜드로, 안규문 대표는 밀레 최초의 외국인 현지 지사장이다. 누구라도 부러워할 사회적 지위에 있지만, 정작 안규문 대표는 사회적 성취 때문이 아니라 '자식농사 잘 지은 사람'으로 주위의 부러움을 사고 있다. 딸 선주(34) 씨는 서울대 언론정보학과를 졸업하고 미국 스탠퍼드대에서 석·박사 학위를 취득한 후 미국 조지아대 광고학과 교수가 되었다. 400대 1의 경쟁을 뚫고 만 30세에 교수가 되어 조지아대 최연소 교수에 올랐다. 아들 선종(31) 씨는 경희대 경영학과를 졸업한 후 STX건설 전략기획실(현 프로젝트 금융팀)에 입사했다. 다른 사람보다 승진이 빨라 입사 2년 만에 대리 직함을 달았다.

안규문·조윤숙 씨 부부가 가장 중요하게 꼽는 자녀교육은 가족간 허물없는 소통이다. 그리고 그 소통의 장은 바로 '밥상머리'다. 이들 가족은 '특별한 일이 없는 한 식사시간만큼은 함께한다'라는 대원칙을 세웠다. 제각기 바쁜 일상 속에서 이 원칙을 늘 지키기는 쉽지 않다. 그러나 원칙이 있는 것과 없는 것 사이는 천차만별이다. 어머니 조윤숙 씨의 말이다.

"가족과 함께 식사하는 시간은 굉장히 중요해요. 온 가족이 함께 보낼 수 있는 시간이 별로 없거든요. 특별한 일이 없는 한 아침과 저녁은 꼭 가족 모두 둘러앉아 먹습니다. 남편이 아예 늦는다면 어쩔 수 없지만, 8시쯤 온다고 하면 아이들에게 양해를 구해요. 아버지가 좀 늦으신다고 하니 기다렸다가 함께 먹자고. 그러면서 자연스레 집안의 어른이 누구인지를 인식시키는 거죠."

밥상머리에서의 대화 소재는 다양하다. 하루 동안 겪은 일에서부터 연예인, 경제, 술 매너, 이성 고르는 법 등 온갖 소재를 망라한다. 대신 꼭 지켜야 하는 원칙이 있다. 소재와 범위를 다양화하되, 아이들의 눈높이에 맞춘다는 점이다. 원활한 소통을 위해서는 일방적인 훈화는 절대 금지다. 구성원 간 대화 분량이 비슷하도록 이끌어가는 것도 필요하다. 그래서 중요한 것이 질문의 기술이다.

"단답형 대답을 유도하면 안 됩니다. '오늘 재미있었니?'라고 물으면 '네' '아니요'라는 단답형 답이 되겠지요. 대신 '오늘 무엇을 배웠니?'라고 물으면 답이 좀 길어집니다. 아이가 대답을 하면 '그 내용에 대해 아빠에게 더 자세히 설명해줄 수 있겠니?'라고 물으면서 대화를 이어가는 겁니다(아버지)."

메시지를 다르게 전달하기

그는 밥상머리야말로 '최고의 인생 선행학습장'이라고 말한다. 부모라면 내 아이에게 전하고 싶은 삶의 지혜가 얼마나 많겠는가. 하지만 그는 '특강 시간이다, 모여라' 할 순 없지 않겠느냐며 밥상머리는 자연스러운 인생 공부의 교실이라고 말한다.

이때 중요한 것은 '똑같은 메시지를 다른 시나리오로 돌려 말하는 법'이다. 천편일률적인 시나리오는 잔소리로 들린다. 귀에 쏙쏙 박히는 내용으로 변형시켜야 한다. 예를 들어 '공부를 왜 열심히 해야 하는가'를 설득할 때에도 아이의 연령과 상황을 고려해 시나리오를 바꾸어야 한다. '돈을 많이 벌 수 있다. 승진이 빠르다. 원하는 사랑을 하는 데 유리하다, 원하는 취미 생활을 마음껏 즐길 수 있다'

는 식으로 변용한다. 아들 선종 씨의 말이다. "아버지는 같은 이야기를 여러 시나리오로 돌려 말씀하시기 때문에 지루하지 않습니다. 나이에 맞게 딱딱 긁어주시죠".

"밥상머리 교육의 효과는 반복학습입니다. 살아가면서 필요한 지혜를 끊임없이 전달해주는 거죠. 지금은 이해하지 못하더라도 살다 보면 어느 날 문득 아버지의 말씀, 어머니의 말씀이 생각나면서 깨달음이 옵니다. 낙숫물은 떨어진 자리에 또 떨어집니다. 저는 아이들에게 말합니다. '할아버지가 첫 방울, 내가 두 번째 방울, 너희가 세 번째 방울이다'라고요(아버지)."

안씨가 생각한 밥상머리 교육의 효과는 적중했다. 아들 선종 씨는 살다 보면 부모님 말씀이 문득문득 생각날 때가 많다면서 "최근엔 '누군가가 네 앞에서 다른 사람 험담을 하면 고개만 까딱하고 동참하지는 마라'라는 말씀이 뼈저리게 와 닿아요"라고 했다. 딸 선주 씨는 어머니가 입버릇처럼 말한 "사치와 낭비는 도덕적 죄악이다"라는 말을 자신도 모르게 입 밖으로 낸 적이 있다고 한다. "가진 돈의 3분의 1은 너를 위해, 3분의 1은 미래를 위해, 또 3분의 1은 알 수 없는 누군가를 위해 쓰도록 하렴"이라는 말도 어머니처럼 똑같이 하게 됐다.

또 하나, 낯선 상황에 던져져도 두려움이 없다. 30년간 밥상머리 대화를 통해 켜켜이 쌓인 간접경험의 힘 덕분이다. 선종 씨는 신입사원 첫 회식자리에서 이 힘을 느꼈다. 다른 직원들은 쭈뼛거렸지만 그는 어려움이 없었다. "평소 아버지가 밥상머리에서 술 매너와 직원들 얘기도 많이 해주셨고, 아버지 회사 직원들이 집에 오셨을 때에도 봤으니까 어떻게 해야 하는지 알겠더라고요"라고 했다.

두 아이가 성인이 되면서 밥상머리의 패턴과 메뉴도 달라졌다. 요즘 선종 씨는 늦은 퇴근길에 와인을 한 병 사들고 와 부모님을 식탁으로 불러내는 일이 잦다. "심야 데이트 좀 할까요?"라면서. 테이블을 차리는 것도 그의 몫이다. 친구와의 관계나 회사 일에 관해 자문을 구하고 싶을 때 하는 신호다. 안씨는 이를 밥상머리 교육의 또 다른 효과라고 말한다. "아이들이 이야기하는 것을 굉장히 즐기게 되었어요"라면서 부모와 자주 대화하다 보니 어른들과 대화하는 데에도 스스럼이 없다고 말했다.

이 가족이 즐기는 대화법이 있다. 바로 '설득하기'다. 가족 구성원 간 요구사항이 있으면 무조건 요구하기에 앞서 논리적으로 설득을 하는 것이다. 한 예로 선종 씨는 귀를 뚫었다. 영광의 구멍이다. 아직 이 사회에는 귀를 뚫은 남자에 대한 편견이 있다며 귀 뚫는 것을 반대하는 어머니를 조목조목 설득해서 승낙을 받았다. 부부는 선입견과 편견을 버리고 아이들의 말을 들어준다. 그리고 논리적으로 타당하면 깨끗이 승복한다.

자녀교육은 부모의 콤비 플레이

안씨는 자녀교육은 부모의 콤비 플레이라고 말한다. 부모가 머리를 맞대고 함께 일관된 원칙을 정한 후, 같은 원칙을 적용해야 한다는 것이다. 이들 부부가 정한 대원칙은 '허용범위는 넓되, 벗어나면 예외 없이 엄벌한다'라는 것이다. 이는 아이들이 어렸을 때부터 지킨 원칙이다.

선종 씨가 두고두고 잊지 못하는 에피소드가 있다. 선종 씨가 여섯 살 때, 마트 내 장난감 판매대 앞에서 한바탕 소동이 벌어졌다. 선종 씨가 어머니에게 갖고 싶은 장난감을 사달라고 울면서 떼를 썼기 때문. 어머니는 똑 부러지게 "절대 안 된다"라고 한 후 먼저 마트 밖으로 나가버렸다. 그리고 보이지 않는 곳에 숨어서 아들이 울음을 그칠 때까지 나타나지 않았다. 결국 아이는 한 시간 뒤에야 울음을 그쳤다. 선종 씨는 이 경험에 대해 이렇게 말했다.

"그 어린 나이에 깨달았어요. 떼쓰며 조른다고 되는 게 아니라는 걸. 아이들이 비뚤어지는 이유는 부모가 일관성이 없기 때문이라고 생각해요. 저희 부모님은 똑같은 상황에서 어떤 때에는 되고, 어떤 때에는 안 되는 상황이 없었어요. 또 엄마와 아빠의 말씀이 똑같아요. 엄마한테 안 되면, 아빠한테도 안 되는 거였죠."

부모가 정한 틀을 어기면 예외 없이 엄벌이 내려졌다. 대학생 때에는 용돈을 끊었다. 선종 씨는 갑자기 끊긴 용돈을 벌기 위해 볼펜심 조립, 소위 노가다라고 하는 건설현장 아르바이트, 전단지 돌리기 등을 했다. "너희 집은 좀 사는 것 같은데 너는 왜 그렇게 사니?"라며 의아해하는 친구들도 있었다.

대신 부부는 자녀의 성적에 일희일비하지 않았다. 성적표를 보고 혼낸 적은 없다. 다만 큰 틀에서 자녀들이 익혀야 할 다섯 가지 재능을 일찌감치 정했다. 외국어 두 가지, 컴퓨터, 스포츠, 정서교육, 악기가 그것이다. 선주 씨는 영어와 스페인어에, 선종 씨는 영어와 일어에 능하다. 둘 다 수영과 스노보드, 스키, 승마를 잘한다. 선주 씨는 피아노 콩쿠르에서 입상할 정도로 악기 다루는 솜씨가 수준급이고, 선종 씨는 스킨스쿠버 자격증을 갖고 있다.

또 하나, 부부는 아이들의 정서교육을 위해 책을 많이 읽게 했다. 독서 시간 확보를 위해 선주 씨는 초등학생 때부터 새벽 6시에 일어나야 했다. 어머니 조씨는 "아침에 무조건 한 시간씩 책을 읽고 학교에 가게 했어요. 만화책이든 소설책이든 상관하지 않았습니다. 독서에 취미를 붙이는 게 중요하다고 생각했기 때문이지요"라고 말했다. 아버지의 근무지를 따라 미국에 갔을 때에는 초등학교 2학년이 된 선주 씨의 손에 어린이용 영영사전을 쥐어주었다.

공부 좋아하는 딸, 장사에 소질 있는 아들

아들과 딸은 성격도, 관심분야도 천양지차였다. 딸 선주 씨는 독서를 즐기고 공부를 좋아했지만, 아들 선종 씨는 아버지를 닮아 경영이나 사업에 소질이 있었다. 사춘기가 지나자 두 아이의 적성이 뚜렷하게 갈렸다. 딸은 중학생 때 저널리즘 쪽으로 방향을 정했다. 일찌감치 학자의 길을 걷기로 한 딸은 최고의 엘리트코스를 착착 밟았지만 아들은 달랐다. 잡념 없이 주어진 공부를 하기보다 공부의 효용성에 더 관심을 두었다.

그 때문에 대학원서 접수 때 부자간 한바탕 실랑이가 벌어졌다. 아버지는 아들의 재능을 살려 상경계에 진학할 것을 권했지만 아들은 간판이 좋은 대학을 고집했다. 평소 민주적이던 아버지였지만 이때만큼은 완강했다. 그는 아버지인 동시에 CEO였다. 사원을 뽑을 때 상경계열 전공자로 지원자를 한정하는 경우가 많다는 걸 알기 때문이었다. 지금 선종 씨는 아버지의 선택이 옳았음을 인정한다.

또한 사업에도 관심이 많은 선종 씨는 일찌감치 다양한 시도를 했다. 번역 아르바이트를 하면서 쏠쏠히 용돈벌이를 하던 그는 친구와 의기투합해 번역회사를 차리기도 했다. 비록 경험 미숙으로 실패했지만 후회는 없다. 선종 씨는 어릴 때부터 '잘나가는 아버지'에 대한 심적 부담감이 컸다. 하지만 언젠가 아버지를 능가하는 경영자가 될 것을 꿈꾼다. 아버지 또한 "너는 나보다 나은 점이 많다. 융통성도 많고, 외국어도 잘하니 나보다 잘될 것"이라며 응원한다.

대대로 이어지는 자녀교육법

부부의 밥상머리 교육의 뿌리는 안씨의 아버지대로 거슬러 올라간다. 여섯 남매의 장남인 그는 어려서부터 아버지와 단둘이 겸상을 했다. 그리고 가족이 함께하는 식사시간을 통해 밥상머리가 인생 최고의 선행학습장이라는 걸 절감했다. 안씨의 가족은 지금도 유대를 중시한다. 집안 행사가 있으면 여섯 남매가 다 모이는 것을 철칙으로 삼는다. 큰 명절을 포함해 1년에 6차례 정도 20여 명의 친척들이 그의 집에서 복닥거리는데, 맏며느리 조씨는 진심으로 이 시간이 행복하다고 말한다.

두 시간 동안 이어진 가족과의 인터뷰는 물 흐르듯 끊김이 없었고 삶의 철학과 가치관, 교육철학이 비슷했다. 목소리가 다른 것만 빼면 누구의 말인지 헷갈릴 정도였다. 느낌을 전하자 가족들은 "하루 종일 대본을 보고 연습을 했지요"라며 농을 한다. 어머니는 이렇게 말했다. "30여 년 동안 거의 매일 밥상머리에서 대화를 나누었잖아요. 서로의 생각이 서로에게 녹아든 것 같아요."

부부의 자택 거실 콘솔은 조씨가 가장 좋아하는 공간이다. 콘솔에는 가족사진이 들어 있는 액자와 딸 선주 씨가 보낸 예쁜 손편지와 카드가 빼곡하다. 이제 엄마가 된 선주 씨는 최근 어머니 조씨에게 이런 편지를 보냈다.

〈아이가 생기니 제가 과연 엄마 아빠처럼 아이를 잘 키울 수 있을지 걱정이 됩니다. 예나 지금이나 제가 가장 존경하는 두 사람은 엄마 아빠랍니다. 세상과 당당히 맞설 수 있고, 사랑할 줄 알고, 사랑받을 줄 아는 사람으로 키워주셔서 감사합니다. 저도 꼭 엄마 같은 엄마가 되고 싶어요.〉

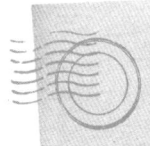
안선주 씨 & 안선종 씨, 그 후 어떻게 지내고 있어요?

선종 씨는 다니던 회사를 그만두고 공부를 다시 시작했다. 금융산업과 관련된 일을 하고 싶어 KAIST MBA과정에 입학했다. 삶의 큰 획이 바뀌는 이 결정 역시 가족은 밥상머리에서 허물없는 대화와 충분한 토론을 거쳤고, 아들의 의견을 백분 존중했다. 선주 씨는 조지아대 새내기 교수로서 여전히 성실하게 수업을 진행하고 있다.

가족식사 많을수록 아이의 성적도 더 좋아요!

❶ 밥상머리 교육, 과학적으로 그 효과가 입증되었어요!

하버드대 연구진의 실험 결과, 아이가 식탁에서 배우는 어휘량은 책을 읽을 때보다 10배나 많다는 것이 밝혀졌다. 또한 컬럼비아대 연구진에 의하면 가족식사 횟수가 많을수록 성적이 높고 흡연과 음주 경험률이 낮다고 한다. 즉 가족식사를 많이 하는 아이일수록 그렇지 않은 아이보다 A학점을 받는 비율이 두 배 높고, 청소년 비행에 빠질 확률은 절반으로 낮다는 것. 한국에서도 결과는 비슷하다. 100여 개 중·고등학교 전교 1등에게 설문조사를 한 결과 주중 10회 이상의 가족식사를 한다는 대답이 40퍼센트에 육박했다. 중간 성적의 학생들은 14퍼센트만이 10회 이상의 가족식사를 한다고 답했다.

❷ 잔소리로 들리지 않게 시나리오를 변용해야 해요!

밥상머리는 최고의 인생 선행학습장이 될 수 있다. 부모가 살면서 깨달은 인생의 교훈을 자연스럽게 들려줄 수 있는 자리이기 때문이다. 이때 중요한 점은 잔소리로 들리지 않도록 하는 것. 천편일률적인 시나리오는 잔소리로 들린다. 귀에 쏙쏙 박히는 내용으로 변용하는 기술이 필요하다. 예를 들어 '공부는 왜 열심히 해야 하는가'를 설득할 때에도 아이의 연령과 상황을 고려해 시나리오의 난이도와 내용을 바꾸어야 한다.

❸ 질문의 기술이 중요해요!

원활한 소통을 위해서는 일방적인 훈화는 절대 금지. 구성원 간 대화 분량이 비슷하도록 이끌어가는 것이 필요하다. 그래서 중요한 것이 질문의 기술이다. 단답형 대답이 아니라 서술형 대답을 유도하는 것이 중요하다. "오늘 재미있었니?"라고 물으면 "네" "아니오"로 답하지만 "오늘 무엇을 배웠니?"라고 물으면 아이의 답이 길어진다.

대화에서 길을 찾다

숙제도 안 하고 학교폭력에 시달리던 아들을
'공부의 신'으로 만든 엄마의 비결은?

'대화의 신'이
'공부의 신'을 만들다

'대화의 신' 어머니 이정숙 씨와
'공부의 신' 아들 조승연 씨

7개 국어 구사하는 엄친아 아들

이 모자(母子), 이력 참 화려하다. 어머니는 KBS 아나운서 출신으로 대화법 관련 서적을 43권이나 펴낸 '대화의 신'이다. 아들은 미국 뉴욕대와 줄리아드 음대, 프랑스 에콜 드 루브르를 나와『공부기술(랜덤하우스코리아)』로 50만 독자의 마음을 사로잡은 원조 '공부의 신'이다. '유쾌한 대화 연구소' 이정숙(61) 대표와 마케팅 컨설턴트 조승연(32) 씨의 이야기다.『공부기술』은 10년 전 출간 당시 세간의 화제를 몰고 왔다. '공부는 책상이 아니라 생활 속에서 하는 것'이라는 메시지를 설파한 이 책은 주입식 교육에 길들여진 한국 학생들에게 적지 않은 파문을 일으켰다.

화려한 학력에 7개 국어를 구사하고 세계 유수의 다국적 명품 브랜드기업에서 고액의 러브콜을 숱하게 받은 엄친아 조승연 씨, 이쯤 되면 '얼마나 피 터지게 공부했으면……' '어머니가 꽤 극성이었겠네' 싶지만, 전혀 아니다. 그는 학교 수업에 적응을 못해 툭하면 숙제를 하지 않았고 성적도 별로였는데다가 학교폭력에 시달리는 왕따였다. 이런 아들을 '공부의 신'으로 이끈 주역은 말 한마디의 중요성을 알고 있는 대화전문가 이정숙 씨다. 세 살 위인 승연 씨의 형은 미국 미시간대 건축과와 대학원을 수석 졸업하고 뉴욕 파킨스이스트만 건축회사에서 일하고 있다.

모자를 서울 강남구 역삼동에 있는 승연 씨의 연구실에서 만났다. 어머니는 가만히 앉아 있고 아들 승연 씨가 빨간색 모카포트에 에스프레소 커피를 끓여 내왔다. 승연 씨의 직업을 딱 잘라 설명하기는 쉽지 않다. 국내외 기업의 마케팅 컨설턴트로 일하면서 클래식과 음악 등 통섭에 관한 강의도 하고 공부법 관련 상담 및 강연도 한다. 펴낸 책을 봐도 그의 통섭적인 면면이 드러난다. 『공부기술』 외에도 『세계가 모셔가는 인재로 만들어주는 그물망 공부법(21세기북스)』『비즈니스의 탄생(더난출판사)』『피리 부는 마케터(21세기북스)』『르네상스 미술 이야기 1,2(세미콜론)』 등 16권의 책을 냈다. 또한 어원과 유래를 통해 영어를 배우는 프로그램 '오리진보카(www.ustream.com/channel/originvoca)'를 개발 중이다.

그는 미국에서 11년, 프랑스에서 5년여 동안 공부하다가 27세에 입대해 제대한 지 2년이 채 되지 않았다. 입대 전 그는 내로라하는 다국적 회사에서 러브콜을 받았다. 프랑스어와 영어를 자유자재로 구사하고 미술사와 음악을 전공한 그를 고액 연봉으로 모셔가겠다는 곳이 많았다. 그런 자리를 마다하고 왜 귀국했을까? 그는 "할 일이 있잖아요"라고 말을 뗐다.

한국 학생들 불쌍하다

"프랑스에서 눌러 살면 편하겠죠. 연봉 2억 원에 오전 9시 출근 오후 4시 퇴근, 1년에 두 달여 휴가에 아이를 낳으면 사립학교까지 보내주는 안정된 삶이 보장되어 있으니까요. 그런데 프랑스인들은 발전이 있는 삶을 지향하지 않아요. 처음에는 프랑스인들의 평온한 삶이 이상적으로 보였어요. 하지만 뭔가 빠져 있다고 할까요? 한국인의 피가 흐르다 보니 뜨거움이 없는 삶이 무미건조하게 느껴졌죠. 그러다 군대에서 한국의 대학생들을 보고 그 뜨거움을 쏟아낼 수 있는 일을 찾았어요. 아직도 한국의 형편없는 교육제도가 얼마나 개선이 되지 않았는지를 알고 깜짝 놀랐죠. 한국 학생들이 안타까웠어요. 이 아이들에게 제 경험을 살려 '즐기면서 공부하는 방법'을 알려주고 싶었습니다."

그래서 승연 씨는 '그물망 공부법'이라는 새로운 공부법을 창안했다. 놀면서 공부도 잘하고 성공도 하는 사람들의 공부법 중 공통점을 뽑아낸 공부법으로, 책상에 붙박이처럼 앉아서 하는 공부가 아니라 일상 속에서 열린 자세로 하는 공부를 말한다. 꽃병 하나를 봐도 '수정은 어떻게 생기는가?(화학)' '철석이란 물질은 도대체 무엇인가?(지질학)' '크리스털 병의 유래는 무엇인가?(역사학)'라는 식으로 호기심을 품고, '워크래프트' 같은 컴퓨터 게임으로 인간 내면의 잔인함과 모순을 경험하며 역사의 일부가 되어 전쟁터에도 나가 보고, 독재자가 되어 타인의 인생을 좌지우지 해보는 다방면의 경험을 통해서 이집트 대통령 무바라크나 리비아 대통령 카다피가 왜 축출 대상이 되었는가를 공부하는 식이다.

"사회가 초고속으로 변하는 이 시대에는 토털 인텔리가 필요합니다. 오늘 선망하는 직업이 10년 후에는 사라져버릴 수 있죠. 시험 요령을 익히는 공부 대신 기초 지식을 연결하는 그물망식 공부를 하면 평소 실력만으로도 시험 종류나 유형에 상관없이 좋은 성적을 거둘 수 있습니다. 세상에 쓸데없는 지식은 없습니다. 언젠가는 모두 지식 그물망에 쓰이는 탄탄한 밧줄이 됩니다."

그가 그물망 공부법을 착안하게 된 것은 미국 유학 시절, 대대로 학자 집안인 유대인 친구 집에 가서 충격을 받은 것이 계기가 되었다. "조슈아라는 친구의 집에 갔는데, TV 뉴스에 나오는 대선 주자들의 공약을 소재로 가족들이 두 시간 넘게 대화를 하더군요. 세금 정책에서 시작해 루소와 홉스의 철학에 이르기까지, 일상이 공부였어요. 그 아이는 아버지와 대화하듯 논술을 하기만 해도 늘 만점을 받았습니다."

일상 속 열린 공부, '그물망 공부법'

승연 씨는 그물망식 공부가 빛을 발하기 위해서는 부모의 인내심이 꼭 필요하다고 말했다. "그물망식으로 공부하는 사람은 처음에는 발전이 느려 보여도 시간이 지날수록 그렇지 않은 사람과의 격차가 점점 커집니다. 그때 꼭 필요한 것이 어머니의 인내지요. 당장 성적이 좋지 않아도, 책상 앞에 앉아 있지 않아도 그저 지켜봐줄 수 있는 인내와 여유 말입니다." 승연 씨는 어머니를 세상에서 가장 엘레강스한 여인이라며 지금의 자신을 있게 한 것은 엄마식 대화의 힘이라고 힘주어 말한다.

승연 씨는 어릴 때부터 공부를 잘하는 모범생은 아니었다. 고집이 세고 자기 생각이 강한, 한마디로 튀는 아이였다. 초등학생 때에는 '왜 굳이 선생님에게 숙제 검사를 받아야 할까? 내가 숙제를 했다는 사실 자체가 중요하지' 하는 생각에 1년 내내 숙제를 해 놓고도 가져가지 않았고 중학생 때에는 영어학원에 있는 세계지도에 동해가 일본해로 표기된 것을 보고 제작 국가를 추적해 영국대사관에 항의 전화를 하기도 했다. 주산학원에서는 "재래시장에서도 전자계산기를 쓰는데 꼭 주산을 배울 필요가 있습니까?"라며 학원 선생과 논쟁하다 "저능아" 소리를 듣고 일주일 만에 때려치운 적도 있다. 성적도 그다지 좋은 편이 아니었다. 과목에 대한 호불호가 분명해 성적 편차가 심했고, 특히 꾸준한 노력이 필요한 과목의 성적이 낮았다. 원주의 작은 사립 초등학교에서 서울의 공립학교로 전학을 간 후에는 학교생활에 적응하지 못해 왕따와 폭력에 시달리기도 했다.

하지만 어머니는 대범하게 대응했다. 성적표를 보면서 타박한 적도 없고 숙제를 하지 않아도 잔소리를 하지 않았다. 대범한 어머니의 면면은 대화법에서 특히 돋보였다. 아들이 폭력에 시달리며 매일 자살하고 싶다는 일기를 써댈 때 어머니는 "원래 위대한 시인은 다 중학교 때 자살하고 싶다는 글을 썼단다"라고 말했다. 미국으로 유학 간 승연 씨가 고등학교 1학년 때 면허도 없이 운전을 하고, 옥수수밭에 버려진 트랙터를 친구 아버지의 엽총으로 쏘고 다니면서 D학점을 맞은 적이 있었다. 그때 어머니는 "미국 문화에 빨리 적응하면 좋지. 그래야 영어가 빨리 늘지 않겠니?"라고 말했다. 승연 씨는 "그때 만약 엄마가 '힘들게 미국까지 데려왔는데 공부는 하지 않고 그딴 짓이나 하면서 싸돌아 다녀?' 하는 식으로 말했다면 한국 친구들하고만 몰려다니며 한국 노래방을 전전하다가 적당히 혀 꼬부라진 영어 몇 마디 배워 조기 귀국했을 것 같아요"라고 말했다.

여자 친구 문제도 어머니는 쿨했다. 공부는 손 놓고 프랑스인 여자 친구와 카페만 전전하는 아들을 보고 어머니는 "역시 엄마가 국제적으로 인기 있는 아들을 키웠다 이거지?"라고 말했고, 쟁쟁한 기업들의 스카우트 제의를 물리치고 이탈리아인 여자 친구와 유럽에 가서 포도농사를 짓겠다고 했을 때에도 어머니는 반대하지 않았다. 내심 마음에 들지는 않았지만 묵묵히 지켜봐주다가 결국 헤어지자 어머니는 "인생 다 그런 거야. 그런 이별을 이겨내면서 소년이 남자로 성장하는 거지. 그런 아픔 한 번쯤 겪어보지 못한 남자는 멋이 없다"라며 등을 토닥여주었다. 이씨는 아이들은 어머니의 말을 먹고 자란다며 이렇게 말했다.

"저 역시 미국에서 커뮤니케이션 공부를 하지 않았으면 아들을 이렇게 키우지 못했을 거예요. 공부를 통해 대화는 상대방의 생각을 끄집어내는 것이라는 걸 깨달았죠. 일방적으로 자신의 생각만 말하는 건 대화가 아니에요. 아이의 생각을 끄집어내기 위해서는 부모의 잣대로 판단하면 안 됩니다."

털털한 엄마가 아들을 잘 키운다

이씨는 KBS 공채 3기 아나운서로 입사해 20년간 근무하다가 공부에 갈증을 느끼고 미국 유학길에 올랐다. 당시 중학생이던 두 아들은 어머니의 공부를 위해 얼떨결에 미국까지 동행한 셈이다. 그는 "저는 미국으로 유학가기 전에도, 후에도 제 일과 공부가 바빠서 아이들을 꼼꼼히 챙기지 못했어요. 어차피 인간은 독립적인 존재입니다. 의도적인 방치도 필요해요. 털털한 엄마가 아이를 잘 키웁니다. 지나치게 잘 챙기는 엄마는 아이들의 그릇을 작게 만들거든요. 다만 공동생활에서 필요한 매너 같은 최소한의 가이드라인은 있어야 하겠지요. 그 정도만 챙겨주셔도 충분합니다"라고 말했다. 어머니에게 서운한 적이 없었느냐고 승연 씨에게 묻자 그는 "가정부와 엄마는 다르죠. 엄마는 가정부가 아니에요. 엄마는 제 사회생활의 멘토였습니다. 그런 엄마가 저는 늘 자랑스러웠습니다"라며 이렇게 말했다.

"엄마와 대화하며 그 자양분을 먹고 자란 제가 이젠 거꾸로 엄마식 대화법을 설파하고 다닙니다. 엄마는 파 한 단을 사오라는 심부름을 시키면서도 제게 선택권을 주셨어요. 먼저 '바쁘니?'라고 물으신 후 그렇다고 하면 '알았다'며 시키지 않으셨어요. 늘 동등한 인격체로 대해주면서 수평적인 대화를 하셨죠. 그러다 보면 서로에게 하지 못할 말이 없어요. 그러다 보니 저 또한 열린 사고와 열린 대화를 하게 되어요. 그게 글로벌 사회에서 저의 큰 경쟁력이 됐습니다."

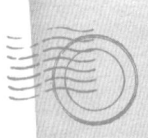

조승연 씨, 그 후 어떻게 지내고 있어요?

승연 씨는 현재 '글로벌 지식 한류를 만들겠다'라는 취지로 어학원 설립을 준비 중이다. 사업자등록까지 마친 단계다. 중국어를 프랑스어와 영어, 한국어로 가르치는 어학원으로, 언어에 문화를 녹여내려 한다. 어학을 매개로 동서양의 통로가 되겠다는 것이 승연 씨의 포부다. 여러 언어에 능통한 그는 이탈리아어, 스페인어, 아랍어 등도 다룰 계획이다.

성공을 부르는 엄마식 대화는 따로 있어요!

❶ 자녀를 성공시킨 엄마의 말
무엇이든 네가 잘할 수 있는 일이 있을 거야. / 자기 자신을 존중해야 한다. / 자신을 속이지 마라. / 공상도 실천할 수 있는 것이라면 더 좋지 않겠니? / 겁내지 말고 해봐. 너라면 할 수 있어.

❷ 자녀를 불행으로 만든 엄마의 말
아버지가 다 알아서 할 거야. / 네가 하는 일은 뭐든지 다 옳다. / 누구도 너를 막지 못할 것이다.

❸ 엄마와의 대화를 즐기게 하는 말
네가 왜 속상한지 알지만 안 되는 것은 안 돼. / 이유를 들어보고 어떻게 할지 생각해보자. / 네가 그렇게 해주어서 엄마는 기뻐. / 사람이 중요하지 물건이 중요한 것은 아니야. / 정말 잘했네, 그런데 조금만 고치면 더 나을 것 같은데?

❹ 자녀에게 무시당하는 엄마의 말
너 또 그럴래? 그랬다가는 가만 안 둬! / 너만 힘드니? 엄마도 너만큼 힘들어. / 괜찮아, 네 마음대로 해. / 엄마가 다 해결해줄게. / 네가 어떻게 엄마한테 그럴 수 있어? / 돼지우리가 따로 없네.

❺ 스스로 공부하는 아이를 만드는 엄마의 말
엄마한테 소리 내어 읽어줄래? / 네가 가르쳐줄래? / 네가 결정한 것은 네가 알아서 해. / 사전을 찾아보면 알 수 있지 않을까? / 혼자 공부할 자신 있으면 학원에는 그만 다녀도 돼. / 어떤 사람이 되고 싶지?

❻ 자녀의 성적을 떨어뜨리는 엄마의 말

공부는 하지 않고 도대체 뭐하니? / 점수 올리면 네가 원하는 것 사줄게. / 집안일은 엄마가 할 테니 너는 공부나 해. / 엄마가 학원 등록해 놓았어. / 내가 너 때문에 창피해서 못 살아. / 너 좋으라고 하는 말이야. / 좋은 대학 못 나오면 사람 취급도 못 받아.

❼ 자녀의 성공을 좌우하는 엄마의 말

조금만 더 노력하면 잘할 수 있어. / 너를 믿는다. / 결정했으면 한번 해봐. / 네가 자랑스럽다. / 누구나 실패할 수 있어. / 너는 소중한 사람이야. / 그 친구를 좋아하는 이유를 말해주겠니? / 이제 정말 어른이 되는구나. / 먹기 싫으면 안 먹어도 돼.

『자녀를 성공시킨 엄마의 말은 다르다(나무생각)』 중에서 발췌 요약

눈높이 교육에서 길을 찾다

친구처럼 동등하게,
유학 간 아들들과 꾸준히 이메일과 편지로 대화하다

생각의 힘을 길러주는
눈높이 대화법

공병호 경영연구소 소장과
아버지와의 대화가 가장 재미있는 아들 공현수 군

10년 이상 따로 살았지만 늘 함께 있는 기분

시간 관리의 달인이자 자기계발 전문가인 공병호 박사, 그에게는 두 아들이 있다. 미국 라이스대 경제학과에 재학 중인 첫째 민수(25) 군과 시카고대 경제학과에 재학 중인 둘째 현수(21) 군. 민수 군은 미국에 있기 때문에 만날 수 없었고, 군 복무를 위해 한국에 와 있는 현수 군을 공병호 박사와 함께 만났다. 현수 군은 초등학교 3학년 때 미국 유학길에 올랐다. 그때부터 계속 미국에서 학교를 다녔으니 12년간 아버지와 떨어져 지낸 셈이다. 10년 이상 떨어져 지낸 기러기 가족, 어떤 모습이 상상되는가? 통상 처음에는 서로를 그리워하며 연락을 자주 주고받다가 차츰 각자의 생활에 젖어들면서 데면데면 지내는 경우가 다반사다. 또 떨어져 지내는 시간이 늘어날수록 소통의 장벽도 높아지기 마련이다.

하지만 공병호 박사 가족은 달랐다. 현수 군은 아버지와 늘 함께 산 것 같은 기분이라고 말한다. "떨어져 있어도 중요한 판단의 순간이 오면 '아버지라면 어떻게 생각하실까?' '아버지는 이 행동을 좋아하실까?' 하는 생각을 합니다"라고도 했다. 함께 산 시간보다 떨어져 지낸 세월이 더 긴데도 아버지가 늘 지켜보고 있는 것 같다는 현수 군, 공병호 박사는 현수 군에게 도대체 어떤 교육을 시켰을까? 비결은 '눈높이 대화'에 있다. 공병호 박사의 말이다. "부모와 떨어져 지낸다는 생각이 들지 않도록 소통을 자주 하기 위해 최선을 다했습니다."

현재 부자간 주요 소통 수단은 편지다. 떨어져 지낼 때에는 이메일로, 한국에 와 있는 동안은 직접 대화로 소통한다. 그는 아이들에게 편지 보내기가 자신의 취미라고 소개했다. 하루도 빠짐없이 두 아들에게 메일을 보내고, 1년에 세 차례 아이들이 한국에 왔다 떠날 때마다 만년필로 손편지를 써서 주었다. 손편지는 대개 세 장 분량이다. 현수 군은 "아버지는 한 번도 거르지 않고 제가 떠날 때마다 손에 편지를 쥐여 주셨습니다. 한 통도 버리지 않고 모았는데, 이제 서른 통이 넘습니다"라고 말했다.

아버지는 엄해야 한다는 것은 편견

자로 잰 듯 반듯한 이미지의 아버지 공씨의 대화 스타일은 어떨까? 정해진 틀을 엄격하게 강요하지 않을까? 하지만 전혀 아니었다. 그는 "생각의 힘을 길러주는 대화를 하기 위해서 가장 중요한 것은 동등한 대화"라면서 이렇게 말했다.

"한국 사회는 서열이 엄격합니다. 아버지는 엄해야 하고, 남자는 울면 안 된다는 인식이 강하죠. 이런 태도로 아들과 대화하면 소통이 어렵습니다. 친구와 대화하듯 동등하게 하는 것이 중요합니다. 아버지의 생각을 끼워 맞추려 하면 진정한 대화가 되지 않습니다. 열린 마음으로 서로 다른 생각을 인정해야 합니다."

또한 그는 아버지 세대의 경험을 토대로 충고하지 말라고 당부한다. 부자간 충돌의 가장 큰 원인이자 대화를 망치는 지름길이기 때문이다. 그는 눈높이 대화를 통해 공감대를 형성하는 것이 아들과 우호적 관계를 맺는데 가장 중요하다고 강조한다.

"아들들과 진로 문제에 대해 자주 이야기를 나누는 편이지만, 무엇을 하라거나 하지 말라는 이야기는 하지 않습니다. 제가 사는 시대와 아들들이 사는 시대 사이에는 큰 격차가 있기 때문입니다. 사회 경험을 충분히 이야기해주되, 어떤 길을 선택한 후 선택에 책임을 지는 것은 철저히 각자에게 맡깁니다."

두 아들 모두 제대를 목전에 두었을 때 진로를 정했다. 공씨는 대학교 1학년은 진로 모색의 시기이고, 3학년부터가 본격적으로 원하는 진로를 위해 행동해야 하는 시기라고 말했다. 라이스대 졸업을 코앞에 둔 민수 군은 직장 경험을 토대로 아시아 시장에서 일할 예정이고, 현수 군은 금융계에 진출해 세계적 스페셜리스트를 꿈꾼다. 현수 군의 1학년 성적은 상위 5퍼센트로 매우 뛰어난 편이다. 그는 돈을 많이 벌면 장학재단 등 공부 쪽으로 기부하고 싶다고 했다.

부자간의 대화 소재는 다양하다. 사회적 이슈, 최근 읽은 책이나 고전, 서로의 일상 이야기, 신문 기사 등을 넘나든다. 한 예로 유명인 L씨의 혼외 아들 사건에 대한 부자간 대화에서는 나이에 대한 인식 차가 분명히 드러났다. 이 이슈에 대해 둘은 긴 토론을 거쳤고, 그 과정에서 아들은 이렇게 말했다. "마흔이 다 된 나이에 그런 실수는 큰 잘못 아닌가요?" 아버지는 이렇게 답했다. "아들아, 살아 보니 마흔도 애다."

친구보다 아버지와 대화가 더 잘 통한다는 아들

현수 군은 아버지와의 대화 시간이 정말 즐겁다며 방실방실 웃었다. "인간은 늘 공감하고 싶어합니다. 연인이나 SNS 등 네트워크를 통해서도 공감할 수 있지만 혈육인 부모님과는 훨씬 더 공감의 힘을 느낄 수 있습니다. 저는 아버지의 반을 타고난 사람이지 않습니까? 친구들보다 아버지와 대화가 더 잘 통합니다."

부자간 소통의 중요성에 대한 현수 군의 생각도 확고하다. 현수 군은 대화는 상대방에게 자신의 생각을 인식시키는 게 아니라 인수해주는 것이라고 정리했다. 인식(認識)은 상대방에게 그것이 진(眞)이라고 요구할 수 있는 개념이고 인수(引受)는 단순히 건네받는 개념이라는 점에서 볼 때, 대화하면서 자신의 생각을 강요하지 않는다는 아버지의 철학과 통한다.

부자는 소통에 대한 공통 지론이 있다. 첫째, 대화가 처음부터 잘 통하는 사이는 없다는 것. 둘째, 대화를 자주 해야 서로를 이해하게 되고, 이해하면서 서로를 받아들이게 되며, 받아들이면서 진정한 대화가 이루어진다고 생각한다. 아버지 공씨는 "아들들이 다 큰 다음에 대화를 시작하려고 했다면 대화가 통하지 않았을 것입니다. 아버지와 아들로 만난 것이 아니라 남자 대 남자로 만나는 것이니까요"라고 말했다.

공씨는 100권 이상의 책을 낸 저자로도 유명하다. 공병호경영연구소의 소장으로 있으면서 원고 집필, 전국 특강, 공병호 자기계발 아카데미 운영 등 눈코 뜰 새 없이 바쁜 스케줄을 소화한다. 이런 와중에 어떻게 매일 두 아들에게 편지를 보내고 수시로 심도 있는 대화를 할까? 그는 인생은 우선순위의 문제라며 말을 이었다.

아버지의 입신출세와 자식의 성공은 별개

"얼마 전 부산에서 CEO 대상 특강을 했습니다. 다들 너무 바빠 아이들과 이야기할 시간도 없고, 무슨 말을 나눴는지도 생각이 나지 않는다고 하더군요. 자식 농사는 자신이 바쁘다고 소홀히 해서는 안 됩니다. 나의 입신출세와 자식의 성공은 별개입니다. 사회적으로는 정말 훌륭하지만 시간이 없다는 이유로 자녀에게 신경을 쏟지 않았다가 후회하는 아버지를 많이 보았습니다. 아버지가 아이에게 영향을 미칠 수 있는 시간은 길지 않습니다. 한 인간의 큰 틀은 초등학교 고학년 때부터 스무 살 전후로 어느 정도 완성됩니다. 그러니 사회적 성취를 미루고 아버지 역할을 해야 합니다."

부모가 자녀를 대하는 방식은 크게 두 가지다. 부모에게 받은 방식대로 하거나 정반대이거나. 공씨는 후자다. 그는 아버지와 깊은 대화를 나눈 적이 없었다. 그래서 늘 아쉬웠고, '내가 아버지가 된다면 아들에게 꼭 이런 식의 대화를 하고 싶다'는 열망을 품었다.

"아버지와의 대화가 늘 아쉬웠습니다. 책을 통해 배우는 지혜와 아버지로부터 배우는 지혜는 다릅니다. 유대인들이 이런 식의 대화를 잘하죠. 교과서에는 나오지 않지만, 꼭 필요한 삶의 지혜가 얼마나 많습니까? 저는 경험 속에서 얻은 깨달음과 가르침을 아들에게 전해주는 기쁨이 큽니다."

현수 군은 "아버지와 한 시간 동안 대화를 나누면 몇 권의 책과 몇 번의 삶을 거듭해 산 듯 알찬 기분이 듭니다. 저를 잘 이해하시고 꼭 필요한 핵심만 뽑아서 재미있게 이야기해 주시니까요"라고 말했다. 부자가 나누는 대화의 끝은 늘 같다.

"아들아, 사랑한다."

"아버지, 사랑합니다."

부자는 통화를 할 때나 메일을 주고받을 때도 사랑한다는 말을 절대 빠뜨리지 않는다. 공씨는 아들에게 배웠다며 이렇게 말했다.

"경상도 남자라 그런 표현을 잘 못했는데, 아들의 사랑한다는 말을 들으니 기분이 참 좋았습니다. 처음에는 쑥스러웠는데, 지금은 자연스럽습니다. 사랑한다는 말은 간단하지만 힘이 센 말이더군요. 아버지도 아들에게 배울 점이 많습니다. 저는 아들들에게 완벽한 모습을 보이려고 하지 않습니다. 아버지도 평범한 인간이고 실수할 수 있으며 특별히 잘하는 분야가 없긴 하지만, 그나마 노력을 통해서 이 정도까지 왔다는 것을 솔직히 고백합니다."

공민수 군 & 공현수 군, 그 후 어떻게 지내고 있어요?

이제 둘의 거처는 뒤바뀌었다. 미국에 있던 민수 군은 공부를 마치고 귀국해 대기업에 입사, 무역 관련 부서에서 근무 중이다. 반대로 군 복무 중이던 현수 군은 제대 후 미국으로 돌아가 복학했다. 재학 중 금융업계에서 인턴으로 근무 중인데, 한국 군대에서의 경험이 큰 도움이 되었다고 한다. 공병호 박사는 여전히 "인생의 우선순위를 조정할 때 아이들이 필요로 할 때 곁에 있어주려고 안간힘을 쓰는 아버지가 되어야 한다"는 메시지를 강연에서 전파 중이다.

나와 다른 아들의 생각, 있는 그대로 인정해야 해요!

❶ "아버지 어릴 적엔~" 식은 안 돼요!

세상의 변화 속도는 어마어마하게 빠르다. 아버지 세대와 아들 세대의 환경은 천양지차다. "아버지 어릴 적엔 이러이러했는데, 너는 왜 ~?"라는 식의 대화는 반감만 불러일으킨다. 이런 식의 말이 나오는 순간 부모와 자식 간의 동등한 대화는 불가능하다. 두 세대의 사고방식과 가치관이 다를 수 있다는 것을 인정하는 것이 눈높이 대화의 시작이다.

❷ 이슈에 대해 토론할 땐 자녀를 동등한 인격체로 대해주세요!

하나의 이슈를 놓고 토론할 때에는 동등한 인격체로 대화를 주고받아야 건강한 토론이 가능하다. 아버지의 생각을 먼저 말하거나 아버지의 생각을 아들에게 끼워 맞추듯 하는 대화는 진정한 대화가 아니다. 이슈를 던지고 아들의 생각을 먼저 물어보는 것이 좋다.

❸ 서로 다른 생각을 인정해주세요!

부모와 자녀가 하나의 이슈에 대해 정반대의 생각을 가질 수 있다. 마음을 활짝 열고 아버지와는 다른 아들의 생각을 있는 그대로 인정해야 대화가 이어진다. 그렇지 않고 아버지의 생각만 옳다는 신념으로 아들을 굴복시키려 하면 아들은 슬금슬금 대화를 피하며 도망가 버린다. 서로의 입장 차이만 확인하면서 아들은 점점 아버지로부터 마음의 문을 닫아버리는 것이다.

❹ **대화의 양은 서로 엇비슷해야 좋아요!**

교장선생님이 훈화하듯 일방적인 연설을 한다면 아들과의 대화를 원치 않는 것이나 다름없다. 아들과 아버지가 대화하는 양은 엇비슷해야 한다. 의도적으로라도 대화의 양을 맞추어야 한다. 한 사람이 길게 이야기한 후 상대방에게 넘기는 것보다 대화를 주고 받는 간격이 짧아야 대화의 집중도가 높아진다. 즉 '아버지 10분, 아들 10분' 식이 아니라 2분 단위로 끊어서 대화해 보는 것이 좋다.

❺ **다양한 소스를 활용해 보세요!**

신문 스크랩이나 책, 명사들의 연설문 등 대화의 소스가 될 만한 것들을 평소 모아 두는 것이 좋다. 대화의 깊이가 훨씬 깊어지고 얻는 게 많아진다. 눈높이 교육은 아버지가 아들에게 하는 일방적 교육이 아니다. 서로가 서로에게 배우는 시간이다. 소스를 활용한 대화를 통해 아버지도 성장해가고, 아들의 좋은 점을 적극 받아들이는 시간이 될 것이다.

균형에서 길을 찾다

공대 출신 부모 "감성만큼 논리도 중요",
수학 집중 교육으로 균형감 뛰어난 무용수를 키우다

논리와 감성을 아우르는 균형감이 필요하다

공대 출신 어머니 이강화 씨와
무용수 자매 박소영(오른쪽)·박상은 양

가는 길도, 바라보는 목적지도 같은 자매

박소영(21·이화여대), 박상은(16·예원학교) 자매는 둘다 한국 무용 기대주다. 소영 양은 이화여대 무용과를 수석 입학했고 상은 양은 서경대 전국무용경연대회 중등부 금상, 월간《춤과 사람들》주최 콩쿠르 중등부 금상을 받았다. 동생 상은 양은 언니가 밟은 길 그대로 리라초교, 예원학교, 서울예고, 이화여대 무용과를 가고 싶어 한다.

가는 길도, 바라보는 목적지도 같지만 자매의 성격과 외모는 영 딴판이다. 순정만화에서 툭 튀어나온 것처럼 여리여리한 외모의 언니가 선이 고운 동작을 구현한다면, 모델처럼 개성 있는 외모의 동생은 역동적이고 끼 넘치는 동자을 구현한다.

소영 양은 남들보다 늦은 초등학교 4학년 때 무용을 시작했고, 시작 후에도 무용학원을 정식으로 다닌 적이 없다. 그럼에도 소영 양은 입시 무용학원에서 수년간 실력을 쌓아온 쟁쟁한 학생들과 겨루어 결코 뒤처지지 않는 출중한 실력을 지녔다. 또한 소영 양은 예원학교에서도 실기와 필기 두 분야에서 모두 1, 2등을 놓치지 않았다. 예체능 전공생이 필기와 실기 두 분야에서 두루 두각을 나타내기는 쉽지 않은 일이다. 비결이 무엇일까?

어머니 이강화(46) 씨는 가장 큰 비결로 '수학 강조 교육'을 꼽는다. 아버지 박종민 씨는 컴퓨터공학과를, 어머니 이씨는 전산학과를 나왔다. 아버지는 소프트웨어 개발회사를 운영하고 어머니는 10년 전 회사를 그만두고 전업주부로 있다. 공대 출신 부부는 딸들이 훌륭한 예술가가 되기 위해서는 감성만큼 이성과 논리도 중요하다고 판단했다. 그리고 논리적 사고력 배양을 위해서는 수학 공부가 우선시되어야 한다고 봤다.

"무용은 균형감각과 구조적 사고가 중요해요. 수학이 이 두 가지 능력을 배양하는 데 꼭 필요하다고 생각했죠. 구조적 사고는 무용뿐 아니라 일상을 살아가는 데 기본이 됩니다. 예체능을 전공한다는 이유로 공부를 등한시하는 경우가 많은데, 근시안적 행동이에요. 실기만 잘하는 아이는 오래가지 못하더군요. 깊이 있는 무용수가 되려면 교양을 쌓아야 한다고 생각해요. 어릴 때에는 테크닉만 잘해도 부각되어 보이지만, 그 분야에서 실력자가 되려면 지식과 지혜를 갖추어야 합니다. 저는 아이들의 상식을 키우기 위해 의미 있는 신문기사나 잘 쓴 사설 등을 오려서 아이들 책상에 올려놓곤 합니다(어머니)."

수학 잘하는 무용학도

소영 양의 수학 성적은 늘 90점 이상이다. 친구들 사이에서도 그는 "수학 잘하는 아이"로 불린다. 소영 양은 초·중·고 내내 사교육과 담을 쌓았다. 학원은커녕 과외 한번 하지 않았지만, 수학만큼은 어머니가 직접 챙겼다. 문제집을 풀게 하고 틀린 문제와 풀이방법 등은 책상에 나란히 앉아 직접 가르쳤다.

수학을 강조한 교육의 효과는 컸다. 이씨의 예상대로 수학적 사고는 주어진 작품을 재연할 때에도, 창작무용을 구상할 때에도 큰 도움이 되었다. 첫째 소영 양은 예전에는 몰랐는데 대학에 와 보니 어머니가 강조한 수학교육의 힘을 알겠다며 이렇게 말했다.

"무용을 전공하는 다른 친구들을 보면 감성 쪽으로 치우쳐 있어요. 학교에서도 이성과 논리를 강조하지 않았죠. '그래, 넌 문과니까……'라는 식으로 말하면서 감성교육에 중점을 두었어요. 저는 다른 친구들보다 동작 암기에 강해요. 동작의 순서가 머릿속에 그려지면서 하나의 흐름으로 연결된다고 할까요? 창작무용을 할 때에도 구조적 사고가 도움이 되는 것 같아요. 작품 주제와 맞는지, 구성이 자연스러운지 등은 감성만으로는 할 수 없기 때문이죠. 수학을 바탕으로 한 논리적 사고는 확실히 동작의 순서를 외울 때에도 편하고 작품 해석 능력을 향상하는 데에도 도움이 됩니다."

모든 예술은 감성과 논리가 융합되어 표출된다. 무용뿐 아니라 음악과 미술, 문학에서도 논리적이고 구조적인 사고력이 중요하다. 완성도 높은 하나의 예술작품은 시작과 끝이 일정한 흐름을 가지고 전개되는 잘 짜인 구조물과 같기 때문이다. 논리적 사고력이 뛰어난 예술가는 자신이 가진 남다른 감성을 표출할 때 완성도 높은 방식으로 구현할 수 있다. 이런 구조적 사고를 배양하는 데 있어서 수학 공부는 큰 도움이 된다. 수학은 논리적 사고가 특히 많이 요구되는 학문이기 때문이다.

입시장에서 혼자만 꽃분홍 치마

두 딸 모두 톱 무용수로서의 길을 착착 밟게 하는 이들 어머니의 양육 방식은 어떨까? 헬리콥터맘이 아닐까 했지만 전혀 아니었다. 이씨는 어머니의 정보력이 아이의 미래를 결정한다는 항간의 파다한 유언비어를 뒤집는다. 그의 정보력은 평균 이하다. 다른 입시생 부모들이 신기해할 정도로 학원과 입시 정보의 최전선에서 물러나 있다. 이씨의 말이다. "예원학교 입시 레슨이 따로 있다는 걸 입학 후에 알았어요. 예원학교가 뭐 하는 곳인지도 몰랐거든요. '떨어지더라도 시험이나 한번 보게 하자'는 심정으로 입시를 치렀죠."

입시장에서 소영 양의 의상은 튀었다. 다른 입시생들은 죄다 연분홍 치마였지만 혼자만 꽃분홍 치마를 입었다. 입시학원 출신의 입시생들은 미리 전례를 알고 준비했지만, 입시 실기 한번 받은 적 없는 그는 그런 정보를 알지 못했기 때문이다. 하지만 튀는 꽃분홍 치마를 입은 소영 양의 실기 점수는 탁월했다. 특히 동작을 외워서 재연하는 부문에서 높은 점수를 받았다.

소영 양이 걸어온 길 역시 여느 예고생과 다른 부분이 많다. 뒤늦게 무용을 시작했고 정식으로 무용학원에 다닌 적이 없다. 그의 무용 선생님은 경희대 체육과에서 무용을 전공한 한 체육교사였다. 이씨의 한 지인을 통해 소영 양을 우연히 알게 된 체육교사는 소영 양의 가능성을 알아보고 개인 지도를 자처했다. 그 교사의 첫 제자이자 마지막 제자이자 유일한 제자가 된 소영 양은 그를 선배처럼, 어머니처럼, 이모처럼 따르면서 무용의 재미를 알아갔다. 이씨는 "레슨비를 드리긴 했는데, 나중에 예원학교 입시 레슨비를 듣고 입이 떡 벌어졌어요. 그 선생님에게 너무 죄송했죠"라고 털어놨다.

이씨는 학원이나 입시 등 구체적인 정보에는 어두웠지만 줄곧 견지해온 소신이 있다. '내 아이가 행복한 삶'이라는 화두를 놓치지 않는 것이다. 그는 아이의 매니저처럼 졸졸 따라다니는 예고생 학부모 사이에서 이 추상적인 가치를 지키기는 쉽지 않다고 털어놓았다.

"전업주부로 살다 보면 다른 학부모들과 어울릴 일이 많아요. 자연스레 사교육 얘기가 주를 이루죠. 예중이나 예고는 사교육에 대한 열정이 더 뜨거운 거 아시죠? 솔직히 다른 어머니들과 이야기하다 보면 많이 흔들려요. '나만 학원에 안 보내는 것 아닌가, 나만 아이들을 편하게 놔두는 건 아닌가……' 하고요. 하지만 사교육의 유혹에 흔들릴 때마다 귀를 씻고 마음을 다잡아요. 정말 중요한 건 아이들이 무용을 즐기면서 하는 거잖아요. 평생 할 일인데, 즐겁지 않으면 어떻게 하겠어요?"

이씨는 아이들보다 앞에 서서 달달 볶지 않았다. 덕분에 아이들은 스스로 하고 싶을 때 즐기면서 무용연습을 했다. 자연스레 두 딸들에게 무용은 '누가 시켜서 하는 것이 아니라 내가 하고 싶을 때 하는 것'이라는 인식이 뿌리내렸다.

무얼 하든 행복하게 살기를 바랄 뿐

두 딸은 모두 무용을 늦게 시작했다. 소영 양은 초등학교 4학년 때, 상은 양은 초등학교 5학년 때 무용을 시작했다. 이씨가 처음부터 두 딸에게 무용을 시키려 했던 것은 아니다. 그의 자녀교육 철학은 소박하다. '무엇을 하든 본인이 행복한 삶'을 살기를 바란다. 그가 아이들에게 주문하는 것 역시 대한민국의 여느 예고생 자녀를 둔 어머니와 다르다. "늦게 가도 된다, 끝까지 자기 일을 즐기면서 가라"는 말을 입버릇처럼 아이들에게 달고 산다.

소영 양은 무용 이전에 피겨스케이트를 배웠다. 소심하고 자신감이 없는 아이를 위한 어머니의 처방전이었다. 이씨는 "소영이가 지나치게 내성적이어서 다른 아이들과 잘 어울리지 못했어요. 함께 어울려서 하는 운동과 자신감을 키워주는 운동이 무엇일까 고민하다가 피겨를 시켰죠"라고 말했다.

하지만 어머니는 소영 양의 피겨 동작에서 무용수의 가능성을 발견했다. 힘이 부족해 스핀과 점프는 잘하지 못했지만, 다른 아이들에 비해 팔다리가 길고 가늘어 동작의 선이 유독 고왔다. '이거다' 싶은 어머니는 무용의 길로 아이를 안내했다. 동생 상은 양은 때와 장소를 가리지 않고 무용을 하는 언니를 보면서 일상이 레슨이 되었고, 자연스럽게 언니의 전철을 그대로 따라가고 있다. 상은 양은 "언니한테 본 게 있어서 '느낌 아니까' 다른 아이들보다 쉽게 하는 것 같아요"라고 말했다.

각각 초등학교 4, 5학년 때 무용을 시작했으니 늦은 시작 아니었을까? 자매는 입을 모아 "아니에요!"라고 잘라 말했다. 동생 상은 양의 말이다. "너무 일찍 시작한 아이들을 보면 쿠세(몸에 밴 안 좋은 습관) 때문에 오히려 갈수록 힘들어하더라고요." 어머니 이씨는 "이 아이들은 기본만 배우고 예원에 들어갔어요. 처음에는 배우지 않은 걸 하려니까 매우 힘들어했죠. 그래서 1학년 실기점수는 그다지 좋지 않았어요. 하지만 고학년으로 갈수록 실기점수가 쭉쭉 올라가더군요. 틀만 있으니 선생님들이 가르친 대로 나오는 거죠"라고 부연 설명했다.

한글도 떼지 않고 초등학교 입학

어머니 이씨는 한글도 떼지 못한 아이를 초등학교에 입학시킨 전례를 가지고 있다. 그만큼 아이에게 공부를 강요하지 않았기에 그는 예술 전공생을 둔 부모 사이에서 이단아 같은 존재다. "요즘이 어떤 시대인데 그렇게 느긋하게 아이들을 키우느냐"는 걱정을 주위에서 자주 듣는다고 한다. 하지만 부모의 역할은 내 아이를 최고로 만드는 게 아닌, 내 아이가 행복한 삶을 살 수 있도록 도와주는 것이라는 어머니의 생각은 변함이 없다. 왜 이런 생각을 하게 되었을까?

"전산을 전공하면서 스트레스가 많았어요. 전산 분야는 연륜이 실력을 담보해주지 않아요. 신기술과 신기능이 수시로 생기는 분야이기 때문에 늘 팽팽한 긴장감을 가지고 살았죠. 그래서 '내 아이들만큼은 스트레스가 적은 일을 하게 하고 싶다'라는 생각이 강했고, 자신이 간절하게 하고 싶은 걸 한다면 그게 무엇이든 스트레스를 덜 받을 거라고 생각했어요. 사실, 아이들이 무용하는 걸 주위에서 많이 말렸어요. 특별히 잘하지 않는 한 안정적인 직업을 갖기 힘들 거라면서요. 하지만 부자로 살지는 못하더라도 밥은 먹고 살 것 아닌가요? 그거면 충분해요. 살아보니 행복은 성적순이 아니더군요. 저는 부자는 아니지만, 지금 그대로 행복하거든요."

어머니의 바람대로 소영 양은 "무용을 하는 내가 가장 나다워요. 이걸 하지 않고는 살 수 없겠다는 생각이 들어요. 정말 행복해요"라고 말한다. 아직 중학생인 상은 양은 "다른 엄마들보다 우리 엄마는 나한테 관심이 없는 것 같아요"라며 서운함을 드러냈다. "다른 친구들은 학원도 여러 곳에 다니고 그때마다 엄마가 늘 따라다니면서 마사지나 경락 같은 몸매 관리도 많이 시켜주는데, 우리 엄마는 그런 걸 전혀 해주시지 않거든요."

듣고 있던 소영 양은 "네가 아직 어려서 그래. 나도 네 나이 땐 그게 불만이었지만, 지나고 보면 편하게 자랄 수 있도록 지켜봐주신 게 얼마나 감사한 건지 알게 될 거야. 믿어주고 재촉을 하지 않는 게 엄마로서는 더 힘든 일이었을걸" 하고 조곤조곤 말했다. 얼마 전 소영 양은 어머니에게 "엄마, 난 참 행복한 사람이야. 하고 싶은 걸 하면서 공부할 때 하고, 춤추고 싶을 때 춤출 수 있으니까"라고 감사의 말을 전했다고 한다.

인터뷰 내내 토닥대다가도 언제 그랬냐는 듯 서로 보며 깔깔 웃는 자매는 친구 같았다. 다섯 살 터울이지만 조숙하고 과묵한 동생과 천진난만한 언니는 늘 친구처럼 지낸다고 한다. 언니 소영 양의 꿈은 자신의 이름을 내건 무용단을 만드는 것이다. 동생 상은 양은 "언니가 먼저 길 잘 닦고 있어, 내가 그대로 따라갈게"라고 말하며 포크로 케이크 한 점을 떼어서 언니에게 먹여주었다.

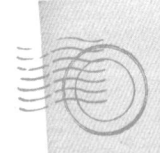

박소영 양 & 박상은 양, 그 후 어떻게 지내고 있어요?

상은 양은 언니의 전철을 따라 서울예고에 입학했다. 대학 역시 언니처럼 이화여대 무용과가 목표다. 이를 위해 무용은 물론 수학 공부도 더욱 열심히 한다. 창작무용을 좋아하는 소영 양은 친구들과 작품을 구상하는 재미에 푹 빠져 산다. 어머니 이강화 씨는 사교육이 특히 판치는 예체능계에서 소신을 지키려면 귀를 씻어내야 할 때가 여전히 많다고 털어놓았다.

아무리 시간 없어도 수학 공부는 꼭 하게 하세요!

❶ 수학교육은 작품 암기에도 유리해요!

구조적 사고를 하는 아이는 무용 등 하나의 예술작품의 흐름을 논리적인 흐름으로 인식하기 때문에 큰 노력을 들이지 않고도 동작을 잘 외운다. 하지만 감성적 사고만 하는 아이는 작품의 흐름을 하나의 덩어리가 아니라 분절적인 동작으로 인식하기 때문에 동작을 무조건 외우려 하다가 앞뒤가 꼬이고 뒤죽박죽이 되기 일쑤다. 이는 시간이 지날수록 더욱 큰 실력 차이를 만든다.

❷ 좌뇌와 우뇌를 균형 있게 사용하는 것이 더 좋아요!

인류 역사상 가장 창의적이고 상상력이 뛰어난 인물로 꼽히는 레오나르도 다 빈치는 화가인 동시에 수학자이자 건축가였고 음악가이자 철학가였다. 좌뇌와 우뇌를 균형 있게 사용할 줄 아는 예술가는 이성과 감성이 조화되어 특출난 창의력을 발휘할 수 있다. 감성만 강조한 예술가는 표현력에 한계가 있을 수 있다.

❸ 수학 문제 풀이과정에 스토리를 입혀보세요!

덧셈과 뺄셈, 곱셈과 나눗셈 등 사칙연산을 기계적으로 반복하는 것은 별 도움이 되지 않는다. 한정된 시간 동안 수학 공부를 해야 하는 예술 전공생들에게 있어서 더 중요한 것은 논리적 사고력을 배양하는 문제 풀이다. 아무리 복잡하고 어려워 보이는 문제라도 차분한 마음으로 서술형 문제의 풀이 과정을 하나하나 실타래처럼 풀어내는 훈련을 시키는 것이 중요하다.

❹ 아이가 즐기면서 하게 해주세요!

"천재는 노력하는 자를 이길 수 없고, 노력하는 자는 즐기는 자를 이기지 못한다"는 공자의 말이 있다. 특히 예술 분야는 평생 창조하며 살아야 하므로 스스로 즐기면서 하지 않으면 삶 자체가 고통스러운 시간이 될 수 있다. 또한 경제적으로 안정적인 직업이 보장되지 않는 경우가 많으므로 과정이 즐겁지 않으면 오래 하기 힘들다. 그러므로 자녀 스스로 '언젠가 꼭 기회는 온다!'는 믿음으로 조급해하지 않고 즐기면서 할 수 있도록 자녀를 도와야 한다.

청출어람에서 길을 찾다

틀 없는 아버지의 연기지도로 틀 없이 성장한 아들,
대중에게 꾸준히 인정받는 뮤지컬 스타로

아이의 자유로운 영혼을 존중하라

강만홍 서울예대 연기과 교수와
뮤지컬배우 아들 강태을 씨

아버지는 실험연극인, 아들은 대중 배우

아버지와 아들이 둘다 배우다. 아버지는 실험연극인이자 행위예술가인 강만홍 교수(63·서울예대 연기과)이고 아들은 뮤지컬 배우 강태을(33) 씨다. 강만홍 씨는 '틀 없는 연기'로 광팬을 거느리고 있는 연극인이자 영화배우 알 파치노를 배출한 미국 뉴욕의 실험극단 '라마마'의 수석무용수를 지냈다. 또한 이병헌, 손현주, 전도연, 황정민, 정재영, 유해진 등 한국에서 내로라하는 연기파 배우들이 그의 제자다. 아들 강태을 씨는 10년차 배우로 〈헤드윅〉〈돈주앙〉〈몬테크리스토〉〈대장금〉 등에서 비중 있는 조역을 맡으며 내공을 쌓았고, 이번에는 뮤지컬 〈그날들〉에서 유준상·오만석과 나란히 주연으로 트리플 캐스팅되면서 관객들에게 큰 사랑을 받았다. 지고지순한 20대와 고지식한 40대를 넘나드는 경호관 역은 선 굵은 그에게 딱 맞는 옷이라는 게 중평이다.

아버지와 아들은 닮은 듯 다르다. 아버지는 관객에게 '충격과 고민'을 주는 배우를, 아들은 관객에게 '감동과 만족'을 주는 배우를 지향한다. 그래서 아버지는 연극인들의 사랑을, 아들은 대중의 사랑을 받고 있다. 훤칠한 키에 매끈한 얼굴의 배우 강태을 씨, '타고난 외모와 끼, 연기과 교수인 아버지 덕분에 평탄한 길을 간 게 아닐까?' 하는 섣부른 예상은 이야기를 나눌수록 보기 좋게 빗나갔다. 범상치 않은 인생을 겪어낸 아버지 밑에서 그 역시 평탄치 않은 생을 살아냈기 때문이다.

강씨는 가족 입장에서 보면 나쁜 남편이자 나쁜 아버지다. 첫 아이를 사고로 잃고 무상함을 이기지 못해 인도로 떠나 오랜 방랑생활을 했다. 태을 씨는 두 번째 아들이자 외동아들이다. 아버지는 아들이 두 살 때 인도로 떠났다가 열두 살 때 집으로 돌아왔다. 또한 강씨는 서울예대 교수직을 두 번 박차고 나왔다가 두 번 복직했다. 첫 번째는 인도로 출가하기 위해 사직서를 던졌고, 두 번째는 권고사직을 당했다. KBS 탤런트들에게 즉흥연기를 가르치는 과정에서 배우들이 나체 연기를 선보인 게 문제가 됐다. 태을 씨 역시 서울예대 출신이지만 그가 재학 중일 때 아버지는 학교에 없었다. 강씨는 2010년 서울예대에 다시 복직했다.

공백 길었던 아버지의 빈자리

부자의 삶은 '과연 아버지의 역할은 무엇일까?'라는 화두를 던지게 한다. 아들에게 아버지의 공백은 길었다. 아들은 두 살 때부터 열두 살이 될 때까지 한 번도 아버지를 보지 못했다. 아버지는 아들의 어린 시절을 통째로 놓쳤다. 오랫동안 곁에 없었던 아버지에 대한 아들의 생각은 어떨까? 뜻밖에도 태을 씨의 말은 통념을 깨부순다. 그는 늘 '내 인생에 가장 큰 영향을 끼친 사람은 아버지'라고 말한다. 아버지가 아들에게 준 것은 무엇이고, 아들이 받은 것은 무엇일까? 곁에 없는 아버지에 대한 원망은 없었을까?

강씨에게 예민한 질문을 던졌다. "청출어람이라는 표현을 써도 됩니까?" 아들이 아버지보다 더 낫다는 표현을 해도 되느냐는 뜻이었다. 연기자로서 아버지와 아들의 지향점이 다르기에 사실 우매한 질문이기는 하다. 하지만 연출가이면서 동시에 여전히 현역 배우로 활동 중인 강씨라 연기에 대한 자부심이 남다르기에 '청출어람'이라고 말하는 건 쉽지 않을 것이라고 생각했다. 그러나 그는 연기자이기 이전에 아버지였다. 강씨는 망설임 없이 "청출어람이라고 해도 됩니다"라고 답했다. "태을이는 노래 실력을 타고났어요. 저보다 노래를 잘하죠. 그리고 색깔이 다양해요. 무지개처럼 다채로워요. 저는 그렇지 않습니다. 저의 세계를 처음부터 끝까지 가지고 가죠. 하지만 태을이는 적응을 잘해요. 타고난 배우죠. 넉살도 잘 떨고, 작품에 따라 변신할 수 있는 배우입니다. 저는 태을이처럼 객석을 꽉 채우고 공연을 해본 적이 없어요."

강씨의 교육철학은 예사롭지 않다. 그의 자녀교육의 큰 틀은 아들의 영혼을 존중하는 것이다. 그는 아들이 태어났을 때 초등학교를 꼭 보내야 하는 것인지 심각하게 고민했다.

"학교 교육에 대한 필요성을 절감하지 못했어요. 수학은 덧셈과 뺄셈만 하면 되고, 나머지는 자연과 책을 통해 배우면 되는 것 아닌가요? 학교는 이 아이의 자유로운 영혼을 틀에 가둘 것 같았습니다. 저는 각자가 가진 고유의 캐릭터가 빛날 수 있도록 살아야 한다고 생각합니다. '내 자식이기 때문에 이래야 한다'라는 건 없었어요. 하고 싶은 것을 마음껏 하도록 허용했죠. 공부하라는 말도 해본 적이 없어요. 다만 제가 이 아이에게 신경 쓴 건 두 가지입니다. 하나는 강하게 키우는 것이고, 또 하나는 큰 틀의 인생 공부를 시키는 것이었어요."

티 안나게 가르치는 게 진짜 교육

태을 씨에게 아버지는 어떤 존재냐고 물었다. 그는 스승이자 선배이고, 아버지이자 형 같은 존재라며 혼자 크다 보니 외로움을 많이 타는데, 아버지는 없는 듯하지만 꽉 차게 그 빈자리를 채워주었다고 말했다. 그가 아버지를 상봉한 건 초등학교 5학년 때다. "김포공항에 아버지를 마중 나갔어요. 저 멀리서 예수님 같은 분이 걸어오는데, 어머니가 '저분이 네 아버지다'라고 하셨어요. 이상하게 끌리더라고요. 달려가서 '아버지' 하고 안겼어요."

그때부터 아버지는 아들에게 큰 틀에서 영향을 끼치기 시작했다. 강씨는 "내가 은근히 교육에 관심이 많아요. 티나지 않게 영향을 끼치는 게 진짜 교육이죠"라고 말했다. 강씨에게는 '스스로 터득하게 하라'는 교육 철칙이 있다. 그는 아들이란 원래 복종하거나 대드는 존재라며 이렇게 말했다. "아들의 인생에 지나치게 깊숙이 관여하려고 하면 엇나갑니다. 아들에게 아버지는 두려움과 존경의 대상이자 뛰어넘어야 할 경쟁 상대거든요. 아버지의 가장 큰 역할은 아들이 가진 보석 같은 재능을 스스로 발굴하도록 돕는 것이고, 성인이 되기 전에 큰 틀에서 엇나가지 않도록 인생 교육을 하는 것입니다."

그는 10대 아들이 엇나가는 이유 중 하나가 이성 문제라며 이렇게 말했다. "성 문제는 건강해야 합니다. 음성적으로 다루면 더 큰 문제가 생기죠. 나는 태을이에게 여자 친구가 생기면 집으로 데려오라고 했어요. 그래서 태을이 여자 친구 변천사를 다 꿰고 있죠(웃음)."

아버지의 부재는 길었지만 상봉 후 아버지의 영향력은 컸다. 늘 바빴지만 필요한 순간에 아버지는 꼭 제자리에 있어 주었다. 졸업식, 입학식 때마다 바바리코트를 휘날리며 나타났다. 태을 씨는 아버지가 나타나면 다들 외국인이라고 수군댔다며 웃었다. 강씨는 지

가족이 살아가는 힘이 된다! 77

금도 아들의 첫 공연장에 어김없이 나타난다. 전문가 입장에서 모니터링을 해주기 위해서다. 아버지는 매의 눈으로 공연을 본 후 연출적인 측면, 배우적인 측면, 대사 한 마디, 의상과 소품 활용을 하나하나 조언한다. 강씨는 아들의 작품 〈그날들〉을 본 후 드물게 칭찬했다. "이번엔 캐릭터 소화를 잘했더군요. 즐기는 게 보였어요. 태을이의 내공이 잘 맞아떨어진 듯합니다."

 태을 씨를 배우의 길로 이끈 결정적 주역도 바로 아버지다. 중학생 때까지 태을 씨는 특별히 잘하는 게 없는 조용한 아이였다. 공부와는 거리가 멀었다. 학교에 다녀오면 책가방 내려놓고 동네 뒷산에 가서 나무와 풀을 헤집고 다니며 노는 게 일상이었다. 하지만 예체능은 잘했다. 태을 씨는 체육대회 날이 1년 중 자신이 가장 빛나는 날이었다고 했다. 달리기를 잘해서 서울시 대표로 출전할 정도였다. 타고난 노래 실력으로 음악 실기 점수도 높았다. 아버지는 아들이 가진 고유의 캐릭터가 솟을 때까지 그저 기다려주었다.

 고등학교 2학년 때, 태을 씨는 불현듯 아버지에게 가수가 되고 싶다고 선언했다. 아버지는 "그래? 한번 들어보자" 하며 아들을 동네 노래방으로 데리고 갔다. 단둘이 간 노래방, 그곳에서 부자는 신나게 놀았다. 서로 코러스도 넣어주고 춤도 추었다. 연출가이자 연기자인 아버지는 아들을 오디션에서 심사하듯 입체적으로 심사했다. 노래 실력은 물론 숨은 끼와 몸짓까지 세심히 보았다. 돌아오는 길에 아버지는 이렇게 말했다. "너만큼 노래하는 아이는 널렸다. 그 정도로는 어림없다. 연기부터 배워라. 인생의 문이 넓어진다." 태을 씨는 당시 엄청난 충격이었다고 회상했다. 아버지는 "그랬냐?"며 되묻더니 "노래는 좀 하더라. 사실 충격요법이 필요했어. 너를 강하게 키우고 싶었거든"이라고 뒤늦게 속내를 털어놓았다.

노래방에서 아버지가 직접 오디션을

아들이 꿈을 배우로 정한 뒤부터 아버지는 아들의 연기를 직접 지도했다. 일대일로도 지도하고 연기과 대학생들이나 무대 위의 배우들과도 자주 접하게 했다. 그렇다고 태을 씨가 아버지 뒤만 졸졸 따라다닌 건 아니다. 아버지는 연기자 무리에 아들을 던져 놓고 스스로 어울리는 법을 터득하도록 했다. 그곳에서 태을 씨는 의자를 나르고 선배들의 심부름을 하는 틈틈이 어깨너머로 연기를 배웠다. 틀 없는 아버지의 연기 스타일은 틀 없이 자란 아들에게서 빛을 발했다. 강만홍 씨는 "수많은 제자를 가르쳤지만 태을이 같은 아이는 처음 봤어요. 하나를 가르치면 열을 알아들었죠. 놀라웠어요"라고 말했다. 태을 씨는 서울예대에 수석 입학했다.

앞에서도 언급했지만, 태을 씨가 서울예대 재학 중에는 아버지가 학교에 없었다. 권고사직을 당해 이 산 저 산 다시 순례길에 올랐기 때문이다. 아버지가 집에 없는 날이 많았고 생활이 여유롭지 못해 태을 씨는 한 달 용돈 10만원으로 버텨야 했다. 점심 도시락을 싸 가지고 다니면서 혼자 매점에서 먹었다. 이 시간은 태을 씨에게 도약의 시간이 되었다. "당시 연기과 아이들과 저는 삶의 방식이 매우 달랐어요. 옷 입는 것도 밥 먹는 것도 달랐죠. 어울리기 힘들었어요. 혼자 다니면서 혼자 밥을 먹었죠. 선배들은 이런 모습을 좋게 봐주더군요. '연기도 좀 하고, 속이 꽉 찬 아이'라는 얘길 들었어요."

태을 씨에게 아버지는 어떤 존재일까? 곁에 없는 날이 많았던 아버지에 대해서 태을 씨는 뜻밖에도 후한 점수를 주었다. 그는 이렇게 말했다. "아버지는 출가 후 돌아온 뒤에도 말씀이 별로 없으셨어요. 가끔씩 선문답처럼 툭툭 던지는 게 전부였죠. 나중에 보니 인생에 꼭 필요한 말이더군요. 그땐 몰랐는데 살다 보면 어느 순간 머릿속에서 아버지 말씀이 쏙 올라오곤 합니다. 내가 내 인생의 주인공으로 살아갈 수 있도록 도와주셨다는 것을 이제야 깨닫고 있습니다."

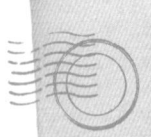

강태을 씨, 그 후 어떻게 지내고 있어요?

조연급이었던 태을 씨는 뮤지컬 〈그날들〉을 계기로 주연급 배역을 차례로 맡아서 열연 중이다. 최근에는 뮤지컬 〈영웅〉의 주연으로 활약해서 호평을 받았다. 아버지 강만홍 교수 역시 여전히 현역으로 활동하며 종종 무대에 오르고 있다.

아버지 강만흥 씨의 *Tip*

틀에 가두지 않아야 아이가 빛날 수 있어요!

❶ 이 아이는 무슨 색깔일지 계속 지켜봐주세요!

누구나 태어나면서 고유의 색깔이 있다. 그 색이 선명히 드러나도록 지켜봐주는 게 아버지의 역할이다. 아이와의 거리는 지나치게 가까워도, 지나치게 멀어서도 안 된다. 일정 거리를 두고 지켜보면서 아이가 지닌 색깔을 읽어야 한다. 색깔은 고유의 캐릭터이자 특기다.

❷ 색깔을 찾았으면 계기를 마련해주세요!

아이의 특기가 발견되면 결정적 계기를 마련해주는 건 부모의 역할이다. 이제까지 일정 거리를 두고 관망했다면 이 순간에는 적극적으로 끼어들어 개입해야 한다. 그 특기에 인생을 걸어도 되는지 검증해보고, 특기가 도약할 수 있도록 배움의 기회를 마련해주어야 한다.

❸ 이성에 대한 공부는 아버지가 시켜야 해요!

인생에서 가장 큰 공부 중의 하나가 이성에 대한 공부다. 10대의 아이들이 튕겨져 나가는 가장 큰 원인 중 하나가 이성 문제다. 성에 대한 건강한 철학은 아버지가 심어주어야 한다. 음성적으로 쉬쉬 하다 보면 성에 대한 부정적 인식이 고착화된다.

❹ 불필요한 권위는 안 돼요!

아이에게 아버지는 복종의 대상이거나 반항의 대상일 경우가 많다. 아버지의 권위가 큰 집안에서는 특히 아들이 제 기를 펴지 못하는 경우가 많다. 아버지가 권위를 불필요하게 내세우는 경우, 아들은 복종하는 듯해도 결국 반항으로 끝난다. 아버지가 일방적으로 원칙을 강요하면 효과도 없을 뿐더러 관계만 악화된다.

가업에서 길을 찾다

조직문화 맞지 않아 힘들어하던 아들,
아버지의 양복점에서 훨훨 날다

가업에서 체득한
인생의 산 교훈

세기테일러 윤인중 원장과
가업에 뛰어든 아들 윤일석 대표

대통령의 양복점

서울 강남구 청담동에 있는 '세기(SEGI)테일러'는 "대통령의 양복점"으로 불리는 곳이다. 반세기의 역사를 이어오면서 박정희 전 대통령을 비롯하여 전두환·노태우 전 대통령의 양복을 제작했다. 또한 이건희 삼성전자 회장을 비롯해 정재계 숱한 명사들의 맞춤 양복도 제작했다. 윤인중(70) 원장이 '세기양복점' 간판을 내걸고 이 일을 시작한 지 44년째, 한국 맞춤양복의 흥망성쇠를 보려면 이곳을 살펴보라고 해도 과언이 아니다. 명동과 청계천 인근에 즐비했던 맞춤양복점의 부흥기를 거쳐 테일러숍의 97퍼센트가 문을 닫을 정도의 위기를 지나, 최근 다시 맞춤양복이 명품으로 부활하는 조짐을 고스란히 지켜보면서 세기테일러는 끝까지 살아남았다.

이런 세기테일러는 요즘 제2의 전성기를 맞고 있다. 6년 전 당시 서른 살이었던 아들 윤일석(36) 대표가 합류하면서부터다. 경영학도인 그는 4년간 회사 생활을 하다가 뒤늦게 가업에 뛰어들었다. 암홀(armhole) 깊이가 낮고 옷깃이 넓으며 바지통도 넓었던 맞춤양복 스타일은 아들이 합류하면서 확 달라졌다. 통이 넓지 않아 몸의 곡선이 자연스럽게 드러나는 나폴리 스타일의 양복이 주를 이루게 된 것이다. 자연스럽게 고객층의 세대교체도 이루어졌다. 6년 전까지만 해도 고객의 80퍼센트가 60대였는데, 지금은 고객의 80퍼센트가 20~40대다.

원래 결혼 시즌이 아닌 7~8월은 비수기인데 예복을 일찌감치 준비하는 30대 고객이 많아져 이제는 사시사철 손이 달린다고 한다. 4~5년 전까지만 해도 양복 한 벌 제작 기간이 3~4주였으나 요즘에는 고객이 늘어 6~7주가 소요된다. 일손이 부족해도 직원을 추가로 채용하기가 어렵다. 한땀 한땀 손으로 양복을 만들기에 10년 이상 경력의 숙련된 장인이 아니면 할 수 없기 때문이다.

아버지는 재단, 아들은 디자인을 맡다

부자는 인터뷰하기 어려운 상대였다. 신중해도 매우 신중했다. 질문 하나를 하면 3초 침묵은 기본이었다. 하지만 3초 후 내놓는 답변은 담백했다. 군더더기나 과장이 없었다. 부자가 만드는 양복 스타일도 이와 같다. 또한 부자는 찰떡궁합을 자랑한다. 아버지는 재단과 바느질을, 아들은 상담과 디자인을 주로 맡는다. 패션 정보와 유행을 담은 세기테일러의 블로그(http://segi.pe.kr)를 운영하면서 젊은 남성 패셔니스타들과 소통하는 것도 아들의 역할이다. 블로그에 담긴 일석 씨의 전문성을 보고 이곳을 찾는 손님도 점점 늘고 있다. 어머니는 전화와 경리를 담당한다. 이쯤이면 세기테일러는 가내기업이나 다름없다.

일본이나 유럽에는 수대에 걸쳐 가업을 이어오는 경우가 많다. 일본의 이쑤시개 제조회사 '사루야'는 9대 290여 년 동안, 연필 제조로 시작한 독일의 프리미엄 필기구 '파버 카스텔'은 8대 250여 년 동안 가업을 이어오며 발전적으로 존속했다. 명품 브랜드 '제냐'는 4대째, 세계 3대 핸드메이드 남성 정장복으로 꼽히는 '체사레 아톨리니'도 가족 기업으로 유명하다. 이처럼 일본이나 유럽에서는 가업 승계를 영광으로 여기는 경우가 많지만, 안타깝게도 한국은 그렇지 않다. 사농공상의 잔재가 남아 있고 성공의 잣대가 천편일률적인 한국에서 가업 승계는 장려할 만한 덕목이 아니었다.

그러나 최근 20~30대 젊은이들 사이에서는 이런 분위기가 바뀌고 있다. 일석 씨처럼 가업을 발전적으로 계승하는 경우가 하나둘 늘고 있는 것이다. 세기테일러를 찾는 젊은 고객 대부분은 "아버지의 사업을 물려받으니 얼마나 영광이에요"라는 반응이다. 아버지가 다져놓은 토대가 있고 아버지의 DNA까지 물려받았으니 다른 어떤 일보다 성공 확률이 높다고 생각하는 것이다.

하지만 일석 씨가 처음부터 가업에 합류하기로 한 것은 아니다. 아버지 윤씨 역시 자타공인 국내 맞춤양복계의 개척자 중 한 명으로 꼽히지만 자신이 걸어온 길을 아들에게 강요하지 않았다. 아니, 오히려 막았다고 하는 표현이 맞다. 그 시절의 맞춤양복점은 지금과는 달랐기 때문이다.

먼 길을 돌아오다

윤씨의 말이다. "나는 좋아서 이 일을 시작한 게 아니었습니다. 호구지책이었죠. 최근에서야 수제구두, 수제양복 등에 대한 인식이 달라져 명품 수준으로 격상됐지만, 기성복이 일반화되기 이전의 맞춤양복점은 열악한 산업군 중 하나였어요." 자신이 진정 좋아하는 일이 무엇인지 돌아볼 겨를 없이 달려온 70년의 외길 생이었다. 그래서 아들에게는 넓은 세상에서 많은 경험을 해보라고 말했다. 하지만 윤씨는 아들에게 무엇을 하라고 하거나 무엇이 되라고는 강요하지 않았다.

아들이 가업에 눈을 돌린 것은 20대 후반에 들어서면서다. 이전까지 그는 아버지의 바람대로 다양한 경험을 쌓았다. 서른 살에 들어서야 가업에 합류했으니 먼 길을 돌아서 온 셈이다. 그는 "뒤늦게 시작했지만 이 일이 그 어떤 일보다 훨씬 즐겁습니다. 천직인 것 같아요"라고 말했다. 일찌감치 가업을 이을 준비를 해서 한 우물만 팠으면 어땠을 것 같으냐고 묻자 그는 지금 걸어온 길이 좋다고 했다. "다양한 경험을 한 후 여기에 이르렀으니 아쉬움은 없습니다. 만약 한 우물만 팠다면 가보지 않은 길에 대한 아쉬움이 컸을 겁니다. 늦게 합류해 기술적으로는 좀 늦될지 몰라도 다른 면에서는 피가 되고 살이 되는 경험을 했으니까요. 경영에도 도움이 됐고요."

아버지를 닮아 손재주가 있는 아들은 어릴 때부터 손을 꼼지락거리는 걸 좋아했다. 프라모델(Plastic Model의 일본식 표현) 조립이 취미였고, 취학 전부터 자동차에 관심이 많았다. 아홉 살 때에는 자동차 엔진 소리만 듣고도 차종을 척척 알아맞히는 정도였고 자동차 전문 잡지 구독이 취미였다. 그때까지만 해도 일석 씨는 막연히 자동차 관련업을 하고 싶다는 생각을 했다. 아버지 역시 "얘가 워낙 차에 관심이 많아서 자동차 정비소를 해도 괜찮겠다고 생각했지"라며 웃었다.

고등학교는 인문계를 택했다. 직업 선택의 폭이 넓을 것 같아서였다. 건국대 경영학과 시절에는 전단지 돌리기, 퀵서비스, 교내 관재팀 재산목록 조사 아르바이트, 자전거 수리 등 다양한 아르바이트를 했다. 졸업 후에는 LCD 관련 회사에서 기획과 회계 업무를 맡았다. 성실하고 꼼꼼한 그는 회사 업무도 즐겼다.

그러나 연차가 쌓일수록 점점 지쳐갔다. 일 자체보다 조직문화에 적응하기 힘들었다. "다니면 다닐수록 회사 체질이 아니라는 생각이 들었습니다. 회식 자리에 가면 술을 잘 마시거나 분위기를 휘어잡거나 해야 하는데 저는 둘 다 어려웠죠. 또한 윗분들을 보면서 저 모습이 내 미래인가 곰곰 생각해 보면 답이 나오지 않았습니다."

아버지가 늘 최고라고 생각

그즈음 일석 씨에게 결정적인 두 가지 계기가 생겼다. 하나는 한국의 맞춤양복 시장을 폄하한 한 패션칼럼니스트의 글을 읽고나서였다. 일석 씨는 그 글이 아버지의 인생을 폄하한 글 같아 아쉬움이 많았다. "아버지의 일을 직접 도운 적은 없지만, 늘 아버지가 하는 일에 대한 자부심이 있었습니다. 1970~1980년대 《월간복장》이라는 잡지에 아버지가 제도 작품을 연재하셨는데, 어린 제가 보기에도 아버지의 작품이 가장 좋아 보였죠. 늘 아버지가 최고라고 생각해 왔습니다. 그런데 한국 맞춤수트에 대한 폄하의 글을 읽다보니 마치 아버지 인생이 송두리째 부정당하는 것 같아서 속상했습니다."

그때부터 맞춤양복에 대한 관심이 생겼다. 그러다 2007년 초, 백화점 매장에 진열된 한 벌의 명품 수트에 눈이 멎었다. '저거다!' 싶었다. 멋졌다. 탐났다. 마네킹 몸의 선을 따라서 자르르 흘러내리는 수트는 하나의 예술이었다. 아버지의 뒤를 이어 저런 수트를 만들고 싶다는 욕망이 일었다.

하늘이 도운 것일까? 마침 수제양복이 명품 시장으로 옮겨가면서 부활하기 시작하는 시기였다. 아버지 역시 아들을 설득할 명분이 보였다. 윤씨는 테일러가 뜬다며 이렇게 말했다. "세계 3대 명품 수제양복은 브리오니, 키톤, 체사레 아톨리입니다. 셋 다 이탈리아 브랜드죠. 우리나라 사람들이 이탈리아 사람들과 비슷한 면이 많습니다. 취향도 비슷하고 성격도 비슷하고 솜씨도 비슷하죠. 최근 한국에서도 맞춤양복에 관심이 많은 젊은 남성이 확 늘었어요. 옷감을 선택하는 눈, 디자인적 측면 등에서 전문가가 깜짝 놀랄 정도로 놀라운 식견을 가진 사람이 많습니다. 요즘은 대학 졸업생들이 저를 찾아와 옷을 배우겠다고도 합니다. 고무적인 현상 아닙니까? 한국은 앞으로 명품 양복 시장의 전망이 밝습니다. 이 사람(아들 윤 대표)은 저를 닮아 손재주가 있는데다가 해외에서 유행하는 패션도 꿰고 있으니 저보다 더 잘할 것이라고 설득했죠."

정직이 최고의 자산

2007년 하반기에 세기테일러에 합류한 일석 씨, 처음부터 대표 직함을 달았다. 아버지는 "책임감 좀 느끼라고 했지"라며 슬며시 웃었다. 세기테일러에 합류한 그는 무섭게 패션 공부에 돌입했다. 패션의 역사와 이론, 잡지 등 관련 서적을 쌓아놓고 읽었다. 600만 원짜리 맞춤수트 체사레 아톨리도 맞추었다. 입기 위해서가 아니라 해체하기 위해서였다. 그는 그 좋아하던 자동차 구조를 공부하며 부품을 조립했듯이 인체의 구조를 공부했고 옷감을 낱낱이 해체하면서 연구했다.

윤씨의 가장 큰 교육철학은 '예의'와 '정직'이다. 그는 유복자다. "아비 없이 자랐다"는 말을 듣지 않기 위해 어려서부터 예의를 목숨처럼 여겼다. 지금도 윤씨는 자신의 형을 만나면 깍듯이 큰절을 한다고 했다. 이처럼 아버지는 아들에게도 인성을 강조했다. 아들에게 그는 '정직해라' '뭐든 열심히 해라' '작은 돈을 모아서 크게 쓰라'라고 가르쳤다. 누구나 다 아는, 해도 그만 하지 않아도 그만인 가르침일지도 모른다. 하지만 평생 이런 말을 듣고 자란 아들 역시 정직을 최고의 재산으로 꼽는다. 그리고 정직은 이 부자에게 가장 큰 재산이 맞는 것 같다. 세기테일러의 고객들이 정직한 부자의 모습에서 큰 신뢰감을 느끼니 말이다.

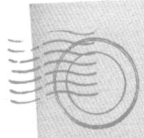

윤일석 씨, 그 후 어떻게 지내고 있어요?

아버지 윤인중 원장 옆에서 '대통령의 양복점'의 대표로서 장인정신을 가지고 묵묵히 일하며 지켜나가고 있다. 손님들도 세대 교체가 많이 되었다. 2대 윤일석 대표가 합류하면서 30대 고객이 점점 늘고 있다. 외국처럼 100년 가게를 만들려면 3대는 이어져야 하는데, 과연 가능할까? 하지만 3대의 계승을 논하기엔 아직 이른 듯하다. 윤일석 대표의 딸은 이제 두 돌이 되었기 때문이다.

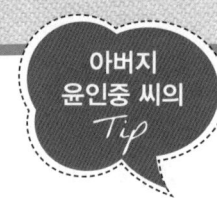

가업 계승, 자녀 스스로 선택하게 하세요!

❶ 공무원보다 더 안정적인 직업이 가업이에요!

요즘 젊은이들이 가장 선호하는 직업 중 하나는 공무원과 교사다. 안정적이라는 게 가장 큰 이유다. 하지만 가업은 공무원보다 더 안정적인 직업일 수 있다. 공무원은 정년이 있지만, 가업은 정년이 없기 때문이다. 건강만 허락한다면 평생 할 수 있는 직업이 바로 가업이다. 윤인중 원장은 70세에도 여전히 현직에 종사하고 있으며 점점 더 정교해지는 장인의 손놀림으로 현장을 지키고 있다.

❷ 계승에 대한 부담감을 주지 마세요!

가업 계승에 대한 부담감을 일찌감치 주면 반감이 생길 수 있다. 스스로 선택하게 해야 책임감과 행복도가 높아진다. 만약 다른 길을 원하면 가보게 하는 것도 좋다. 그 또한 가업 계승에 피가 되고 살이 될 수 있다. 다른 길에 좀 오래 머물더라도 조급해하지 말고 기다려주어야 한다.

❸ 부모가 하는 일의 가치를 꾸준히 알려주세요!

자녀 스스로 가업을 선택하게 하려면 가업 계승을 자랑스럽게 여기도록 해야 한다. 부모가 하는 일이 대단한 가치가 있다는 사실을 꾸준히 알려야 한다. 윤일석 대표가 일곱 살 때 아버지는 그에게 남색 벨벳 정장을 맞춰 주었다. 웅변대회 출전 의상이었다. 그때 입어본 아버지의 옷에 대한 느낌은 강렬했다. 왕자가 된 기분이었고 그는 그 옷을 입고 출전한 웅변대회에서 금상을 받았다.

❹ **가업은 성공 확률이 높아요!**

《포춘지》가 발표한 세계 500대 기업 중 35~40퍼센트가 가족기업이다. 미슐랭, 홀마크, 뉴욕타임스, 피델리티, 에스티로더, 월마트, 이케아 등이 대표적인 가족 기업이다. 왜 가족기업이 강할까? 가족 고유의 가치관과 명예를 중시하기 때문에 투명경영을 지향하고, 단기 이익에 급급할 필요가 없으므로 멀리 내다보고 투자할 수 있기 때문이다. 일단 대대로 다져놓은 토대가 있는데다가 그 분야의 DNA를 물려받은 것도 성공 요인 중 하나이다.

❺ **가업의 목표는 성장이 아니라 존속이에요!**

가족 기업이 성공하는 이유 중 다른 하나는 돈에 큰 욕심을 내지 않고 품질을 꾸준히 지켜가는 경향이 강하기 때문이다. 품질을 고수하다 보면 돈은 저절로 모인다. 100~200년 역사를 이어가는 일본이나 유럽의 가족기업 오너 상당수는 "우리 기업의 목표는 성장이 아니라 영속입니다"라고 말하는 경우가 많다. 지나치게 욕심 내지 말고 즐기듯 일하는 것이 가족기업 성공의 열쇠다.

손편지 · 친구 같은 부모 ·
밥상머리 교육 · 대화 ·
눈높이 교육 ·
균형감 · 청출어람 ·
가업 · 공부놀이 ·
공동체 교육 · 가족신문 ·
홈스쿨링 · 육아 공부 ·
놀이 · 독서클럽 ·
아빠가 차려주는 밥상 ·
단둘만의 여행 · 멘토 ·
동기부여 ·
가족여행 · 꿈 ·
취미 · 자립 · 방황 ·
자존감 · 절대 긍정 ·
칭찬 · 기다림 ·
바라지 않는 마음

2

공부를 놀이처럼,
　놀이를 공부처럼!

공부놀이에서 길을 찾다

글자놀이, 한문놀이, 숫자놀이…… 모든 게 놀이다
고등학교 중퇴 농부 아빠가 키운 의사·약사 4녀 1남

농부아빠가 만든
맞춤식 놀이공부법

포항 농부 아버지 황보태초 씨와
셋째 딸 서울 라마르의원 미아점 원장 황보숙 씨

서울대 공사장에서 막일했던 지난날

2000년 겨울, 포항발 서울행 기차에 몸을 실은 남자는 가슴이 벅차올랐다. 서울대 의대에 합격한 막내아들의 입학식에 가는 길이었다. 그는 27년 전 기억을 떠올리면서 의자에 깊숙이 몸을 기댔다. 다섯 아이를 키우면서 겪은 지난 시간들이 슬라이드 필름처럼 머릿속을 스쳐 지나갔다.

1973년, 그는 서울대 관악캠퍼스에 있었다. 학생으로서가 아니라 신축공사장 막일꾼으로서였다. 농사만으로는 생활이 어려워 알음알음으로 막일을 찾아 서울까지 오게 된 것이다. 뙤약볕에서의 막일은 힘겨웠지만 그는 이렇게 다짐하며 버텼다. '지금 내가 짓고 있는 이 건물은 나중에 우리 아이들이 공부할 곳이지? 그러니 아이들을 위해서라도 튼튼히 지어야지!'

그의 바람은 이루어졌다. 4녀 1남 중 맏딸과 막내아들이 서울대 의대에 진학했다. 포항 구룡포에 사는 농부 황보태조(68) 씨의 이야기다. 두 자녀뿐 아니라 다섯 자녀가 모두 의사와 약사가 됐다. 첫째 딸은 서울대 의대를 졸업해 의학박사 학위를 땄고, 둘째 딸은 경북대 의대를 졸업하고 대전 설여성의원 원장으로 있다. 셋째 딸은 경북대 의대를 거쳐 서울 라마르의원 미아점 원장으로 있고, 넷째 딸은 대구 가톨릭대 약학과를 졸업하고 대구 수정약국 대표로 있다. 막내이자 외아들은 서울대 의대 졸업 후 공중보건의로 근무 중이다.

아버지 황보태조 씨를 주목한 것은 다섯 자녀를 모두 의사, 약사로 길러낸 이력 때문이 아니었다. 고등학교 중퇴 학력이 전부인 가난한 농부가 자신만의 교육철학으로 아이들을 우뚝 서게 했기 때문이다. 아이들에게 유치원은 물론 학습지나 과외 한번 시키지 않고 이룬 성과다. 그는 14년 전 자신만의 교육철학을 담아 『꿩 새끼를 몰며 크는 아이들(올림)』이라는 책을 펴냈다. 그리고 최근, 이 책의 개정판이자 손주들의 이야기를 보태어 『가슴 높이로 공을 던져라 1,2(올림)』를 출간했다.

어느 날 이 책을 펴낸 출판사의 이성수 대표로부터 한 통의 편지를 받았다. 그는 황보태조 씨의 교육철학을 이렇게 압축했다. "중요한 점은 자신의 경험에 비추어 아이들이 학교를 즐거운 곳으로, 공부를 재미있는 것으로 받아들일 수 있도록 만들었다는 사실이지요. 게다가 딸들에게 쓰던 교육법이 아들에게 통하지 않자 새로운 교육법을 개발해냈으니, 그야말로 '인재시교'의 표본입니다."

마을에서도 제일 가난했던 가족

황보씨에게 인터뷰를 요청하자 그는 난색을 표했다. "그건 좀 어렵겠는데예. 아들(아이들)이 다 커놔서 바쁘기도 하고, 또 아들(아이들)마다 성격이 천차만별이라 우떤(어떤) 아는 숫기가 없고 우떤(어떤) 아는 괜찮고 그럽니다." 부모와 자녀가 함께 등장했으면 좋겠다는 제안에 대한 답이었다. 그는 자녀들에게 물어보고 연락을 주겠다고 했다. 그리고 며칠 후 연락이 왔다. 셋째 딸 황보숙(38) 씨가 흔쾌히 취재에 응하기로 했다는 전화였다.

황보숙 씨의 집에는 세 살짜리 딸, 다섯 살짜리 아들이 뛰어놀고 있었다. 자신이 쉬는 날인 목요일에는 어린이집에 보내지 않는 경우가 많다고 했다. 황보숙 씨는 "솔직히 친구들도 다 의사인데 저만 특별한 것처럼 보이는 게 부담스러웠어요. 하지만 아버지의 교육철학이 다른 부모님들께도 긍정적인 영향을 줄 것 같아 인터뷰에 응했습니다"라고 맑게 웃었다. 아버지 황보씨는 "우리 딸이 원장이에요, 꼭 원장이라고 써 주세요"라며 자랑스러워했다. 황보씨는 현재 노모가 계시는 포항과 서울을 오가며 살고 있다. 지난봄까지만 해도 농사를 지었으나 가을부터는 농사를 그만두고 이 자녀 저 자녀 집을 다니면서 손주 돌봐주는 재미에 빠져 있다.

황보태조 씨 가족은 포항시 구룡포읍 눌태리라는 작은 산골마을에서 살았다. 그의 집은 이 마을에서도 가장 가난했다. $3300\,m^2$(1000평) 남짓한 밭과 작은 집 한 채가 재산의 전부였다. 사교육은 그의 살림살이로는 먼 나라 얘기였다. 하지만 그의 다섯 아이는 어딜 가나 공부 박사로 주목받았다. 마을 사람들은 "그 집 애들은 어떻게 그렇게 공부를 잘한대요?"라며 부러워했다.

산골마을에서 다섯 아이를 공부의 신으로 키운 비결이 무엇일까? 바로 아버지만의 뚜렷한 공부철학, '공부놀이'가 있었기 때문이다. 한문놀이, 학교놀이, 글자놀이, 구구단놀이…… 이런 식으로 모든 공부를 '놀이'로 바꾼 것이다. 다른 아버지들이 삼삼오오 모여 막걸리 마시며 노닥거릴 때 그는 아이들 곁에서 공부놀이를 했다. 틈만 나면 '어떻게 해야 아이들이 공부를 재미있는 것으로 인식할 수 있을까?'를 연구했고 그 과정에서 그만의 기막힌 '공부놀이법'들을 개발할 수 있었다.

봉천동 구멍가게에서 시작한 글자놀이

황보씨의 가족은 아이들이 어릴 때 수년간 서울 봉천동 달동네에서 지낸 적이 있다. 농사일만으로는 생활이 어려워 서울 생활을 시도한 것이다. 과자상자를 이용한 글자놀이는 이때 시작했다. 봉천동에서 작은 가게(황보씨의 표현으로는 구멍가게)를 운영하던 시절, 아이들에게는 공부방이 따로 없었다. 창고이자 거실, 온 가족의 침실이 곧 공부방이었다. 그는 여기에서 라면땅, 가나초콜릿, 나하나볼 등의 상자를 아이들에게 보여주며 글자 찾기 놀이를 하고, 비슷한 글자 알아맞히기 놀이를 했다. 아이들은 재밌어 죽겠다며 신나게 따라주었다. 아무도 이것을 공부로 생각하지 않았다. 한문공부는 '같은 반 친구 이름 외우듯' 했다. "이 두 글자는 韓國인데, 이 친구 이름은 한국이라고 부르니 잘 기억해 두어라" 하는 식이었다.

모든 공부의 놀이화에는 황보씨만의 사연이 있다. 태어난 지 석달 만에 아버지가 돌아가셔서 친척들 손에 자란 그에게는 자신을 이끌어줄 어른다운 어른이 없었다. 맞아가면서 공부했기에 학교는 무서운 곳이었다. 고등학교 2학년 때 등록금이 없어 학교를 그만둔 이후 하지 못한 공부에 대한 한이 깊었다.

"나중에 내 아이들이 생기면 공부를 원 없이 시키고 싶었어요. 그러기 위해서는 '공부는 재미있는 것' '학교는 신나는 곳'으로 인식시켜야 한다고 생각했죠. 또한 아이들의 공부 공포증을 없애기 위해 오늘은 익히고 내일은 잊어버리라고 말했어요. '나는 자꾸 잊어버려, 나는 안돼' 이렇게 생각하면 자신감을 잃고 공부 자체가 싫어지거든요. 또 최선을 다하라는 말도 하지 않았어요. 이 말은 하나마나

한 말인데다 아이들을 짜증나게 만드니까요."

그가 아이들에게 또 하나 강조한 것은 '독서'다. 책을 읽는 습관이 붙지 않은 아이는 공부를 잘할 수 없다는 판단에서였다. 봉천동 일대가 철거되면서 다시 포항으로 내려온 후, 그는 한 달에 몇 번씩 구룡포읍에서 포항 시내 서점까지 24킬로미터 거리를 오가며 책을 구입했다. 책 선정의 기준은 '재미'였다. 쉽게 읽히는 책 위주로 골랐고 텔레비전 어린이 연속극에 나오는 책은 아이들에게 꼭 사다주었다. "처음부터 무리하면 실패합니다. 소를 길들일 때에도 목에 지울 멍에를 처음부터 굵고 무거운 것으로 시작하면 소는 목을 흔들며 거부하지요"라는 게 그의 지론이다. 자식농사에 성공한 그는 유기농 토마토 농사를 지어 성공한 농부이기도 하다. 농사를 지으며 그가 스스로 터득한 자녀교육법은 수십 년간 교육철학에 매진해온 교육심리 전문가들의 결론과 신기하리만큼 유사했다.

칭찬보다 좋은 거름은 없다

영어공부는 어떻게 시켰을까? 영어공부를 제대로 해본 적은 없지만, 그는 어머니가 아이에게 말을 가르치듯 영어도 글자공부보다 말을 듣고 따라하는 것이 중요하다고 생각했다. 그래서 택한 것이 녹음테이프다. 첫째 아이가 중학교에 들어갔을 때에는 녹음기를 사서 교과서 영어테이프를 매일 들려주었고, 막내가 중학교에 입학했을 때에는 차를 사서 등교길에 영어 교과서 테이프를 들려주었다. 차로 12분 거리인 등교시간은 한 단원을 들려주기에 충분했다. 아이들은 자연스럽게 교과서를 통째로 암기했고, 영어를 '공부'가 아닌 '언어'로 인식하게 되었다.

이러한 황보씨의 공부놀이는 지금 손주들에게도 톡톡히 효과를 보고 있다. 여섯 명의 손주를 둔 그는 초등학교에 다니는 손주를 위해 '검산 노래'를 만들었다. "한두 개는 틀렸으니 찾아봅시다. 보물찾기 하듯 찾아봅시다"라는 가사의 짧은 노래이다. "시험을 본 후 꼭 검산을 하라"는 뻔한 말은 귓등으로 흘려듣게 되는 반면, 할아버지의 검산 노래는 속속들이 귀에 박힌다고 했다. 얼마 전 손주는 "할아버지 노래대로 검산했더니 진짜 틀린 문제를 발견했어요"라고 말했다.

그의 셋째 딸 황보숙 씨는 인생의 궤도를 대대적으로 틀어 의사가 된 경우다. 그는 포항공대 화학과에 수석 입학, 졸업 후 반도체 관련 회사에 다니다 28세에 경북대 의대로 편입했다. 황보숙 씨의 말이다. "반도체회사 시절 해외출장이 잦아서 좋기도 했지만, 안정적인 직업을 원했습니다. 의사인 언니들의 영향도 컸지요. 프랑스 출장 당시 의료복지 분야에 깊은 인상을 받고 의대 쪽으로 다시 진학해야겠다고 결정했습니다." 여기에 아버지의 펌프질이 방점을 찍었다. "애가 겁을 냈어요. 내가 그런 데는(의지 북돋워주는 데는) 달인이에요. '너는 된다, 틀림없이 하면 된다!'고 부추겼죠."

여기에서 아버지가 가진 또 하나의 교육철학이 드러난다. 절대긍정 마인드! 그는 칭찬보다 더 좋은 거름은 없다며 말을 이었다. "내 친구 중에 똑똑한 친구가 있어요. 그 친구가 자식의 성적표를 보고 나서 한 말에 깜짝 놀랐답니다. 막 화를 내면서 '내가 발바닥으로 공부해도 그 정도는 하겠다'라고 하더라고요. 그런 말을 듣고 어떤 아이가 공부를 재미있어 하겠습니까."

인터뷰 내내 아버지 황보씨는 연신 딸을 추켜세웠다. "우리 딸 말 잘하지요? 원장이라니까요!"라며 칭찬을 아끼지 않았다. 늘 웃고 매사에 긍정적인 황보씨, 하지만 이건 아버지로서의 모습이다. 한 인간으로서의 황보씨는 전혀 딴판이라고 한다.

쌀 속 돌을 고르듯 아이에게 하는 말도 잘 골라야 한다

"나는 성질이 고약해요. 화도 잘 내고. 그런데 아이들을 대할 때에는 성질대로 하면 안 돼요. 아이들을 잘 키우기 위해 성질도 죽였어요. 아이들에게 말할 때에는 할 말 못할 말을 미리 머릿속으로 골라냅니다. 농부가 쌀 속에서 돌을 고르듯 말이지요."

하지만 승승장구 황보태조식 자녀교육에도 브레이크가 걸린 순간이 있었다. 막내아들에게는 누나들에게서 효과를 거둔 글자놀이법이 통하지 않았다. 그는 실패 원인을 철저하게 분석했다. 첫째, 남자 아이라 누나들과 성정이 다르고 둘째, 같이 자라는 또래 형제가 없어 글자놀이에 흥미를 붙이지 못했으며 셋째, 로봇 이름짓기 놀이는 인형놀이에 비해 가짓수가 적다는 문제를 발견했다.

고심하던 그는 막내를 위해 '편지놀이'를 개발했다. 아들이 먹고 싶은 음식의 단어를 기억했다가 어머니에게 편지로 적어 보내면 어머니가 장에 다녀오면서 그 물건을 사다 주는 식의 놀이였다. '이 글자에 이런 의미가 있구나'라는 것을 깨우친 아이는 신기해하면서 본격적으로 글자놀이에 빠져들었다.

황보씨는 요즘 엄마들은 아이들이 공부에 정이 떨어지게 한다면서 안타까워 했다. "송편도 속을 넣어야 맛있고 떡도 고물을 묻혀야 맛있듯, 쓴 약에는 당의정을 입혀야 아이들이 잘 먹어요. 마찬가지로 공부놀이를 통해 공부를 잘할 수 있는 마음밭을 일구는 것이 무엇보다 중요해요. 부모가 시켜서 하는 공부는 당장 효과가 있어 보이지만, 아니에요. 커 보세요. 절대 공부 안 합니다."

황보숙 씨도 아버지처럼 자녀교육에 관심이 많다. 그는 아버지로부터 배운 교육철학의 핵심을 '관찰력'이라고 했다. "저도 엄마가 되어 보니 알겠더군요. 어렸을 때 제가 무엇을 하든 아버지가 세심히 관찰하고 계셨다는 것을요. 무언가를 자꾸 시키려는 건 부모의 욕심이에요. 한걸음 뒤에 서서 아이가 노는 것을 관찰하면서 관심 분야를 찾아주는 것이 부모의 가장 큰 역할 같아요. 공부는 그 다음 이야기죠. 집중력이 필요한 일을 아이 스스로 즐겁게 할 수 있도록 환경을 마련해주세요. 그럼 공부는 저절로 하게 됩니다."

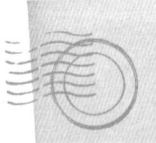

황보숙 씨, 그 후 어떻게 지내고 있어요?

황보숙 씨는 라마르의원 미아점의 원장으로, 두 아이의 어머니로서 분주한 나날을 이어가고 있다. 아버지 황보태조 씨는 CBS TV 〈세상을 바꾸는 시간 15분〉에 출연하면서 더욱 유명인사가 되었다. 또한 여기저기에서 자녀교육 특강도 하는 등 소박하지만 농부 아버지로서 철학이 담긴 그의 자식농사 성공 노하우를 많은 이에게 전파하고 있다.

모든 농사의 가장 기본, 작물과 아이의 특성을 먼저 알아야 해요!

❶ 농사를 짓듯 아이에 따라 교육 방법을 달리 해야 효과가 있어요!

식물은 다양한 요인으로 꽃을 피운다. 어떤 것은 낮이 길어야, 어떤 것은 낮이 짧아야, 또 어떤 것은 온도가 낮아야 꽃을 피운다. 작물의 특성을 알아야 유능한 농사꾼이 될 수 있듯 자식농사도 마찬가지다. 아이마다 성정과 성향이 제각각이므로 각자의 특징을 잘 파악해야 자식농사에 성공할 수 있다.

❷ 칭찬보다 좋은 양분은 없어요!

칭찬거리가 없으면 만들어서라도 칭찬해주어야 한다. 황보태조 씨는 아이들에게 한자 공부를 시킬 때 칭찬해주기 위해 일부러 쉬운 것만 골라서 물어봤다. 교육심리학에 따르면 자기효능감과 동기가 높아야 공부를 잘한다고 한다. 처음부터 공부를 재미있어 하는 아이는 아주 드물다. 그러므로 일단 칭찬이라는 거름을 통해 자존감을 쑥쑥 자라게 하는 것이 중요하다.

❸ 아이의 가슴 높이로 공을 던져주세요!

황보태조 씨가 깨달은 교육철학을 압축한 말로, 그는 한 소녀와 아버지가 공 던지기 놀이를 하는 것을 보고 깨달음을 얻었다고 한다. 공놀이를 할 때에는 아이들이 받을 수 있는 높이에 딱 맞추어 공을 던져주는 것이 가장 중요하다는 것을. 지나치게 높거나, 딱딱하거나, 빨라서 아이들이 받지 못하는 공은 아무 소용이 없다. 교육도 마찬가지다. 아이들의 수준에 맞춰서 적용해야 가장 효과적이라는 이야기다.

공동체 교육에서 길을 찾다

마을서당에서 동네 아이들과 어울려 놀며
한문 배우고 글쓰기 교육을 받다

"어? 그게 공부였어요?"

강화도 서당 아버지 이광구 씨와
삼남매 이나리 양·이온달 군·이보리 양

전설의 서울대 법학과 82학번

아버지 이광구 씨는 '서울대 법학과 82학번'이다. 서울대 법학과 82학번은 정치인 나경원·원희룡·조해진 의원, 김난도·조국 서울대 교수, 김상헌 NHN 대표 등을 배출해낸 전설의 학번이다. 그러나 입신양명의 상징처럼 여겨지는 서울대 법학과 출신의 이 아버지가 택한 길은 남들과 달랐다. 대학교 3학년 때 학비 등의 문제로 학교를 그만둔 그는 치열한 경쟁무대에서 한걸음 물러났다. 그리고 자신의 세 아이 역시 치열한 교육환경이 아닌 웃으며 행복하게 성장할 수 있는 이상적인 교육환경을 찾아 이사하고 또 이사했다. 그런 그가 최종 안착한 곳은 강화도다. 바다 냄새 가득한 갯벌과 풀 냄새 가득한 들에서 아이들이 마음껏 뛰어놀면서 자랄 수 있는 곳이라고 생각했기 때문이다.

1997년 강화도에 둥지를 튼 그는 지인들과 '마리서당'을 열었다. '마리서당'은 부모들이 만든 '마을 공동체 교육공간'이다. 나이도 성별도 부모의 직업도 각각인 15명의 아이는 한 공간에 모여 독서와 한문, 글쓰기 교육을 받았다. 부모들이 재능기부 형식으로 나서서 이 집 어머니는 독서를 지도하고, 저 집 아버지는 그림을 가르치는 식이었다. 인근 학교의 교사와 서당부활 운동가들도 손을 보탰다.

아이들이 서당에서 공부하는 동안 가족들은 서당 한켠에서 음식을 만들고 막걸리를 마시며 어울렸다. 공부와 놀이의 경계가 없는 이 서당은 6년 동안 주말마다 꼬박꼬박 열렸다. 이광구 씨는 3년 전 『나리, 온달, 보리 아빠의 희망교육 분투기(동녘)』라는 책에 마리서당 이야기를 담았다. 당시 각각 20·18·16세이던 세 아이는 진로를 고민 중이었다. 대학을 갈지 말지, 가지 않는다면 어떤 길을 걸을지 결론이 나지 않은 상태였다.

3년이 지난 현재, 강화도 삼남매는 어떤 길을 걷고 있을까? 셋은 각자의 길을 소신껏 걷고 있었다. 첫째 나리 양은 제천에 있는 대안학교인 간디학교를 졸업한 후 시민단체 '녹색연합' 자연생태국에서 희귀 동식물 조사원으로 일한다. 둘째 온달 군은 사교육 한번 받지 않고 서울대 자유전공학부에 일명 대장금(대통령장학금장학생)으로 입학해 3학년 1학기를 마치고 강화도 해병대에서 군복무 중이다. 셋째 보리 양은 강화도에 있는 대안학교인 산마을고 졸업을 앞두고 있다. 졸업 후에는 강화도에서 축제처럼 살던 경험을 살려 축제기획 일을 하고 싶어 한다.

남한의 최북단 집

이들의 집은 강화도 중에서도 남한의 최북단인 '철산리 마을회관' 부근에 있다. 석모도행 배의 선착장인 외포항에서 출발, 꼬불거리는 좁은 길을 자동차로 30분쯤 달려야 한다. 도착할 즈음 장총을 멘 군인들이 서 있는 경계근무초소가 나타났다. 이들의 집과 휴전선의 거리는 100미터 정도에 불과했다.

차에서 내리자 매캐한 장작 냄새가 코를 훅 찔렀다. 집에는 울도 담도 대문도 없었다. 이씨는 심지어 현관문도 열어놓고 사는데 지금껏 아무 문제가 없었다며 사람 좋게 웃었다. 역시 울도 담도 대문도 없는 옆집에서는 이날 김장을 하고 있었다. 마당에는 열댓 마리의 토종닭, 두 마리의 개, 한 마리의 고양이가 뛰어다녔고 흐드러지게 핀 샛노란 감국에서는 국화 향이 진동했다.

삼남매 중 두 딸은 이야기하는 내내 연신 까르륵 까르륵 웃어댔다. 아버지의 교육철학이 무엇이냐는 질문에 나리 양이 "방임? 공부하라는 말을 들어본 적이 없어요"라고 웃고, 보리 양이 그 말을 이어받아 "청소하라는 말은 많이 들었어도"라며 또 까르르 웃었다. 사진을 찍으면서도 두 딸은 "온달, 얼굴 좀 펴"라며 웃고, "아빠, 나랑 친한 척!" 하면서 또 웃었다. 보는 이도 덩달아 미소 짓게 하는 기분 좋은 웃음소리였다.

이씨는 강화도가 자신의 인생 최고의 선택이라고 말한다. 서울에서 살던 그는 사업 실패 등의 이유로 경기도 부천으로 삶의 터전을 옮겼다가 다시 강화도로 옮겼다. 공장 많은 부천에서 셋째 보리 양을 낳았는데, 그곳에선 보리 양의 기관지염이 심했지만 강화도로 온 후에는 딸의 기관지염이 싹 나았기 때문이다.

그는 강화도에 아무 연고도 없다. 아이들이 행복하게 뛰어놀 수 있는 공기 좋고 물 맑은 곳을 고민하던 중 우연히 라디오에서 들은 한 교사의 말이 그의 마음을 움직였다. 아동문학가인 고 이오덕 씨의 제자 노미화 씨의 글쓰기 철학을 듣는 순간 '저분이 계시는 학교에 아이들을 보내고 싶다'는 생각이 들었다. 바로 강화도 조산초등학교였다.

마을회관을 서당으로 개조하다

강화도로 옮긴 그는 서당부활 운동을 하는 지인들과 뜻을 모아 마리서당을 열었다. '마리'는 강화도 '마니산'에서 따온 말이다. 처음에는 나리 양 친구 집 마당 한켠에 컨테이너로 서당을 지어 부모들이 공동운영했다. 그러다 규모가 커져 비어 있는 마을회관을 서당으로 개조했다. 아이와 부모가 다 함께 모여 회관 벽에 벽화를 그렸다. 비어 있는 사랑채는 동네 도서관으로 꾸몄다.

이 마을에서 아이들은 공부와 놀이의 경계 없이 자랐다. 매주 토요일 오후 두 시면 어김없이 서당에 모여 『사자소학(四字小學)』을 배웠다. 조선왕조의 대표적 아동교육서로 일상생활 규범과 예의범절을 담은 『사자소학』은 마리서당이 추구하는 기본 가치였다. 학년에 상관없이 한자리에 모인 아이들은 사자소학을 큰소리로 따라 읽고 붓으로 썼다. 공부인 줄도 모르고 신이 나서 따라했다.

글쓰기 공부도 놀이처럼 했다. 노미화 씨의 재능기부로 이루어진 글쓰기 수업은 자신이 보고 느낀 것을 말하듯이 쓰는 수업이었다. 정월대보름에는 쥐불놀이를 하고 봄이면 뒷산에서 진달래를 따 와 화전을 부쳐 먹었다. 놀다가 배가 고프면 밭에서 감자와 고구마를 캐 와 불에 구워 먹었고 겨울이면 썰매를 타고 연을 날렸다.

공부천재 온달 군의 힘은 여기에서 비롯되었다. 학원은커녕 과외 한번 받지 않은 그가 인천과학고에서 전교 1~2등을 놓치지 않고 서울대에서도 평점 4.1이라는 우수한 학점을 받을 수 있는 기본기는 강화도 서당에서 다진 것이다. 사랑채 마을 도서관에서 놀듯 독서를 했고, 마리서당에 동네아이들과 모여 놀듯 한문과 글쓰기를 배웠다. 아버지의 '일상 속 수업'도 큰 기반이 되었다.

"신문을 읽으며 늘 아빠와 함께 경제 이야기, 수학 이야기, 일반상식 등 세상이 돌아가는 것에 관한 이야기를 나누었어요. 평소에 궁금한 걸 아빠에게 여쭈어 보면 친구와 대화하듯 이야기를 들려주셨죠." 온달 군의 말이다.

'선택의 힘'을 길러주는 교육

특기자전형을 통해 서울대 수시모집에 합격한 온달 군은 '뒤처지지 않을까?'라는 걱정이 컸다고 한다. 그는 인천과학고에서도, 서울대에서도 튀는 존재였다. 강화도 출신에 사교육 한번 받지 않은 그를 친구들은 신기한 듯 봤다. 그러나 우려를 뒤집고 현재 4년 전액 국가장학금 외에도 성적우수장학금을 별도로 받고 있다. 비결이 무엇일까? 온달 군의 답변은 간단했다.

"고등학교 때 선행학습을 하지 않은 사람은 저밖에 없었어요. 다른 아이들은 선행학습을 하고 와서 수업시간에 설렁설렁했지만, 저는 처음 배우는 것들이라 진짜 열심히 파고들었거든요."

아버지의 자녀교육 화두는 '행복'과 '공동체 생활'이다. 나리 양과 보리 양의 말대로 그는 공부하라는 잔소리를 한번도 해본 적이 없다. 공부는 하다하다 할 게 없으면 그때 하는 것이라는 말은 수없이 했다. 공부가 필요 없다는 말이나 대학 교육이 불필요하다는 말이 아니다. 그는 '공부는 꼭 필요한 공부를, 꼭 필요한 사람이 하는 것'이라고 생각하기 때문이다.

그는 아이들에게 '바바빠'로 불린다. '바보아빠'의 준말이다. 그림책에 나온 말인데, 친구 같은 아빠를 지칭하는 별명이 되어 버렸다. 셋째 보리 양은 "아빠는 썰렁개그의 달인이에요. 궁금한 걸 물어보면 개그를 섞어서 설명해주시거든요. 제 친구들도 아빠를 '광구 형님'이라고 불러요"라며 웃었다.

아버지가 아이들에게 줄기차게 해온 교육이 하나 더 있다. 바로 '선택의 힘'을 길러주는 교육이다. "삶은 순간순간의 선택으로 이루어져 있어요. 갈림길에서 무엇을 선택할지에 따라 인생의 방향이 달라지죠. 그 중요한 순간을 부모가 대신해주는 것은 옳지 않아요. 부모는 아이가 스스로의 힘으로 현명한 선택을 할 수 있도록 도와주는 역할만 해야 합니다. 그러기 위해서는 하나의 선택을 했을 때 얻는 것과 잃는 것을 혼자 힘으로 사고할 수 있도록 평소에도 힘을 길러줘야 해요. 그래야 자기 인생의 주인공으로 살 수 있습니다."

"내 인생의 10대는 한번뿐!"

아버지 이씨는 지난해까지 금융컨설턴트로 일했다. 숱한 고객의 재무상담을 해주면서 '몸만 어른'인 성인을 많이 만났다. "어른이 된 후에도 스스로 선택을 하지 못하는 사람이 굉장히 많습니다. 그런 교육을 받아본 적이 없기 때문이죠." 하지만 강화도 삼남매는 다르다. 일찌감치 '나는 무엇을 좋아하고, 무엇을 잘하며, 어떤 가치를 지향하는가'에 대한 분명한 줏대를 가지고 있었고 이를 기반으로 자신의 진로를 택했다. 첫째 나리 양과 셋째 보리 양이 대학을 가지 않은 것은 본인들의 적극적인 선택이었다.

"어른들 눈에는 제가 좀 특이해 보이나 봐요. 대학도 가지 않고 돈도 되지 않는 일을 하고 있으니까요. 하지만 엄마, 아빠, 그리고 주위 분들의 삶을 보면서 대학에 가지 않아도, 돈을 많이 벌지 않아도 행복할 수 있다는 걸 알았어요. 강화도에서는 정말 많은 것을 얻었어요. 친구, 추억, 갯벌 체험…… 받은 것만큼 돌려주고 싶어요. 보리처럼 강화도에서 마을 부흥운동을 해보고 싶은 생각도 있어요, 언젠가는(첫째 나리 양)."

"삶의 목적은 행복 아닐까요? 현재가 행복해야 삶 전체가 행복한 거잖아요. 일반학교에 다니는 친구 중에는 미래의 행복을 위해 현재를 희생하는 아이가 많더라고요. 그건 기성세대가 집어넣은 생각이에요. 제겐 현재의 행복도 중요해요. 제 인생의 10대는 한 번뿐이니까!(막내 보리 양)."

이씨는 '공동체 생활'을 강조하고 이에 대해 엄격히 교육을 하고 있다. 그는 공부보다 '살림의 지혜'를 갖는 게 더 중요하다고 말한다. 살면서 가장 중요한 것은 남에게 피해를 입히지 않고 자기 힘으로 성실하게 일하면서 사는 것인데, 살림의 지혜가 없으면 민폐를 끼친다는 것이다. 그래서 아이들에게 설거지하기, 빨래 개기, 청소하기, 변기 닦기, 세면대나 배수구에 낀 머리카락 치우기 등의 생활교육을 확실하게 시켰다. 한번은 보리 양이 빨려고 대야에 담가둔 운동화가 2주째 그대로 있는 것을 보고 밖으로 냅다 던져버린 적도 있다고 한다. 평소 잘 혼내지는 않지만, 그만큼 생활교육을 중요하게 생각하는 이씨의 모습을 볼 수 있는 일화였다.

공부보다 일상생활을 잘하는 것이 더 중요하다

"저는 아이들이 공부보다 일상생활을 잘하길 바랍니다. 대학이야 웬만큼 공부하면 어디든 갈 수 있고, 최저임금을 받아도 먹고사는 데는 지장이 없는 세상이 되었어요. 능력이 부족하고 여건을 갖추지 못한 상태에서 무리하게 경쟁해 앞서 가려 하는 것보다 자신의 처지에서 잘할 수 있는 일에 집중하는 편이 낫다고 봅니다. 그게 행복한 삶을 사는 길이에요."

세 아이의 이름에는 아버지의 교육철학이 담겨 있다. '나리'는 등산길에 조화롭게 핀 나리꽃을 보고 지었고 '온달'은 능력은 있지만 사심 없는 온달 장군에서 따왔다. '보리'는《푸른 보리》라는 회지에서 따온 이름으로 강인한 생명력과 희망을 머금고 살길 바라는 아버지의 희망을 담았다. 지금 강화도 삼남매는 아버지의 교육철학에 따라 씩씩하게 자신의 길을 개척하며 걸어가고 있으니, 바보아버지의 바람은 어느 정도 성공한 것이 아닐까.

강화도 삼남매, 그 후 어떻게 지내고 있어요?

첫째 나리 양의 변화가 가장 크다. 방송통신대를 졸업하고 녹색연합 관련 일도 그만둔 그는 더 큰 꿈을 품고 환경 선진국인 독일로 유학을 준비 중이다. 어학 실력을 쌓기 위해 독일문화원에서 독일어 공부에도 열심이다. 둘째 온달 군은 여전히 군복무에 여념이 없고 막내 보리 양은 산마을고등학교를 졸업 후 진로에 대해 고민 중이다.

감정을 자제하고
객관적으로 아이를 보아야 해요!

❶ 무조건 일찍 적성을 파악하는 것은 좋지 않아요!
무조건 남들보다 빨리 내 아이의 적성을 파악해 그 분야에 집중 투자해서 경쟁력을 기르겠다는 발상은 위험하다. 김연아 선수의 경우는 희귀하고 드문 사례다. 적성검사를 맹목적으로 믿으면 안 된다. 부모의 1차 관찰이 가장 중요하고, 적성검사는 참고 자료로 활용하는 것이 좋다. 부모는 아이와 많은 시간을 함께 보내면서 자연스럽게 아이의 적성과 능력을 파악하는 것이 중요하다.

❷ 아이의 적성과 능력을 있는 그대로 봐주세요!
부모는 내 아이를 있는 그대로 보기 힘들다. 부모가 자기 자식 공부 가르치기가 가장 어렵다는 말은 괜한 말이 아니다. 감정이 개입되면 객관성을 유지하기 어렵기 때문이다. 자녀를 잘 키우려면 감정을 자제하고 아이를 객관적으로 보는 훈련을 해야 한다. 처음부터 잘될 리 없고, 훈련을 한다고 해서 갑자기 되는 것도 아니다. 인내심을 가지고 장기간 도를 닦듯 해야 한다.

❸ 아이는 나에게 찾아온 가장 귀한 손님이에요!
노자의 『도덕경』에는 '생지축지 생이불유(生之畜之 生以不有)'라는 구절이 나온다. '자식을 낳고 기르되, 낳았다 하여 소유하지는 않는다'는 뜻이다. 내 배로 낳아 기른다고 해서 자식을 부모 마음대로 좌지우지하면 안 된다. 부모가 다그칠수록 아이들은 부모의 뜻을 거스르게 마련이다.

❹ **선택과 결단의 힘을 길러주세요!**

삶은 순간순간 선택과 포기의 연속이다. 아이들이 스스로 자기 일을 결정하도록 하되 무조건 방임해서는 안 된다. 가끔 제안도 하고 개입도 하면서 시나리오별로 발생할 수 있는 상황에 대해 충분한 정보를 제공해야 한다. 대신 부모가 정해 놓은 선택의 길로 암암리에 유도하는 것은 좋지 않다. 아이들이 스스로 선택과 포기를 하도록 돕는 것, 부모의 역할은 딱 거기까지다.

❺ **의지력을 지나치게 강요하면 안 돼요!**

의지력이 강할수록 위기극복의 힘도 커진다. 그러나 의지력도 과유불급이다. 의지력을 지나치게 강조하면 성과보다 부작용이 커질 수 있다. 전속력으로 달려온 사람에게 10미터만 더 뛰라고 의지력을 부추기면 무리하다가 쓰러질 수 있다. 성공과 질주를 강제하지 마라. "경쟁사회에서 살아남기 위해서는 어쩔 수 없다"라는 말은 옳지 않다. 질주하지 않고도 하고 싶은 것을 재미있게 할 수 있도록 만들어주는 것이 부모의 임무다.

가족신문에서 길을 찾다

30년째 가족신문 제작으로 책임감과 글쓰기 훈련한 형제,
나란히 교수로 성장하다

꾸준함과 글쓰기 실력 키워준
가족신문 만들기

한국화장실연구소 조의현 소장과
첫째 아들 조영헌 고려대 역사교육과 교수

서울 정도 600년 기념 타임캡슐에 탑재된 가족신문

30년째 가족신문을 발간하는 가족이 있다. 한국화장실연구소 조의현(69) 소장과 두 아들 조영헌(41)·조영한(39) 가족이다.《비둘기집》은 둘째 조영한 씨가 초등학교 4학년 때인 1984년 학교 숙제로 시작한 이후 한 차례의 휴간 없이 발간하고 있다. 매달 발간하던 신문은 형제가 수험생이 된 20년 전부터 격월간으로 발간 중이다. 이 신문의 독자는 150여 명 정도, 어르신들에게는 종이신문으로 전하고 젊은 세대들에는 PDF파일로 만들어 이메일로 발송한다.

가족신문의 보이지 않는 힘은 컸다. 초등학교 때부터 공동발행인으로서 기삿감을 발굴하여 기사로 써온 형제는 나란히 교수가 되었다. 첫째 영헌 씨는 고려대 역사교육과, 둘째 영한 씨는 한국외대 한국학과 교수다. 영헌 씨는《비둘기집》창간호부터 차곡차곡 보관 중인 파일 원본 꾸러미를 펼쳐 보였다. 31년의 시간을 머금어 누렇게 변색된 신문을 한장 한장 보물 다루듯 넘겼다.《비둘기집》창간 25주년이 되는 해에는 신문을 엮어 책자 형태로 만들었다. 일부만 편집해 엮었는데도 400쪽이 넘는 두툼한 책 두 권 분량이 나왔다.《비둘기집》은 창간 10주년이 되는 1994년에 서울 정도 600년을 기념하는 타임캡슐에 탑재되기도 했다.

가족신문이 이 가족에게 끼친 영향력은 막대하다. 아버지 조씨는 "《비둘기집》은 우리 가족의 정체성 그 자체입니다"라고 말한다.《비둘기집》을 만들지 않았으면 두 아들의 직업이나 가족 관계가 달라졌을 것이라는 뜻이다. 가족의 역사를 기록하는 가족신문을 만든 영헌 씨가 서울대 동양사학과를 나와 역사학자가 된 것은 우연이 아니다. 영헌 씨의 말이다. "가족신문을 만들면서 기록의 중요성을 알게 되었습니다. 역사란 남아 있는 기록을 어떻게 해석하느냐의 문제이고, 역사학자란 남아 있는 기록의 행간을 읽어내는 사람이라고 생각합니다."

신문을 만들며 자연스레 글쓰기 훈련을 하다

처음부터 거창한 의도로 가족신문을 발행한 것은 아니다. 그저 이왕 시작했으니 한번 이어나 보자는 생각이었다. 하지만 가족신문은 중독 같았다. 발간 호수가 늘어갈수록 가족신문의 힘을 조금씩 느끼면서 중단할 수가 없었다. 외연적 효과는 가정의 화목이지만, 두 아이에게 끼친 교육적 효과가 만만치 않았다. 조씨는 "신문을 만드는 과정이 아이들에겐 총체적 공부였습니다. 사물을 보고 생각을 체계적으로 정리할 수 있는 능력과 편집자로서의 책임감과 리더십 훈련을 자연스럽게 할 수 있었지요"라고 말했다.

아들 영헌 씨 역시 같은 생각이다. "지나고 보니 가족신문의 효과가 엄청났습니다. 무엇보다 꾸준함을 기를 수 있었어요. 처음 10년 동안은 월간, 이후에는 격월간으로 발간하면서 아버지는 마감을 꼭 지키게 하셨습니다. 제가 원래 잡다한 것에 관심이 많고 아이디어도 많은데, 일을 한번 벌이면 마무리를 잘 못하는 성격이거든요. 사실 석·박사 과정을 통틀어 10년 넘게 한 우물 파듯이 공부하는 건 제 성향과 맞지 않아요. 하지만 기획하고 진행하며 마무리까지 해야 하는 가족신문을 지속적으로 만들면서 꾸준함을 길렀어요. 가족신문을 만들지 않았다면 저는 여기까지 오지 못했을 겁니다."

또 하나, '글쓰기 훈련' 또한 지금의 그를 있게 하는데 큰 역할을 했다. 초등학교 6학년 때부터 지면을 채우기 위해 꾸준히 글을 쓰다 보니 글쓰기 실력이 많이 늘었다. 초창기 기사를 보면 '어머니 온천 다녀오다' '망년회로 바쁜 아버지' '개학 준비 서둘러야' 등 소소한 일상을 담은 기사가 눈에 띈다. 초등학생이 뽑은 제목치고는 제법 깔끔하다. 영헌 씨는 "기사를 쓰면서 《소년조선일보》와 《소년한국일보》의 기사를 꼼꼼히 연구했습니다. 기사의 문체나 제목 뽑는 스타일을 흉내 내면서 성장한 것 같아요."라고 말했다. NIE(신문 활용 교육)를 일찌감치 체화한 셈이다.

세상 보는 안목이 넓어지다

형제가 중학생이 되면서 가족신문에 시사 뉴스를 한 꼭지씩 싣기 시작했는데, 이는 형제가 세상을 보는 안목을 넓혀주었다. 《비둘기집》에는 두 개의 머리기사가 나란히 등장한다. 가족 관련 머리기사와 시사 관련 머리기사. 형제는 늘 두 개의 촉수를 세우고 다녔다. 하나는 가족 내에서 의미 있는 뉴스를 찾는 촉수, 또 하나는 집 밖에서 발생하는 빅뉴스를 찾는 촉수였다. 올림픽, 대통령 이취임식 등 《비둘기집》에 등장한 시사 머리기사는 이런 형제의 노력으로 만들어졌다. 게다가 굵직한 이슈를 자기식으로 소화하여 기사를 쓰는 과정은 살아 있는 논술 수업이었다.

성격 면에서도 예상치 못한 효과를 얻었다. 아버지를 닮아 내성적이었던 형제는 가족신문을 만들면서 외향적인 리더십을 갖추게 되었다. 기사의 주인공이 되면서 주인공 의식이 생겼고, 다른 주인공을 발굴해 가는 과정을 통해 자존감도 커졌다. 초등학생 때부터 가족신문이 화제가 되면서 방송사나 언론사 등의 주목을 받은 것이 자신감을 키우고 성격이 변하는 계기가 된 것이다.

또한 가족신문은 소통의 매개체가 되었다. 기삿거리를 찾고 기사를 쓰는 데 있어서는 편집자의 독립권을 보장했지만, 커버스토리감을 정할 때만큼은 온 가족이 둘러앉아서 회의를 했다. 그간 가족 내에 어떤 이슈가 있었는지, 가장 가치 있는 이슈는 무엇이며 왜 가치를 가지는지 등의 대화를 하면서 작은 것에서도 의미를 발견하고 그 의미를 부여하는 방법을 배웠다.

긴 역사 동안 《비둘기집》은 한 차례 큰 변화를 겪기도 했다. 발신자 위주의 신문에서 수신자 위주의 신문으로 바뀐 것이다. 영헌 씨의 말이다. "신문을 만들어서 친척들에게 보내 보니 자신들의 이야기가 없어서 흥미를 잃더군요. 독자가 재미있게 읽으려면 그들을 주인공으로 만들어야 한다는 것을 알았습니다." 그래서 만든 제도가 '가족 특파원', 한 가족당 대표 특파원을 정한 후 뉴스를 작성해서 보내게 했다. 목에 걸고 다닐 수 있는 '가족 특파원 기자증'도 만들어 주었다. 모든 내용이 기사가 될 수 있는 것은 아니다. 정치 이슈를 다룰 때에는 세대 간 갈등을 조장할 수 있는 내용은 배제한다. 영헌 씨는 '가족 특파원' 제도를 통해 자신의 가족뿐 아니라 친지들의 삶을 들여다보면서 존재의 소중함을 배웠다며 이렇게 말했다.

"친지 중 누군가가 돌아가시면 그분의 삶을 정리하는 특별기사를 씁니다. 얼마 전 할아버지, 할머니 작고 후 특별기사를 쓰면서 그분들의 인생을 다시 보게 되었어요. 존재의 소중함이 새롭게 다가오더군요. 살면서 할머니, 할아버지의 모습을 단편적으로만 볼 뿐 독립된 개체로서의 인생을 진지하게 들여다볼 기회가 없지 않습니까."

주인공 의식은 성장의 에너지가 된다

30년 동안 단 한 차례의 휴간 없이 가족신문을 만드는 것은 쉬운 일이 아니다. 가족신문을 만든다고 누가 상이나 돈을 주는 것도 아니고, 만들지 않는다고 벌을 받는 것도 아니니 강제성도 전혀 없다. 게다가 은근히 힘들다. A4 사이즈 4쪽짜리 신문을 만들려면 짧게 잡아도 꼬박 이틀은 걸린다. 제각기 바쁜 삶 속에서 "이제 그만하자"는 목소리도 컸다. 가족신문은 두 차례의 폐간 위기를 겪었다. 첫째 영헌 씨가 삼수를 하면서 형제가 나란히 수험생이 됐을 때와 형제가 미국으로 유학을 떠났을 때이다. 하지만 위기 역시 가족이 함께 극복했다. 형제가 수험생일 때에는 아버지가 이솝 우화를 손글씨로 한자 한자 적어 공백을 메웠고, 유학 중에는 이메일과 전화로 서로의 소식을 물어 결국 정상적으로 가족신문을 발간할 수 있었다.

영헌 씨에게는 중학교 2학년이 된 딸 수하 양과 초등학교 2학년이 된 아들 수근 군이 있다. 아버지의 DNA를 물려받은 수하 양 역시 글쓰기에 소질이 있다. 시 쓰기를 좋아해 가족신문에 종종 자작시를 올리고 초등학교 6학년 때에는 《소년조선일보》 비둘기 기자로 활약했다. 수하 양의 지금 나이가 열다섯 살, 영헌 씨가 처음 발행인을 맡았던 열세 살을 훌쩍 넘겼으니 세대교체의 시기가 되지 않았을까? 이에 대해 영헌 씨와 수하 양 모두 조심스러운 입장이다. 한번 맡으면 물러날 곳 없는 막중한 자리라는 것을 알기 때문이다.

영헌 씨는 "강압적으로 시켜서 할 수 있는 자리가 아닙니다. 수하가 스스로 적극적인 의지를 보일 때까지 기다리는 중입니다"라고 말했다. 조씨는 "손자 손녀들에게까지 대대손손 이어서 최장기 가족신문의 역사를 만들어보고 싶습니다"라는 욕심을 내비쳤다.

말보다 글의 힘이 더 세다. 말은 허공에 흩어지지만 글은 기록으로 남아 역사의 한 페이지가 된다. 조의현 씨 가족은 '가족신문'이라는 매체를 통해 자신과 가족의 역사를 기록하고 삶의 각오를 다졌으며 그 면면을 친지나 지인과 공유했다. 영헌 씨는 이렇게 말했다. "저는 가족신문을 통해 주인공 의식을 키웠습니다. 늘 스포트라이트를 받는 기분으로 살아온 것 같아요. 지나고 보니 그 기분은 성장 과성에서 엄청난 에너지가 되었습니다."

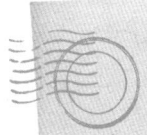

조영헌 씨 & 조영한 씨, 그 후 어떻게 지내고 있어요?

조영헌 교수의 동생 조영한 교수가 결혼하면서 《비둘기집》의 새로운 필자가 생겼다. 결혼 후 첫 호에는 조영한 교수 아내의 글이 실렸다. 《비둘기집》의 팬도 늘어 한 구독자는 "발송비에 보태주세요"라며 금일봉을 건네기도 했다. 한편 아버지 조의현 씨는 《비둘기집》의 새 연재 〈근자 돌림을 찾아서〉를 시작했다. 조의현 씨의 조카뻘 되는 3대째 젊은이들을 차례로 만나 취재한 인터뷰 기사를 실을 예정이다.

휴간 없는 꾸준한 발행이 중요, 소소한 내용도 좋아요!

❶ 발행일은 칼같이 지켜야 해요!

신문은 마감이 생명이다. 발간일을 정했으면 무슨 일이 있어도 꼭 지켜야 한다. 자녀의 시험이나 주말, 휴가 등을 핑계로 하루 이틀 늦어지다 보면 발간이 흐지부지 될 가능성이 크다. 그러므로 완성도에 집착하지 말고 꾸준히 발간하는 데에 의의를 두어야 한다. 사정이 여의치 않으면 좋은 글귀나 그림으로 채워도 된다.

❷ 월간, 격월간, 계간 등 가족의 사정에 맞게 발간하세요!

일정한 간격으로 발간하는 것이 중요하다. 꼭 주간이나 월간을 고집할 필요는 없다. 현실적으로 가능한 발간 형태를 정해야 한다. 격월간이나 계간도 좋고, 2면이나 4면짜리라도 좋다. 부모가 일방적으로 정하기보다 가족이 다 함께 의논해야 참여도가 높다.

❸ 구성원 간 역할은 분명히 정하는 것이 좋아요!

발행인, 편집장, 기자, 편집 고문, 디자이너 등 가족 구성원들에게 분명한 역할분담을 하는 것이 좋다. 가족 구성원이 적을 경우 겸직을 할 수밖에 없다. 자녀가 편집장 및 기자, 편집디자이너를 하고 부모가 발행인 및 고문 역할을 하는 것이 일반적이지만, 개개인의 특성에 더 어울리는 역할이 있다면 그렇게 정해도 좋다.

❹ 권한을 주었으면 믿고 맡겨야 해요!

"그게 기삿감이 돼?" 하면서 자녀를 타박하면 가족신문 만들기는 아이에게 고역이 된다. 부모가 보기에 하찮은 내용이라도 믿고 맡기는 것이 중요하다. 초등학생의 경우, 아이스크림을 맛있게 먹은 것도 가족신문의 기사가 될 수 있다. 자기만의 특별한 경험에 대한 글쓰기도 중요한 훈련 과정이다. 자녀의 성장과 함께 가족신문의 발전사를 보는 것도 충분히 의미 있는 일이다.

❺ 커버스토리는 가족회의를 통해서 정하세요!

1면 머리기사는 가족회의를 거쳐서 정하는 것이 좋다. 그동안 우리 가족에게 일어난 일에 대한 이야기를 나누는 소통의 장이 될 수 있다. 또한 가장 의미 있는 일이 무엇인지 대화를 통해 수렴해 가는 과정에서 사건의 경중을 객관적으로 파악하는 시각을 기를 수 있다.

❻ 친척들을 특파원으로 임명해 보세요!

가족신문에는 달랑 2대에 걸친 우리 가족의 이야기만 실리는 것이 아니다. 할아버지, 할머니뿐만 아니라 친척 등도 모두 기사의 주인공이 될 수 있고 기자가 될 수 있다. 일가 친척의 가족마다 한 명씩 특파원으로 선정하여 그 가족의 중요한 기사를 써서 보내도록 협조를 요청해 보라. 독자가 많을수록 가족신문의 가치는 높아진다.

홈스쿨링에서 길을 찾다

놀 땐 놀고, 공부할 때에는 무섭게!
아빠식 몰입 공부법으로 14세에 대학생이 된 사남매

몰입과 집중력 강화로
영재를 만든다

집중력 강화 전문가 황석호 씨와 14세에 대학생이 된 두 딸 정인(왼쪽)·다빈 양

국내 최연소 변호사 손빈희

손빈희 양은 알 만한 사람은 다 아는 '공부의 신'이다. 14세에 부산외대 4년 장학생으로 입학, 3년 만에 조기 졸업 후 19세에 로스쿨 입학, 22세에 변호사 자격증을 땄다. 국내 최연소다. 케이블채널 tvN 프로그램 〈화성인 바이러스〉에 '공부의 신'으로 출연하기도 했다. 또한 초등학생을 대상으로 한 『손빈희의 공부가 쉬워지는 동화(미다스북스)』를 냈고, 자전적 에세이 『오기와 끈기로 최고를 꿈꿔라(미다스북스)』도 출간했다.

손빈희 양뿐만이 아니다. 그를 포함해 사남매가 모두 14세에 대학생이 되었다. 모두 홈스쿨링을 통해 고입 검정고시와 대입 검정고시를 거쳐 1년 안에 합격했고 넷 다 4년 장학생으로 대학생이 되었으며 현재 우수한 성적으로 대학을 졸업했거나 재학 중이다. 이들의 이야기는 2006년, 세 자매가 모두 14세에 대입 검정고시에 합격하면서 큰 화제가 되었다. KBS 〈인간극장〉에도 출연했고 일본 후지TV의 〈세계의 천재들〉에도 출연했다. 그리고 지금, 손빈희 양이 최연소 변호사가 되면서 다시 화제가 되고 있다.

이 가족이 주목을 받는 것은 두 가지 이유 때문이다. 하나는 정해진 학교 교육을 벗어나 자신만의 길을 성공적으로 가고 있다는 것, 또 하나는 재혼가정의 롤모델로 꼽힌다는 점이다. 첫째 빈희 양과 셋째 다빈 양은 어머니 윤미경 씨가, 둘째 정인 양과 넷째 태성 군은 아버지 황석호 씨가 데리고 와서 한가족이 되었다. 그러다 보니 첫째, 둘째, 셋째의 터울이 각각 7개월씩이다. 비슷한 또래의 자매 셋은 때론 친구처럼 서로를 북돋우고 때론 경쟁자처럼 서로를 채찍질

하면서 여기까지 왔다.

한 명씩 보자. 둘째 정인(21) 양과 셋째 다빈(21) 양. 둘은 바늘과 실처럼 내내 붙어다니며 대입 검정고시에 최연소로 동시에 합격했다. 대입 수시지원을 통해 정인 양은 17개, 다빈 양은 18개의 대학에 합격했고 둘다 4년 장학금을 받을 수 있는 호남대 중국어학과를 택해 정인 양이 수석, 다빈 양이 차석으로 졸업했다. 정인 양의 대학 시절 성적표에는 B+가 딱 하나 있다. 나머지는 전부 A+다. 둘은 현재 중앙대 중국지역학과 대학원 석사과정에 다니고 있다. 막내 태성(15) 군 역시 최연소로 대입 검정고시에 합격해 금강대 사회복지학과에 재학 중이다. 사회봉사에 관심이 많아 봉사 시간이 1000시간이 넘는다.

재혼계의 환상의 콤비

아버지 황씨와 정인, 다빈 양을 만났다. 빈희 양은 얼마 전 미국 유학길에 올랐고 막내 태성 군은 다리를 다쳐 만날 수 없었다. 도인 같은 기를 뿜어대며 카리스마가 넘치던 황씨는 두 딸의 등장에 순한 양처럼 변했다. 딸들의 애교에 아버지의 날카로운 눈매는 금세 허물어졌다. 두 딸은 아버지에 대해 친구 같은 아빠이자 엄한 아빠라고 입을 모은다. 엄할 때에는 엄하지만 평소에는 농담과 장난이 아버지와의 소통법이라고 했다. 황씨는 만나자마자 "우리 집은 부자가 아닙니다"라는 걸 강조했다. "빈희가 상처를 많이 받았어요. 최연소 변호사가 되면서 악성 루머에 시달렸죠. '아버지가 재벌이다' '유력가 집안이다' 이런 루머 말입니다. 전혀 아니에요. 아직 빚이 많습니다(웃음). 애들도 4년 장학금을 받을 수 있는 대학만 보냈으니 미안하지요." 한의학을 공부한 황씨는 현재 전국을 다니면서 집중력 강화훈련 재능기부를 하고, 어머니는 전남 광주에서 교육 관련 사업을 하고 있다.

황씨는 자신과 아내를 '재혼계의 환상의 콤비'라고 소개한다. 두 사람은 빈희 양이 초등학교 4학년이던 2000년에 합쳤다. 극과 극의 교육철학을 가진 두 사람의 만남은 아이들에게 시너지가 됐다. 수행에 관심 많은 아버지는 '네가 행복한 일을 하라'는 철학으로, 충주에서 대형 보습학원을 운영하던 어머니 윤미경 씨는 '공교육의 빈자리를 학원교육이 채워야 한다'라는 철학으로 아이들을 길렀다. 부부의 역할도 극명하다. 아버지는 집중력 훈련과 공부법을, 어머니는 독서를 위주로 한 사고법을 가르쳤다.

자매는 "하루에 세 시간 이상 공부해 본 적이 없어요"라고 잘라 말한다. "하루 종일 책상에 앉아 있는 학생들을 보면 신기해요"라는 말도 했다. 그러고도 최연소와 수석 입학·졸업의 역사를 써 나가는 사남매. 이쯤에서 드는 의문, 혹시 천재가 아닐까? 황씨는 "아닙니다"라고 단언한다. 그는 "우리 아이들은 지극히 평범한 아이들이에요. 정인이와 다빈이는 지방의 초등학교에서도 중상위권의 성적이었죠"라고 말했다. 그렇다면 네 아이를 공부의 신으로 만든 비결은 무엇일까? 황씨는 '집중력의 승리'이자 '작전의 승리'라고 말한다. 그는 모든 아이는 영재라며 이렇게 말했다. "특별한 장애가 없으면 모든 아이는 영재입니다. 천재는 타고나지만 영재는 노력으로 만들어지는 거죠."

영재는 노력으로 만들어진다

여기서 황씨가 말한 작전은 집중력 강화 훈련을 말한다. 즉 몰입법을 가르치는 것이다. 흐리멍덩한 머리로 하루 열 시간 공부하는 것보다 명징한 머리로 하루 한 시간 공부하는 것이 훨씬 효율적이라는 얘기다. 집중력은 공부뿐 아니라 운동, 독서, 회사업무 등 모든 과제를 수행하는 데 있어서 성공적인 결과물을 만들어 낸다. 집중력 여부가 과제의 성공 여부를 좌우하는 키워드인 것이다. 아버지의 집중력 강화 훈련은 뇌 체조, 뇌 호흡, 명상, 108배, 십계명 제창 등을 통해 이루어졌다. 이 훈련들은 하루아침에 되는 게 아니다. 게다가 하루도 거르지 않고 꾸준히 해야 서서히 효과가 나타난다고 한다. 다빈 양은 이렇게 말했다.

"저희도 처음에는 난리였어요. 초등학교 4학년 아이들이 무슨 뇌 호흡과 명상이 되겠어요? 산만하고 정신이 없었죠. 그런데 매일 꾸준히 하다 보니 머리가 맑아지는 느낌을 알겠더라고요. 공부할 때에는 잡념을 버려야 집중력이 높아지잖아요? 그런 면에서 머리를 비워내는 명상이 큰 도움이 되었어요. 요즘에도 시험이나 면접 등 집중력과 긴장완화가 필요할 때에는 수시로 명상을 해요."

가족은 재혼한 지 얼마 되지 않아 중국 유학길에 올랐다. 가장 큰 이유는 예민한 초등학생 아이들이 재혼가정이라는 이유로 놀림을 받았기 때문이다. 아버지와 성이 다르다는 이유로 선생님이 공개 망신을 주었고, 아이들은 같은 학교에 다니는 빈희, 정인, 다빈 양이 자매인데 성도 말투도 생김새도 다르다며 놀렸다. 황씨는 두 가지 이유로 중국행을 택했다. 하나는 아무도 모르는 곳에 가서 우리 여섯 식구끼리 행복하게 살자는 바람이었고, 또 하나는 중국이 가진 무한한 잠재력에 주목했기 때문이다. 황씨는 "3개 국어만 하면 먹고 살 수 있는 시대가 온다고 봤습니다. 영어와 중국어는 필수라고 생각했죠. 미국보다 중국을 택한 건, 아이들에게 못살던 나라가 점차 발전해가는 모습을 보여주고 싶어서였어요"라고 말했다.

어머니 윤씨는 회의적이었다. 틀에 박힌 공부를 가르치던 윤씨 입장에서는 받아들이기 힘든 제안이었다. 황씨는 자신의 방식대로 해보고 효과가 없으면 돌아오자고 공언한 후 가족과 중국 여행길에 올랐다. 처음 6개월은 여행만 다녔다. 그리고 6개월 후 아이들이 중국의 초등학교에 들어가면서부터 부모의 역할이 빛나기 시작했다. 아버지는 집중력을 훈련시켰고, 어머니는 독서와 논술을 지도했다. 아이들은 어머니의 가르침대로 매일 책을 읽은 후 독서감상문을 썼고, 3개 국어(영어·중국어·한국어)로 돌아가면서 일기를 썼다.

우리 집 금기어는 "안 한다" "왜 하냐" "못 한다"

부모가 먼저 한국으로 귀국하면서 아이들은 그들끼리 1년여 동안 중국에서 생활했다. 정인 양이 반장을 맡아 매일 300배, 뇌 체조, 뇌 호흡, 가족 십계명 제창 등을 했다. 정인 양은 "신기하게 하루도 빠짐없이 했어요. 재미있었죠"라고 회상했다. 가족 십계명은 온 가족이 함께 만든 행복 계명이다. '①부모님께 효도하자 ②색깔 있는 사람이 되자 ③형제간에 우애 있게 지내자 …… ⑩피로 맺어준 인연보다 하늘이 맺어준 인연이 더 소중하다' 등이다.

아이들은 중국에서 초등학교를 졸업한 후 한국에 와서는 검정고시 공부에 돌입했다. 학원에 다닐 돈이 없었기 때문에 대학생이 재능기부로 가르쳐주는 무료 학원, EBS 교육방송, 문제집 등을 통해 집에서 공부했다. 넷 다 6개월 만에 고입 검정고시를, 4개월 만에 대입 검정고시를 단번에 합격했다. 만 14세에 대학생이 된 사남매, 5~6세 많은 언니 오빠들과 생활하면서 힘들지 않았을까? 다빈 양은 "정신연령의 갭은 없었어요. 철이 빨리 들었죠. 중국의 낙후된 지역에 가길 잘한 것 같아요"라고 말했다.

아버지의 교육 비법이 하나 더 있다. 바로 자신감이다. "우리 집에는 금기어가 세 개 있습니다. '못 한다, 왜 하냐, 안 한다'예요. 잠재력이 빛을 발하기 위해서는 자신감이 필수죠. 무엇이든 할 수 있고 될 수 있다는 믿음 말입니다. 아이에게 자신감을 심어주기 위해 부모는 뻥쟁이가 되어야 해요. 거짓말을 하라는 게 아닙니다. 칭찬을 할 때 과하게 부풀려서 하라는 거예요. 아이가 '나는 대단한 사람이다'라는 생각이 들도록 말입니다."

공부가 재미있어졌어요

남편 황씨의 교육법에 회의적이던 아내의 생각도 달라졌다. 지금은 남편이 '자녀들을 공부의 신으로 만든 교육의 신'이라고 인정하고 있다. 무엇보다 중요한 것은 네 아이 모두 '공부가 재미있다'고 느끼도록 한 것이다. 다빈 양은 이렇게 말했다. "초등학생 때에는 공부가 재미도 없고 흥미도 없었어요. 학원을 운영하는 엄마가 하라니까 억지로 했죠. 지금 와서 생각해보면 공부를 한 게 아니었어요. 그냥 앉아 있었던 거죠. 그럴 때 아빠가 나타났어요. 아빠식 공부는 재미있어요. 놀 땐 신나게 놀고, 공부할 때에는 집중하면서 하는 공부는 할수록 흥미가 붙었죠. 엄마식대로 계속 공부했으면 아마 빗나갔을 것 같아요."

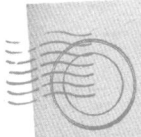 **홈스쿨링 사남매, 그 후 어떻게 지내고 있어요?**

아버지 황석호 씨가 한 종편방송에 출연하면서 '홈스쿨링 사남매'는 더욱 유명세를 탔다. 제도권 교육을 받지 않고 집중력 강화 훈련을 통해 공부 효과를 거두고 있는 사남매의 이야기는 '단기간 고효율'이 필요한 각 분야에 두루 적용될 수 있기 때문이다. 덕분에 황석호 씨는 전국을 돌면서 '집중력 강화 공부법'을 전파 중이다. 사남매는 큰 변화는 없었지만, 여전히 자신의 길을 착실히 가고 있다.

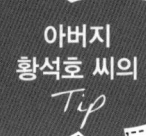

공부는 자세가 중요, 좌선 자세로 명상부터 시작해 보세요!

❶ 눈을 감고 명상을 해보세요!

공부하기 전, 명상을 통해 머리를 비워야 공부가 잘 된다. 머리에 잡생각이 가득 차 있거나 스트레스가 있으면 새로운 지식이 들어갈 자리가 없다. 좌선 자세로 앉아 눈을 감고 두 손을 펴서 살포시 겹친 후 손바닥이 하늘로 오도록 한 자세로 단전(배꼽 아래)에 둔다. 처음부터 명상이 잘되는 사람은 없다. 시간을 서서히 늘려 나가면서 명상 훈련을 하면 차츰 머리가 비워지는 느낌을 받을 수 있을 것이다.

❷ 공부 자세가 중요하니 허리를 곧게 펴주세요!

황석호 씨는 아이들에게 옛 선비들이 공부한 것처럼 좌선 자세로 공부하게 했다. 그는 뇌를 활성화시키기 위해서는 뇌에 골수가 원활히 공급되어야 하고, 골수가 제대로 공급되기 위해서는 허리를 펴야 한다고 믿는다. 허리를 곧추 펴야 척추를 따라 골수가 뇌에 제대로 공급될 수 있다는 것이 그의 주장이다.

❸ 뇌 호흡을 하게 하세요!

뇌로 호흡을 한다고 생각하고, 눈을 감은 채 명상과 같은 자세를 취한다. 단전에 있는 기를 뇌로 끌어당긴다는 느낌으로 해야 한다. 입으로는 숨을 쉬지 않고 코로 쉬어야 하며, 단전의 기를 위로 끌어당긴다는 느낌으로 들이마시고 그 기가 뇌를 한 바퀴 돌게 한다. 한 바퀴 돌았다고 생각하면 코를 통해 내뱉는다. 같은 과정을 반복하고, 5분으로 시작해 점점 시간을 늘려 나간다.

❹ **손가락을 이용한 뇌 체조도 좋아요!**
뇌의 운동신경을 담당하는 부위 중 30퍼센트를 손이 차지한다. 이것은 과학적으로도 입증된 사실이다. 손을 이용한 체조는 뇌를 활성화하는 데 도움이 된다. △손가락 끝을 이용, 엄지와 다른 네 개의 손가락을 돌아가면서 맞대기 △양 손바닥을 위로 향하게 한 후 주먹을 쥐고 오른손 엄지와 왼손 새끼손가락만 펴기 △손 바꿔서 오른손 새끼손가락과 왼손 엄지 펴기 동작 반복 등이 도움이 된다.

❺ **108배, 300배를 해보세요!**
황석호 씨는 절을 하는 행위가 나를 버리고 남을 떠받드는 행동이기 때문에 절을 많이 하면 생각이 겸손해진다고 말한다. 또한 절을 하는 동작 자체가 심장과 허리를 튼튼하게 한다고 주장하는데, 그 이유는 절을 할 때 머리를 아래로 숙이는 동작은 거꾸로 매달리기나 물구나무서기와 유사한 운동 효과가 있기 때문이라고 한다.

육아 공부에서 길을 찾다

결혼 약속한 뒤부터 육아 공부 본격적으로 시작한 부부,
자녀 교육 책 1000권 독파하다

자연에서 놀고
책으로 배운다

'푸름이 교육법' 전수자 최희수·신영일 부부와
두 아들 국가영재 1호 최푸름·최초록 군

일본 국비 장학생이 된 푸름이

최푸름(24) 군은 국가영재 1호다. 1999년 영재교육진흥법이 통과되면서 교육과학기술부에 최초의 영재로 등록됐다. 학습지나 유치원 등의 힘을 빌리지 않고 29개월 만에 한글을 익혔고, 8세 때 아이큐가 159였다. 푸름 군이 타고난 영재가 아니라 부모의 교육에 의해 만들어진 영재라는 게 알려지면서 그는 유명인사가 되었다. 영재교육 붐을 일으켰고, 독서교육에 불씨를 당겼다. '모든 아이는 자연과 독서를 넘나드는 통합 교육을 통해 영재가 될 수 있다'는 '푸름이 교육법'은 이제 일반명사가 되었다.

그 '푸름이'가 훌쩍 자라 대학생이 되었다. 일본 국비 장학금으로 유학길에 올라 오사카에 있는 간사이대 심리학부에서 공부하고 있다. 공부의 재미에 푹 빠져 대학교 2학년 때 이미 졸업에 필요한 129학점 중 90학점 이상을 취득했다. 그는 자라면서 공부만 하지 않았다. '딴 짓'도 많이 했다. 남들은 입시 공부에 여념 없는 고등학교 3학년 때『푸름이 3D 입체 공룡박물관(초록아이)』책을 냈고, 얼마 전에는 일본 서적『착한 아이로 키우지 마라(가토 다이조 저, 푸른육아)』를 번역, 출간했다.

푸름 군의 동생 최초록(21) 군은 아주대 심리학과에 재학 중이다. 학원이나 과외 등 일체의 사교육 없이 단 3개월 동안 입시 공부에 매진한 성과다. 초록 군은 원조 '공부의 신' 조승연 씨가 창안한 '그물망 공부법'에 딱 맞는 경우다. 그물망 공부법이란 놀면서 공부도 잘하고 성공도 하는 사람들의 공통된 공부법을 뽑아낸 것으로, 붙박이처럼 책상에만 앉아서 하는 공부가 아니라 일상에서 하는 열린 공부를 말한다. 이 공부법은 당장에는 큰 효과가 없어 보이지만 쌓일수록 놀라운 효과를 거둔다는 게 조승연 씨의 주장이다. 독서력이 탄탄한 초록 군은 공부하기로 마음을 먹은 후부터 무섭게 성적이 올랐다. 중학교 1학년 때 반에서 11등이던 그는 3학년 때에는 반에서 1등을 했고, 고등학교 1학년 때에는 전교 13등, 2학년 때에는 전교 5등을 하더니 급기야 3학년 때에는 전 과목 1등급을 받았다.

푸름이는 머리 좋은 영재, 초록이는 사회성 영재

방학을 맞아 한국에 온 푸름 군과 동생 초록 군, 아버지 최희수 씨와 어머니 신영일 씨까지 그의 가족을 모두 만났다. 똘망똘망한 어린이였던 푸름 군은 키 183센티미터에 턱수염이 덥수룩한 '푸름 씨'가 되어 나타났다. 초록 군은 아직 앳된 얼굴이다. 오랜만에 만난 형제는 서로에게 헤드록을 걸고 매미를 잡으러 뛰어다니며 아이처럼 놀았다. 반년 만에 왔다는 푸름 군은 단 열흘만 머물다가 일본으로 돌아가 자전거 여행을 할 예정이라고 했다. 부부는 출판사를 공동 운영하면서 '푸름이 교육법'을 전수 중이다. 10년 이상 꾸준한 전파를 통해 수제자를 수없이 양산했는데, 대표적인 수제자는 '불량육아'로 유명한 하은맘과 세 아이를 영재로 키운 서안정 씨다.

일찌감치 영재로 집중 조명을 받은 아이는 성장하면서 무너지기 쉽다. 영재의 특별함이 '튀는 행동'으로 지적당하면서 상처받고 엇나가는 경우도 많다. 푸름 군에게 '국가영재 1호'라는 타이틀이 버겁지 않았는지 물었다.

"사회의 시선으로부터 자유로웠어요. 부모님에게서 받은 영향이 크죠. 부모님이 내면의 고요함을 지켜주셨습니다. 학교에서는 힘든 면이 있었지만, 부모님에게 받은 사랑의 힘이 워낙 컸기 때문에 이겨나갈 수 있었어요. 부모님이 든든한 안전기지가 된 거죠."

그는 「사회문화적인 배경 속에서 인간의 감정이 어떻게 억제되는가」라는 졸업 논문을 준비 중이다. 논문 내용에 대해 조목조목 설명하는 그의 말투는 노련한 교수 같았다. 머릿속에 답변의 기승전결을 만들어놓고 대본을 읽는 듯했다. 어머니 신씨는 "나는 푸름이 아빠 말솜씨에 못 당하고, 푸름이 아빠는 푸름이 말솜씨에 못 당해요. 얘(푸름이)가 입을 열면 다들 입을 떡 벌리죠"라고 했다.

신씨는 푸름 군이 '머리 좋은 영재'라면 초록 군은 '사회성 영재'라고 소개했다. 초록 군은 팔방미인이다. 노래와 그림에도 소질이 있고, 체육지도자 자격증과 라이프가드 자격증을 취득했다.

서울대 조경학과와 동대학원을 졸업한 아버지와 탁구선수 출신인 어머니는 교육계의 환상의 커플이다. 신씨는 "아빠는 감독, 엄마는 코치 역할을 했죠. 저는 아이들의 발달만 따라갔어요. 영재는 제가 만들었지만, 영재의 능력을 유지하고 발현시킨 것은 푸름이 아빠예요"라고 말했다. 부부가 육아와 교육에 들인 공은 놀랍다. 아이를 잘 키우고 싶다는 생각으로 둘은 연애시절부터 교육 관련 서적을 탐독했다. 신씨의 말이다. "아이를 낳으면 정신이 없으니까 미리 준비해야 한다고 생각했어요." 부부는 1000권이 넘는 육아 관련 서적을 읽었다. 요즘도 최씨는 한 달에 10권 정도의 교육 관련 서적을 읽는다.

모든 아이는 무한계 인간이다

부부의 자녀교육 토대가 된 책은 미국의 심리학자 웨인 다이어의 『모든 아이는 무한계 인간이다(푸른육아)』이다. 둘 다 마흔 번 넘게 읽었다. 내용은 제목 그대로다. 모든 아이는 능력의 한계가 없는 무한계 인간으로 태어나며, 타고난 고유성을 그대로 간직하면 누구나 영재가 될 수 있다는 것이다. 웨인 다이어는 무한계 인간을 이렇게 정의했다.

"무한계 인간이란 창의적이고 자신을 진심으로 사랑하며 타인의 인생을 배려하는 사람을 말한다. 그들은 애정 깊은 시선으로 세상을 바라볼 뿐 아니라, 자신감으로 가득 차 있어 도전을 겁내지 않는다. 스스로를 억압하지 않으며 타인의 제약을 거부한다. 인생에 대한 목표가 확고하고 주관이 뚜렷하다."

신씨는 "무한계 인간으로 키우는 건 인간의 본성대로 키우는 건데, 쉽지는 않았어요. 나는 반대로 컸으니까요"라고 고충을 털어놨다. 대다수의 사람은 사회화 과정에서 본성을 잃어버린다. '말 잘 듣는 착한 아이'가 되기 위해 자신의 욕구와 욕망을 억누르다 보면 자신의 고유성이 휘발되기 십상이다. 부부는 아이가 가진 위대한 힘을 믿었다. 아이가 가진 고유성을 죽이지 않고 그대로 인정해주는 데에 집중했다.

부부가 실천한 영재 교육법을 키워드로 요약하면 '자연' '독서' '무조건적 사랑'이다. 푸름 군은 자연에서 자라고 자연을 통해 배웠다. 그렇다고 그가 시골에서 태어난 것은 아니다. 서울 종로구 동숭동에서 태어났지만 푸름 군이 생후 100일 즈음 부부는 경기도 파주 금촌으로 이사했다. 최씨의 말이다.

자연과 독서를 넘나드는 통합교육

"남들은 교육을 위해 서울로 이사를 가지만, 우리는 반대였어요. 서울에서 시골로 이사를 갔죠. 저는 조경학과 출신이고 아내는 과수원집 딸이에요. 자연 속에서 뛰어놀던 추억의 힘을 알죠. 힘들 때 이겨낼 수 있는 힘은 어릴 때 풀 보고 꽃 보고 하늘 보던 추억에서 비롯된다고 봅니다. 가족과 함께 자연에서 활동했던 자체가 엄청난 내면의 힘이 되죠."

그리고 주말마다 임진강으로 캠핑을 떠났다. 요즘 유행하는 럭셔리 캠핑과는 거리가 먼 전투 캠핑에 가깝다. 텐트 하나, 냄비 하나, 버너 하나면 준비 끝. 식량은 강에서 잡은 물고기로 해결했다. 강태공에 가까운 아버지의 실력 덕에 끼니를 굶은 적은 한 번도 없다. 푸름 군과 초록 군은 아버지에게 맨손으로 고기 잡는 노하우를 전수받고 물 맑은 임진강에서 잡아 올린 수십 종의 물고기에 대한 이야기를 들었다. 덕분에 푸름 군은 27개월 때 60종의 어류를 척척 구별할 수 있었다. 형제는 몇 시간 동안 모래 굴을 파고 그 속에 쏙 들어가 있기도 했다. 맨손으로 파다가 손톱이 다 까이고 얼굴이 새까매졌지만 부부는 그저 지켜만 보았다.

자연 관찰이 전부가 아니다. 최씨는 자연과 책을 넘나들도록 해야 한다고 했다. 사물을 분류하고 원리를 파악하는 데 백과사전만큼 좋은 책이 없다는 것이다. 부부는 푸름 군과 초록 군을 위해 백과사전 5질, 자연관찰 전집 10질을 들였다. 예를 들어 푸름 군이 은행나무를 보고 "아빠, 저게 뭐야?"라고 물으면 아버지는 "저건 고생대에 출현한 나무고, 암수나무가 따로 있어"라는 식으로 자신이 아는 지식을 최대한 살려 설명해 주었다. "아무리 어려운 학명이나 고유명사도 아이는 스폰지처럼 흡수합니다. 말을 배우는 아이에게는 우리말이나 영어나 같은 수준으로 들리는 것처럼 말이지요"라는 게 최씨의 말이다. 그리고 집에 와서 함께 백과사전을 뒤져보았다.

또한 부부는 푸름 군이 17개월 때부터 책을 읽어주었다. 최소 하루 두 시간씩, 밤을 꼬박 새서 읽어준 적도 있다. 신씨는 "푸름이 눈빛이 잠을 재울 수 있는 눈빛이 아니었어요. 저는 푸름이의 발달만 따라갔죠"라며 이렇게 말했다. "제가 똑똑해서가 아니라, 아이의 미묘한 눈빛을 읽어준 게 영재로 키우는 데 결정적 역할을 한 것 같아요. 저는 탁구선수 출신이라 눈치가 빠르죠. 상대가 어떻게 움직일지를 눈빛과 미세한 표정의 변화로 알아차릴 수 있거든요. '비가 옵니다, 바람이 붑니다'를 읽으면 푸름이가 머릿속에 비를 그리고 바람을 그리는 게 보였어요."

먼저 좋은 부모가 되어야 한다

푸름 군은 동화책을, 초록 군은 만화책을 좋아했다. 부부는 "아이에게서 만화책을 빼앗지 마세요!"라고 조언한다. 듣고 있던 푸름 군이 이론적 토대를 설명했다. "피아제 인지발달 이론에 따르면 구체적 조작기와 추상적 조작기가 있습니다. 추상적인 글만 보고 이해를 하려면 12~15세가 되어야 하죠. 15세 이후가 되어야 글만 보고 재미를 느낄 수 있게 됩니다."

자타공인 자녀교육의 고수 최희수·신영일 부부, 부부가 궁극적으로 깨달은 자녀교육은 성공한 아이로 키우는 것이 아니었다. 바로 '좋은 부모가 되는 것'이었다. 최씨는 "푸름이는 푸름이가 되고, 초록이는 초록이가 되면 부모로서 임무는 끝난 것입니다"라고 말했고, 신씨는 "나를 사랑할 줄 알고, 배려 깊은 사랑을 할 줄 아는 사람이 모든 아이를 영재로 만들 수 있습니다"라고 말했다. 인터뷰가 끝난 후 사진을 찍으러 가는 길, 부부는 서로의 손을 꼭 잡고 다녔다.

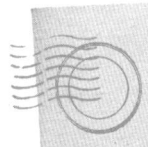

최푸름 군 & 최초록 군, 그 후 어떻게 지내고 있어요?

초록 군은 2013년 2학기 성적우수장학금을 받았고 2014년 1월에 공군에 입대했다. 운동신경이 탁월한 초록 군은 300명 공군 중 체력검증 테스트에서 2등을 했다. 푸름 군은 일본에서 심리학 공부에 매진하고 있다. 그는 학업을 마친 후에는 한국으로 귀국해 부모님과 함께 활동할 수도 있다는 뜻을 내비쳤다.

모든 아이는 영재로 태어납니다!

❶ 아이를 위해 '희생'하지 마세요!

희생은 '돌려받을 것'을 염두에 두고 하는 행위다. 희생하는 부모 밑에서 자란 아이는 부모의 감정을 돌보고 살피는 데 많은 에너지를 소모하느라 자신의 목표를 이루는 데 몰입하지 못한다. 부모는 아이를 위해 '헌신'해야 한다. 헌신은 조건 없이 베푸는 마음이다. 헌신하는 부모 밑에서 자란 아이는 자신의 목표를 이루는 데 에너지를 집중하기 때문에 높은 성취를 이룰 수 있다.

❷ 기다림의 신이 되어야 해요!

한국에서 영재들이 살아남지 못하는 이유는 부모가 아이의 성장을 재촉하기 때문이다. 지성은 앞서갈 수 있지만 정서는 제 나이를 먹으면서 통합된다. 독립성과 사회성은 동시에 길러지지 않는다. 아이가 분화의 과정을 잘 겪고 통합의 과정에 이를 때까지 묵묵히 기다려주어야 한다.

❸ 열렬히 반응해주세요!

영재는 반응하는 부모 밑에서 탄생한다. 라이트 형제의 부모는 라이트 형제가 썰매를 만들고 싶다고 하면 "참 괜찮은 생각이구나! 그럼 우선 만들고 싶은 썰매의 설계도를 그려 보면 어떨까?"라는 식으로 반응해주었다. 이처럼 부모는 아이의 '변화의 중계자' 역할을 해야 한다. 아이가 무엇을 좋아하는지 관찰하고 자극하며, 더 큰 변화를 이끌어 내는 존재 말이다.

❹ 착한 아이로 키우지 마세요!

착하다는 것은 고유한 자신이 아닌 남이 되었다는 뜻이다. 고유성을 잃어버린 아이는 자신이 무엇을 좋아하고 싫어하는지조차 알지 못한다. 어릴 때부터 '이런 행동을 하면 엄마 아빠가 싫어할 거야'라고 생각하며 자신의 감정을 억누른 채 지내왔기 때문에 자란 뒤에는 우울증과 강박증에 시달릴 수도 있다. 부모로부터 고유성을 인정받은 아이는 자기 자신을 존귀하고 특별한 존재로 인식한다.

❺ 백과사전을 장난감처럼!

아이들이 사물을 분류하고 그 이치를 알고자 할 때 백과사전만큼 유용한 것이 없다. 길을 가다 본 꽃, 자동차, 표지판 등을 아이와 함께 백과사전에서 찾아보는 습관을 기르는 것이 좋다. 자연에서의 체험과 책이 주는 정보가 결합되면 아이의 지적 능력은 눈부시게 발달한다. 다섯 살 이후로 푸름 군은 궁금한 모든 것을 백과사전에서 해결했다. 학창시절에도 참고서 대신 백과사전을 찾아보며 폭넓게 공부했다.

『푸름아빠의 아이를 잘 키우는 내면 여행(푸른육아)』에서 발췌 요약

놀이에서 길을 찾다

'묻지마 무인도로!' 아빠와 놀이 여행 13년째,
당차고 모험심 강한 아이로 성장하다

삶은 놀이터,
일상의 모든 게 교육도구

아빠놀이학교 교장 권오진 씨와
당차고 독립심 강한 딸 권규리 양

하루 1분, 아빠와의 놀이가 아이를 바꾼다

이 정도면 아버지들의 '공공의 적'이다. 신문지 하나로 1000가지 놀이를 개발하고, 아무런 도구가 없어도 지옥탈출(양팔로 아이를 꽉 잡은 후 놓아주지 않기), 밀당놀이(서로 용쓰며 밀기) 등 수백 가지의 놀이를 척척 만들어낸다. 권오진(54) 아빠놀이학교 교장은 "일상의 모든 것이 놀잇거리며, 삶은 놀이입니다"라고 말한다. 제각각 분주한 아버지들에게는 "하루 1분, 아빠와의 놀이가 아이를 바꿉니다"라는 그의 주장이 야속하게 들릴 수 있다.

그는 12년 전부터 '아빠표 놀이 전도사'를 해왔다. 그에게는 1남 1녀가 있다. 두 아이는 어느새 아빠와 함께하는 놀이가 무색한 나이가 되었다. 첫째 규리(22) 양은 대학생, 둘째 기범(18) 군은 고등학생이다. 놀이 교육의 장점은 무엇일까? 권씨는 아버지와의 스킨십을 통해 온갖 놀이 속에서 성장한 아이는 낙관적이고 대범하다고 말한다. 그래서인지 규리 양의 눈가에는 웃음이 떠나지 않았다. "원래 잘 웃어요"라며 말하는 내내 웃고 또 웃었다. 아버지는 딸을 "당차고 독립심 강하고 잘 웃는 아이입니다"라고 소개했다. 둘째 기범 군은 종종 아버지와 함께 언론에 등장했지만 규리 양이 인터뷰에 응한 것은 이번이 처음이라고 했다.

권씨는 최근 개발한 '신상품'이라며 나무젓가락으로 만든 권총을 가져왔다. 나무젓가락 다섯 개와 고무줄 다섯 개, 복잡한 줄을 묶어 정리할 때 쓰는 케이블 타이 네 개가 재료의 전부, 한 개당 10분이면 뚝딱 만들 수 있다. 나무젓가락 권총의 사정거리는 10미터 정도다. 규리 양은 "어릴 때부터 장난감총 놀이를 많이 해서 인형뽑기 사격을 하면 저를 따를 자가 없어요"라며 연신 아버지에게 장난을 걸었다. 카메라 기자가 '도구 없이 웃는 컷'을 요구하자 '힘자랑 놀이' 포즈를 취했다. 손바닥을 맞대고 용을 쓰며 서로를 미는 놀이다. 딸의 힘보다 조금씩 더 세게 밀다가 일순간 "아이고~ 아빠 죽겠다" 하며 뒤로 넘어가는 소위 '쌩쇼'가 필요한 놀이이기도 하다.

규리 양은 자신이 또래 친구에 비해 창의성과 자존감, 배려심과 도전정신이 많은 편이라며 이렇게 말했다. "아빠 손에 오면 모든 게 다 장난감으로 바뀌어요. 이 탁상용 달력도 주고받기 놀잇거리가 되죠. 어릴 적 놀이 중에서 수퍼맨 놀이와 지옥탈출 놀이가 가장 재미있었어요. '수퍼맨 놀이'는 집안의 모든 이불을 꺼내 거실에 깔아놓고 공중으로 붕 떴다가 큰 대자로 착지하는 놀이이고, '지옥탈출 놀이'는 아빠 팔 안에서 탈출하는 놀이예요. 양팔로 동생과 저를 안고 있으면 빠져나오기 힘든 지옥이 되죠.(웃음)"

삶이 바로 놀이터

권씨의 자녀교육에는 두 가지 핵심 철학이 있다. 하나는 '삶은 놀이터'라는 철학으로 일상의 모든 것을 놀잇거리로 변신시켜 놓고 웃으며 즐거움을 주는 것이고, 또 하나는 '하라는 것도, 하지 말라는 것도 없다'는 것이다. 딸 규리 양은 "이게 제 독립심의 기반이 되었어요"라고 말한다. "아빠는 진짜 위험한 게 아니라면 하지 말라는 것이 없으셨어요. 돌이켜보니 이게 제 성격 형성에 큰 영향을 끼쳤더라고요. 어른 눈에는 분명히 위험해 보였을 놀이라도 아빠는 일단 해보게 했죠. 그 과정에서 자연스레 판단력과 독립심이 생긴 것 같아요." 듣고 있던 아버지는 "아이는 실수나 실패를 통해 작은 성공을 이루어 가는 존재입니다"라고 말을 보탠다.

권씨는 자타가 공인하는 '아빠 놀이 전문가'다. SBS TV 〈우리 아이가 달라졌어요〉 자문위원을 비롯하여 보건복지부 자문위원, 중앙보육정보센터 전문위원을 맡고 있다. 『아빠의 놀이 혁명(웅진주니어)』『놀이는 참 대단해(웅진주니어)』『아빠와 함께하는 하루 10분 생활놀이(경향BP)』등의 책도 펴냈다. 아빠 놀이 전문가다운 화려한 경력이다. 그러나 이처럼 화려한 현재 뒤에는 뼈아픈 과거가 있다. 그는 한때 광고회사의 CEO였다. 어렸을 적부터 남들이 하지 않는 독특한 발상을 곧잘 하는 개구쟁이였던 그는 반짝이는 창의성으로 세상을 깜짝 놀라게 할 광고를 만들 자신이 있었다. 그러나 외환위기에 회사가 직격탄을 맞았고 회생을 시도하는 족족 실패했다. 발상을 대대적으로 전환해야 했다. 자신의 꿈과 야망도 소중했지만 가족을 굶길 수는 없는 노릇이었다. 그러다 가족들도 행복해하고 자신도 즐거운 일을 찾았다. 바로 놀이학교를 만드는 것이었다. "제게는 아이를 좋아하는 DNA가 있는 것 같아요. 하루 종일 100명의 아이와 놀아도 피곤하지 않거든요. 처음에는 아빠놀이학교를 취미로 시작했죠. 그런데 해보니 정말 재미있어서 아예 업으로 삼기로 한 겁니다."

그는 인터넷 카페 '아빠와 추억 만들기(cafe.naver.com/swdad)'를 개설한 후 매월 가족 여행 프로그램을 기획하고 이끌었다. 2001년부터 본격적으로 시작한 '아빠와 추억 만들기'에 대한 호응은 기대 이상이었다. 아이와 놀고 싶으나 노는 방법을 모르는 초보 아버지들, 판에 박힌 장난감 놀이에 싫증난 아이들이 아빠표 놀이에 열광했다. 특히 매년 여름에 개최되는 '묻지마 무인도 학교'에 대한 호응이 뜨거웠다. 이는 서해안의 작은 무인도에 정착하여 아버지와 아들 단둘이 합심해 2박 3일간 살아가는 프로그램이다. 뗏목처럼 통나무를 엮어 만든 떼배도 타 보고 아버지와 함께 직접 끼니를 해결하며 아버지와 핸드메이드 장난감을 만들어 함께 노는 구성으로 이루어져 있다. 무인도의 정체를 미리 알리지 않고 '묻지마 무인도' 콘셉트를 고수하는 이유는 미리 알리면 무인도가 유인도가 되어 버리기 때문이라고 한다. 권씨는 아이의 독립심은 상황이 만든다고 말한다. "생존해야 할 상황에 놓이면 아이들은 강해집니다. 부모는 생각보다 아이들을 어리게 봅니다. 저는 11년간 아들 기범이와 함께 무인도 학교를 이끌었죠, 아들이 여섯 살 때부터 열일곱 살 때까지. 이제 기범이는 무인도에 혼자 두어도 생존이 가능합니다."

묻지마 무인도 학교로 모여라

콩가루 집안이 와도 찰떡 집안이 되어 간다는 게 무인도 학교의 더 큰 효과다. 그가 아버지 학교에 점점 사명감을 느끼는 이유이기도 하다. 큰 기대 없이 무인도 학교에 참여한 가족들과 아빠표 놀이를 배워간 아버지들은 분명 예전과는 달라졌다고 이구동성으로 말한다. 그야말로 '우리 가족이 달라졌어요!'를 외치는 가족이 하나둘 늘었다. 그의 인터넷 카페에는 '아빠학교 전후'를 비교하며 감사의 글을 올리는 어머니가 많다. "매일 리모컨 놀이와 낮잠 놀이만 하던 남편이 아빠학교를 다녀온 이후로 달라졌어요. 예전에 아이들은 아버지가 와도 반가워하지 않았는데, 이젠 한 시간 전에 전화해서 '아빠 언제 와?' 하고 묻는답니다"라는 내용이 많다.

여기서 잠깐, 회사 일로 지친 아버지들을 대신해 그 바쁜 시간에 어떻게 매일 아이들과 놀아줄 수 있었느냐고 물었다. 그는 자신이 시간 쪼개기의 달인이라며 웃었다. 광고회사를 운영하면서 정신없이 바쁠 때에도 아이들과 노는 시간은 어떻게든 확보했다. 퇴근 무렵 집으로 전화해 "아빠 ○○분 후면 도착하니 준비하고 있어라. 서울랜드 가서 리프트 타고 오자"라고 제안하는 식이었다. 그는 아이들과 놀이에 있어서는 양보다 질이 더 중요하다고 강조한다. 아이들은 아버지가 진심으로 자신과 놀아주는지 아닌지를 기막히게 알아챈다는 것이다.

그의 놀이 본능은 아이들이 어릴 때부터 발현됐다. '동네 투어 100회, 전국 투어 100회, 월 1회 서점놀이터 방문'이 그가 실천해온 놀이의 면면들이다. 서초구 양재동에 살던 그는 아이들과 양재동 꽃시장, 양재천, 우면산 등을 틈만 나면 투어하고 돌아왔다. 권씨는 "동네 투어는 하루 두 시간이면 충분합니다"라며 아이들의 기본적 인성이 그때 형성된 것 같다고 말한다. 아이들이 초등학생이 되면서부터는 동네를 벗어나 전국 여기저기를 다녔고, 몇 해 전부터는 아이 둘을 데리고 매달 서점 투어를 하고 있다. 광화문, 강남, 분당에 있는 대형서점을 매달 번갈아 다니면서 각각 아이들에게 할당 금액(규리 양 5만원, 기범 군 3만원)을 주고 범위 내에서 마음껏 쓰게 한다. 만화책이든 전공서적이든 문구류든 장르와 종류 불문이다.

그는 '개구쟁이는 특별하다'는 생각을 가지고 있다. 세계적으로 유명한 발명가는 하나같이 어릴 적 개구쟁이였다는 것이 그의 주장이다. "교과서를 통한 공부는 평면적이고 시시합니다. 다양한 놀이와 여행을 통한 공부야말로 입체적이고 통합적인 공부이지요."라고 권씨는 말한다.

네 인생은 네 거다

그렇다면 딸 규리 양이 기억하는 가장 재미있는 놀이는 무엇일까? 의외의 답이 나왔다. 규리 양은 '아빠표 과일 야채 주스 만들기'를 꼽았다. "제가 초등학교 저학년 때, 아빠는 주말마다 냉장고에 있는 온갖 과일과 야채를 다 넣어서 믹서기에 갈아주셨어요. 엄마는 늦잠을 주무시고, 아빠가 먼저 일어나서 만들어준 주스는 마법의 주스 같았죠. 아빠가 마법사처럼 귤, 사과, 배, 상추 등 형형색색의 과일과 채소를 믹서기에 섞고, 그 옆에서 저와 동생은 신기한 듯 바라보고…… 햇살이 주방까지 비치던 장면이 한 폭의 동화처럼 떠올라요." 아버지는 이렇게 말했다. "아이들에게는 세상이 다 놀이입니다. '이것 하자, 저것 하자' 하지 말고 '어떤 놀이 하면 좋겠니?' 물으며 아이의 마음만 따라가도 충분합니다."

이처럼 평생 아이들과 함께 즐겁게 놀 것 같은 권씨지만, 뜻밖에도 그는 10년 전부터 아이들과 이별 준비를 해 오고 있다. 한 달에 한 번 아버지에게 제출하는 '꿈 점검표'는 아이들을 떠나보내기 위한 준비의식이다. 아이의 대학 졸업일이 이별의 날이다. 꿈 점검표에는 '이달의 목표, 올해의 목표, 롤모델, 이런 사람은 배우자감으로 No!' 등의 항목이 있다. 꿈 점검표는 드넓고 원대한 포부를 갖기 위한 것이 아니다. 자신이 진정 원하는 삶을 들여다보고, 그 삶을 만들어가기 위한 징검다리의 역할이다. 그는 "부모의 역할은 등대입니다. 꿈을 찾아가도록 멀리서 지켜봐주는 사람이 되어야 하죠. 아이는 부모의 소유가 아닙니다. 잠깐 맡아서 기르는 존재일 뿐이지요"라고 말했다. 그토록 아이들과의 놀이에 자신의 삶을 통째로 바친 그가 아이들에게 늘 하는 말은 의외였다. "네 인생은 네 거다."

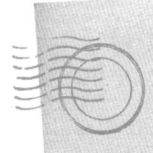

권규리 양 & 권기범 군, 그 후 어떻게 지내고 있어요?

규리 양은 대학교 3학년 1학기를 마치고 휴학을 한 후 IT벤처회사에 취업해 6개월간 인턴으로 근무했다. 회사에서 시각디자이너로 실력을 인정받아 "규리 양을 위해서 회사까지 이전할 생각이 있다"는 말까지 들었으나 자신의 꿈을 위해 일단 복학해 공부를 마치기로 했다. 올해 수험생이 된 기범 군은 중앙대 사진학과 진학을 목표로 공부 중이다. 한편 아버지 권오진 씨는 열번째 책 『아이의 공부는 놀이가 전부다(가제)』를 탈고했다.

아버지
권오진 씨의
Tip

삶을 놀이처럼, 놀이를 삶처럼!

❶ 아빠와의 1분 놀이가 아이를 바꾸어요!

아이와 놀아주는 것을 부담스러워하는 아버지가 많다. 양보다 질이다. 하루 1분만 놀아줘도 좋은 아버지가 될 수 있다. 특별한 장난감이 없더라도 사방에 널린 것이 장난감이 될 수 있다. 탁상용 달력을 주고받으면서도 "자~ 간다!" 하며 큰 소리로 효과음을 넣으면 훌륭한 '주고받기놀이'를 할 수 있다. 단 '지금 이 순간 너와 노는 것이 진심으로 즐겁다'는 느낌을 주는 것이 중요하다. 의무적인 행동은 아이의 자존감 형성에 방해가 된다.

❷ 성장 단계별로 아이가 재미있어 하는 놀이가 따로 있어요!

3세까지는 안아주기, 업어주기, 무등태우기 등의 신체놀이가 좋고 4~6세에는 베개, 신문지, 박스, 음료수 캔 등 도구놀이가 좋으며 6세 이후에는 여행이 최고의 놀이다. 새로운 환경을 접해야 새로운 사고가 생긴다. 먼 곳을 작정하고 떠나는 여행이 아니더라도 괜찮다. 동네 구석구석을 탐험하듯 다니는 '동네 투어'도 자녀에겐 얼마든지 신기한 여행이 될 수 있다.

❸ 최고의 놀이는 아빠가 업어주는 것!

업어주기는 놀이의 왕이다. 업었을 때 아버지와 아이가 닿는 신체 면적이 극대화되고, 아이의 입과 아버지의 귀가 가장 가까워진다. 업고 하는 대화는 소통이 잘된다. 아버지의 약점인 뒤통수를 보고 있으면 아이의 마음이 편해져서 이런저런 이야기가 편하게 흘러나온다. 권오진 씨는 "아이는 업혔을 때 비밀 이야기를 많이 합니다"라고 말했다.

❹ 아빠와 단둘만의 시간을 가져보아요!

어머니 없이 아버지하고만 보내는 시간은 특별하다. 굳이 무인도 학교가 아니더라도 아버지와 단둘이 1박2일 근교로 캠핑을 떠나는 것도 좋다. 서로에게 의지해 먹고 자는 것을 해결하는 동안 마음의 거리는 점점 가까워진다. 역경을 함께 헤쳐 나간다는 동병상련은 서로를 돈독하게 해준다.

❺ 삶은 그 자체가 놀이에요!

권오진 씨 가족은 '삶 자체가 놀이다. 우리는 삶을 너무 심각하게 대한다'는 철학이 있다. 즉 '삶을 놀이처럼, 놀이를 삶처럼'이 모토다. 특히 아이들에게는 세상이 다 놀이터다. 매순간 아이가 좋아하는 것에 함께 박수를 쳐주고, 열광해 주는 것만으로도 아이는 충분히 '놀고 있다'고 생각한다.

독서클럽에서 길을 찾다

초등학교 친구끼리 독서클럽 만들어
5년간 300여 권의 고전을 읽다

친구와 함께라면
독서도 놀이가 된다

입시 전문가 이석록·차은희 부부와
독서토론으로 실력 키운 남매 이형철 군·이지형 양

독서클럽 멤버 모두 쟁쟁한 인재로

이석록(56·한국외대 입학사정관실장) 씨는 사교육계의 대가였다. EBS 언어영역 스타강사로 명성을 날렸고, 메가스터디 입시평가연구소 소장으로 일했다. 입시 전문가답게 두 자녀 모두 쟁쟁한 스펙으로 길렀다. 첫째 이형철(27) 군은 서울대 법대 재학 중 사법고시에 합격했고, 둘째 이지형(25) 양은 중앙대 약대에 재학 중이다.

누가 봐도 남부러울 것 없는 학벌, 부모가 학원계 거물이자 최고급 입시정보를 틀어쥐고 있었으니 당연한 결과가 아닐까 싶지만 아니다. 반전도 이만한 반전이 드물다. 남매 모두 사교육과 거의 담을 쌓았다. 과목별 과외를 시도해본 적은 있지만 체질에 맞지 않아 몇 달 만에 그만뒀다. 부모 역시 공부하라는 잔소리 한번 한 적 없고, 심지어 어머니 차은희(52) 씨는 아이들이 중·고등학생 시절 내내 성적표 한번 들여다보지 않았다.

비결이 무엇일까? 무엇이 두 자녀를 사교육 없이 최고의 학벌로 길러냈을까? 바로 독서토론의 힘이다. 아들 형철 군은 초등학교 3학년 때부터 5년간 마음 맞는 반 친구 다섯 명과 독서클럽을 만들어 매주 한 권씩 꼬박꼬박 책을 읽었다. 주로 세계고전과 역사서를 읽었고, 그렇게 5년간 읽은 책이 300권에 달했다. 남자아이 셋, 여자아이 둘로 구성된 독서클럽은 일주일에 한 번씩 모여 놀듯이 한 주간 읽은 책에 대해 토론을 했다. 꾸준한 독서의 힘은 컸다. 다섯 친구 모두 쟁쟁한 인재로 자랐다. 형철 군은 사법고시에, 두 명은 행정고시에 합격했고 한 명은 영국 유학 중이며 나머지 한 명은 미국 MIT공대에서 공부하고 있다.

이씨에게 가장 궁금했던 것은 사교육에 대한 아이러니였다. 입시 전문가이자 사교육의 최전선에 있으면서 왜 자녀들에게 사교육을 시키지 않았을까?

"일단 아이들이 사교육의 효과에 대해 시큰둥했습니다. 사교육은 분명 공부에 도움을 줄 수 있지만 모든 아이에게 효과가 있는 것은 아닙니다. 방향성을 잡는 데에는 도움을 주지만 단순한 문제풀이식 사교육은 큰 도움이 되지 않죠. 사교육은 학습방법의 물꼬를 터주는 역할을 해야지, 지나치게 의존하면 오히려 창의적 사고에 걸림돌이 됩니다."

그는 사교육의 필요성을 부정하지는 않았지만 사교육 맹신론자는 아니었다. 꼭 필요한 대상에게 꼭 필요한 시점에 투여해야 하는 처방전으로 인식했다. 공교육(서울 화곡고 국어교사)으로 시작해 사교육계로 갔다가 다시 공교육계(한국외대 입학사정관실장)로 돌아온 경로를 보면 그의 교육철학이 읽힌다.

동서 고전을 섭렵한 독서 토론의 힘

가족들은 입을 모아 "독서 토론의 힘이 이 정도일 줄 몰랐습니다. 지나고 보니 이보다 더 좋은 공부가 없었지요"라고 말했다. 처음부터 거창한 의도를 가지고 독서클럽을 시작한 것은 아니었다. 형철 군이 초등학교 3학년 시절, 형철 군 친구 어머니의 제안으로 독서클럽이 만들어졌다. 어머니 차씨의 말이다.

"그 학부모가 자신의 아이에게 독서지도를 하려고 한우리독서지도사 과정도 밟으셨죠. 아이 혼자서 하게 되면 지루할 테지만, 또래 아이들과 함께 하면 재미도 있고 연속성이 있을 것 같다며 반 아이 다섯 명을 모았어요. 그분이 책을 선정하고 매주 토론 자료도 만드셨죠. 생각이 깊은 분이라 독서지도를 하기에 적임자였어요."

형철 군은 독서클럽을 통해 도스토옙스키의 『죄와 벌』, 톨스토이의 『부활』, 헤르만 헤세의 『수레바퀴 아래서』 『데미안』, 허먼 멜빌의 『모비딕』 등의 서양고전과 염상섭의 『삼대』, 이상의 『날개』, 박경리의 『김약국의 딸들』 등 국내 소설을 섭렵했다. 소담출판사에서 출간한 세계문학전집은 거의 다 읽었다. 이문열의 『삼국지(민음사)』 전집은 세 번 넘게 읽었다. 형철 군은 "고등학생이 되니 책 읽을 시간이 거의 없었습니다. 중학교 때까지 읽은 책들이 언어와 논술에 튼튼한 토대가 됐지요"라고 말했다. 이씨는 독서 토론의 힘에 대해 이렇게 말했다.

"토론 준비를 하면서 책을 읽고 느낀 바를 생각하는 훈련이 자연스럽게 되었습니다. 논리적 사고력이 생겼고 토대 학습이 된 거죠. 이때의 토대 학습은 비단 언어영역에 국한되지 않습니다. 언어와 외국어, 논술에 직접적으로 도움을 주고 다른 과목을 공부할 때에도 심층적 사고의 기반이 되었어요. 형철이가 학원이나 과외 도움 없이 스스로 공부법을 터득한 것은 독서의 힘이 크다고 봅니다."

스타강사답게 차분하고 논리적인 말투였다. 작은 목소리였지만 듣는 이를 경청하게 만드는 묘한 힘이 있었다. 그는 "형철이의 독서력이 누적될수록 어휘 사용 능력이 놀라울 정도로 발전하더군요. 깜짝 놀랄 정도였어요"라고 덧붙였다.

딸 지형 양에게도 독서클럽을 만들어주려 했으나 여건이 맞지 않았다. 지형 양은 자신의 공부 비결을 '셀프 동기 부여'에서 찾았다.

"다른 친구들은 누군가에게 칭찬받기 위해서, 혹은 꾸중을 듣기 싫어서 공부하는 경우가 많았어요. 그러나 저는 아니에요. 하고 싶을 때 집중해서 공부하죠. 부모님이 공부에 대해 간섭하지 않으시니 저 스스로 계획을 짜고 실천해야 했어요."

엄마의 무한 신뢰와 사랑

이 말을 듣고 있던 차씨가 갑자기 '쿡' 웃음을 터뜨렸다. 인터뷰 전, 가족 간 토론이 있었다고 했다. 주제는 '우리 부모의 자녀교육법은 방치냐, 방임이냐'였다. 아버지 어머니는 방임이라고 주장하고 아이들은 방치라고 주장하면서 팽팽히 맞섰다고. 그 정도로 공부에 대한 간섭이 없었다.

형철 군은 그래서 더 좋았다고 말했다. "만약 다른 부모처럼 공부하라고 달달 볶았다면 오히려 하지 않았을 것 같아요." 지형 양 역시 마찬가지다. "잔소리를 하지 않아서 서운할 정도였어요. 그러다 보니 공부도 제가 알아서 하고, 인생도 제가 스스로 개척해야 한다는 막중한 책임감이 생겼습니다"라고 말했다. 스스로의 필요와 선택에 의해 하는 공부는 효율적이었다. 당연히 결과도 좋았다.

어머니가 아이들에게 베푼 것은 따로 있었다. 바로 '무한 신뢰와 사랑'이다. "어디서든 사랑받는 사람이 되었으면 좋겠다는 생각으로 아이들을 키웠어요. 그러기 위해 말 한마디, 옷차림 하나하나 신경을 썼죠. 남들에게 사랑받으면 자존감과 자신감이 생겨요. 무슨 일을 하든 해낼 수 있다는 긍정적인 마인드도 생기고, 결과적으로 행복한 삶을 살 수 있어요." 중·고등학교 내내 성적표 한번 보지 않은 것은 이런 맥락 때문이다. 스스로 잘 알아서 하고 있고, 성적이 나오지 않으면 본인이 이미 스트레스를 받았을 텐데 부모까지 이중으로 스트레스를 안길 필요가 없다는 이유였다.

남매는 모두 어머니의 역할에 대해 '힐링'이라고 입을 모았다. "성적이 좋지 않아도 혼날까 봐 걱정한 적이 없어요. 오히려 늘 엄마에게 위로받고 힐링받았죠(딸 지형 양)." "돌아보니 늘 엄마가 같은 자리에서 따뜻하게 맞아주는 게 큰 힘이 되었어요. 자취하면서 고시 공부할 때에는 사시에 계속 낙방했는데, 집으로 돌아가 엄마 곁에서 공부하면서 한번에 덜컥 합격했거든요. 공부할 시간이 부족해 집에서 도시락을 먹으면서 공부했어요. 엄마가 점심 저녁 도시락을 싸 놓으면 제가 필요할 때 나와 5분 만에 뚝딱 먹고 들어갔죠. 엄마는 강요는 없고, 요구는 잘 들어주셨어요(아들 형철 군)."

이들에게 '어머니와 집'은 '심리적 안정감'의 다른 이름이었다. 정글 같은 경쟁사회에서 상처받고 다친 마음을 집에 와서 위로받고 치유받았다.

공부하는 아빠에게서 성실함을 배우다

아버지의 역할은 다르다. 남매는 '공부하는 아버지'로부터 받은 영향이 크다. 아버지는 아이들에게 성실한 삶의 표본이자 거울이 되었다. 화곡고 교사 시절부터 교과서 집필, 문제집 집필 등으로 바빴던 이씨는 아이들에게 늘 공부하는 아버지였다. 자연스럽게 집은 반(半) 도서관 같은 곳이 되었다. 지형 양은 "아버지는 성실 그 자체인 분이에요. 아버지의 모습을 보면서 저렇게 성실하게 살다보면 무슨 일에서든 일가를 이룰 수 있겠다고 생각했죠"라고 말했다.

또 하나, 아버지는 결정적인 순간에 결정적인 조언으로 중심을 잡아주었다. 바로 아이들이 갈림길에 섰을 때 판단 기준을 던져주는 것이다. 그 기준은 두 가지다. '본인이 진심으로 좋아하는 것인가'와 '행복한 삶을 가져다주는 선택인가'이다. 이씨는 자녀교육의 핵심 철학을 '자율과 신뢰'로 요약했다.

"아이가 스스로 제 길을 찾아갈 수 있도록 최대한 자율성을 보장해주어야 합니다. 여기에는 신뢰가 전제되어야 하죠. 무슨 길을 선택하든 아빠는 너희를 진심으로 믿고 지지한다는 믿음을 주어야 합니다. 세세히 간섭하는 것은 좋지 않습니다."

형철 군은 스무 살에 갈림길에 섰다. 연세대 상경계열에 합격했지만 어릴 적부터 꿈꿔온 법조인에 미련을 버리지 못해 입학 여부를 진지하게 고민한 것이다. 아버지는 구체적 조언 대신 "네가 진정 좋아하고, 행복한 삶을 가져다주는 길을 택하라"는 조언만 했다. 고민 끝에 형철 군은 다시 도전하겠다고 선언한 후 재수 끝에 서울대 법대에 합격했다.

그렇다고 형철 군이 모범생처럼 내내 한 길만 걸어온 것은 아니다. 대학 시절 그는 밴드를 하겠다며 부모 속을 뒤집어 놓은 적이 있다. 하나에 꽂히면 무섭게 몰두하는 스타일이라 음악에도 무섭게 빠져들었다. 공부는 팽개치고 손가락에 물집이 잡히도록 기타를 쳤다. 말썽 한번 안 부리던 아들의 돌발행동에 부모 속이 어땠을까?

일탈도 성장에 필요한 경험

이씨는 "속은 타들어갔지만 그저 기다렸습니다. 아이의 선택을 존중했죠"라며 웃었다. 이어서 형철 군은 "실컷 해보니 직성이 풀렸어요. 정신 차리고 다시 고시 공부를 했죠"라고 말했다. 이씨는 아들의 이런 작은 일탈(?)을 환영한다. 미래 법조인으로서 다양한 인간 군상을 경험해야 사람에 대한 이해의 폭이 넓어진다는 이유에서다. 이씨는 "중요한 말을 빼먹었네요"라며 다시 말을 이었다.

"아이들 손을 자주 잡습니다. 함께하는 시간이 부족하기 때문에 곁에 있는 동안만이라도 아빠의 마음을 느끼게 해주려 하죠." 아버지는 딸의 손을 꼭 잡고 걸었다.

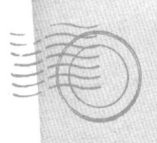
**이형철 군 & 이지형 양,
그 후 어떻게 지내고 있어요?**

형철 군은 사법연수원에 입소했고, 지형 양은 제약회사와 병원 등에서 실습을 활발히 하고 있다. 지형 양은 실습을 통해 '잘하고 좋아하는 것'이 무엇인지 구체적으로 알아내려고 고민 중이다. 아버지 이석록 씨는 입학사정관 실장으로서 인성과 학습 잠재력을 갖춘 대학생을 뽑기 위한 전형 구상에 바쁜 나날을 보내고 있다.

친한 친구끼리 놀 듯 책을 읽을 수 있게 해주세요!

❶ 유년 시절 독서의 힘, 평생 가지고 갈 실력이 됩니다!

유년 시절 독서의 효과는 아무리 강조해도 지나치지 않다. '어머니 독서지도사' 개념을 도입한 대학교수이자 교육연구가인 버니스 E. 컬리넌은 "독서를 많이 하는 어린이는 자신감에 차 있고 자발적으로 사고하며 알고 싶어하는 것을 스스로 발견해 내고 창조적 사고력과 잠재력을 증진시켜 조화로운 인간으로 성장한다"라고 말했다.

❷ 친구와 놀듯 책을 읽을 수 있는 독서클럽을 만들어 보세요!

혼자서 딱딱한 고전을 꾸준히 읽는다는 것은 쉽지 않은 일이다. 그래서 마음이 맞는 친구끼리 독서클럽을 만들면 놀이하듯 책을 읽을 수 있다. 닥치는 대로 읽는 것보다 추천 리스트를 받아 계획적으로 읽는 것이 좋다. 독서 분량은 아이의 능력에 맞도록 계획을 세운다. 짧은 책은 일주일에 한 권, 두꺼운 책은 몇 번에 나눠서 읽을 것을 권한다. 독서를 지루한 공부의 연장선이라고 인식하지 않도록 흥미진진한 책을 중간에 배치하는 것도 잊으면 안 된다.

❸ 약간의 강제성은 필요해요!

사적인 독서클럽을 수년간 연속성을 가지고 운영하기란 매우 어렵다. 주말마다 개인사정도 많고, 중학생이 되면서 독서로부터 멀어질 수도 있다. 하지만 초·중등 시절에 독서력을 다져놓지 않으면 때를 놓친다. 독서클럽을 꾸준히 운영하기 위해서는 약간의 강제성이 필요하다. 독서지도 능력이 있는 학부모나 독서지도사 등 믿고 맡길 수 있는 책임자가 있어야 하고 책임자에게 분명한 보답을 하는 것이 좋다.

❹ **부모가 먼저 공부하는 모습 보여 주세요!**
"너는 공부해라. 나는 텔레비전 볼 테니" 식은 안 된다. 부모는 아이의 거울이다. 부모가 먼저 공부하는 모습을 보여야 아이들이 자연스럽게 따라한다. 이석록 씨의 두 아이는 '공부하는 아버지'의 모습을 보면서 자연스럽게 집을 반(半) 도서관으로 인식했다. 매사에 성실한 아버지의 모습 자체가 성실한 삶의 표본이 된 것이다.

손편지 · 친구 같은 부모 ·
밥상머리 교육 · 대화 ·
눈높이 교육 ·
균형감 · 청출어람 ·
가업 · 공부놀이 ·
공동체 교육 · 가족신문 ·
홈스쿨링 · 육아 공부 ·
놀이 · 독서클럽 ·
아빠가 차려주는 밥상 ·
단둘만의 여행 · 멘토 ·
동기부여 ·
가족여행 · 꿈 ·
취미 · 자립 · 방황 ·
자존감 · 절대 긍정 ·
칭찬 · 기다림 ·
바라지 않는 마음

3

다른 세상에서
　　길을 찾아라!

아빠 밥상에서 길을 찾다

CEO 그만두고 3년째 아들 위해 밥상 차려주는 아빠와
반포의 일진에서 양평의 범생이로 거듭난 아들

아빠가 차려주는
'은소밥'

전 정림건축 이충노 대표와
양평의 범생이 아들 이은규 군

아들의 아버지로 사는 삶에 올인하다

이충노(49) 씨는 2011년 6월까지 정림건축 종합건축사사무소(이하 정림건축)의 CEO였다. 정림건축은 용산 국립중앙박물관과 청와대 본관 건물을 설계한 곳으로 국내 10대 건축설계 회사이다. 2006년 6월 정림건축 대표이사로 발탁된 그의 인사는 당시 업계에 큰 화제가 되었다. 건축을 전공한 적도, 건축 관련업에 근무한 적도 없는 그가 30여 년 동안 정림건축을 맡아온 창업자 형제에 이어 대표이사에 발탁되자 크고 작은 논란도 끊이지 않았다. 그는 발탁 과정만큼 CEO로서의 행보도 특이했다. 500여 명이나 되는 직원의 신상을 낱낱이 외우고 딱딱했던 사무공간에 미술을 입혀 예술 공간으로 탈바꿈시켰다. 취임 3년차, 매출액은 50퍼센트 성장했고 이익률도 크게 개선되어 정림건축은 업계 선두권의 위상을 되찾았다.

그런 그가 지금은 앞치마를 두르고 있다. 아들을 위한 결정이었다. 서울 반포의 한 중학교에 다니던 아들 은규 군(16)은 소위 말하는 '일진'이었다. 공부는 하지 않고, 불량하게 논다는 아이들과 몰려다니면서 폭력 사건에 연루되기도 했다. 학교는 툭하면 빠졌고 한달 동안 가출하기도 했다. 급기야 2011년 2학기 초에는 학교폭력방지위원회를 통해 강제전학 조치를 받았다. 늘 바쁘다는 이유로 아들 곁에 있어 주지 못한 아버지는 더 이상 물러날 곳이 없다고 판단했다. 회사를 그만두고 아들의 아버지로 사는 삶에 올인하기로 했다.

이충노 씨에겐 은규 군 외에도 두 딸이 있다. 큰딸 하림 양은 미국에서 대학에 재학 중이고, 막내딸 은샘 양은 초등학생이다. 은샘 양과 부인은 서울에 남겨둔 채 이충노 씨는 아들만 데리고 경기도 양평으로 이사를 결정했다. 공기 좋고 물 좋은 곳을 고민하다가 지인이 있는 이곳을 택했고, 그곳에서 아들을 위해 매끼 따끈한 밥을 짓고 새 반찬을 만들어 예쁜 접시에 담아 상을 차리고 있다. 아들의 하교시간인 오후 4시쯤이면 어김없이 집을 지키면서 간식을 차려내는 것도 잊지 않는다. 아들의 감정 상태를 주시하면서 그동안 못다한 부성애를 아낌없이 쏟고 있다.

'일진' 아빠의 분투기

'전업주부'로서의 삶을 산 지 2년, 아들은 서서히 달라지기 시작했다. 가장 큰 변화는 성실해진 것이다. 지금은 학교에 빠지거나 지각도 하지 않을 뿐 아니라, 실업계 A고등학교에서 학과 1등을 도맡으며 성적우수 장학금을 받고 있다. 시험기간에는 독서실에 자발적으로 나가고 모르는 문제가 있으면 학교 선생님에게 전화를 해서 궁금증을 해소한다.

또 하나, 아버지와 소통을 하기 시작했다. 아버지와 몸이 스치기만 해도 소스라치던 아들은 이제 아버지와 스스럼없이 포옹을 하고, 아버지가 뽀뽀하자고 입술을 쭉 내밀면 못 이기는 듯 볼을 내준다. 거친 말투가 사라졌고 술도 잘 마시지 않는다. 담배도 끊었다.

이들 부자를 섭외하는 과정은 쉽지 않았다. 아버지도 아들도 인터뷰를 내내 고사했다. 아버지는 자신이 아들을 위해 희생하고 있다는 공치사를 하는 것 같아 내키지 않는다는 이유로, 아들은 이전에 인재시교에 소개된 자녀들을 보니 결과물도 있고 성공도 했는데, 자신은 아직 이룬 게 없으니 부담스럽다는 이유로 거절했다. 은규 군 입장에서 보면 문제 많던 자신의 과거를 들춰내는 것이 내키지 않는 게 당연했다.

부자는 며칠 동안 새벽까지 대화를 나눈 끝에 인터뷰를 하겠다고 연락을 해왔다. 아버지는 자신이 2년간 은규와 단둘이 있으면서 쌓은 경험을 다른 아버지들과 공유하고 싶다며 인터뷰를 허락했고, 은규 군은 "이건 제 자서전이 아닌 아빠와의 관계 회복에 대한 이야기니까, 아빠가 대한민국 일진 아빠들의 희망이 될 수 있을 것 같아요"라고 수락 이유를 밝혔다.

인터뷰 전, 부자가 신신당부를 한 말이 있다. 일진 시절의 은규와 지금의 은규를 이분법적으로 쓰지 말아 달라는 것이었다. 은규 군의 말이다. "일진으로 불리던 그때에도 생각 없이 놀기만 한 것은 아니었어요. 스스로 이러면 안 된다는 문제의식이 늘 있었고, 지금은 그것을 하나씩 실천하는 거예요."

앞치마를 두르고 양평 아저씨로 사는 삶

부자가 사는 곳은 양평역 바로 옆에 있는 고층 아파트로, 깔끔하고 정갈했다. 건축업계 CEO 출신답게 인테리어 감각이 예사롭지 않았다. 이곳에는 현재 남자 셋이 산다. 부자(父子) 외에도 이태후 목사가 방 한 칸을 한시적으로 쓰고 있다. 이태후 목사는 미국 필라델피아의 우범지역인 노스센트럴에 살면서 그곳 주민들에게 희망을 심어주는 활동을 펼친 사람으로 유명하다.

양평집 살림은 청소 도우미 없이 이씨가 혼자서 다 하고 있다. 그는 "살림을 좋아하는 건 아닙니다. 원래 정리정돈하기를 싫어해요.

다만 전업주부의 일을 하고 있으니 은규에게 최선을 다하는 모습을 보여주고 싶습니다"라고 말했다. 그는 인터뷰 도중 정림건축 CEO 당시 인터뷰가 실린 경제 주간지를 꺼내왔다. 불과 몇 년 전인데 이 씨의 인상은 딴판으로 달라져 있었다. 각진 수트를 벗고 편안한 티셔츠에 면바지를 입고 운동화를 신고 다녀서인지 지금의 그는 매우 편안해 보였다. "그때는 하루하루가 긴장의 연속이었습니다. 살얼음판을 걷는 것 같았고 과로와 스트레스가 많았지요. 은규 아빠로, 양평 아저씨로 사는 지금이 훨씬 더 행복합니다."

이씨와는 서울에서 만나 이야기를 나누기도 했고, 전화 통화도 여러 번 했다. 양평에서는 더 다양한 상황에서 이야기를 나누었다. 은규 군이 하교하기 전까지 1차, 은규 군이 하교한 후 양평 개울가를 거닐며 2차, 집에 다시 돌아와 은규 군과 단둘이 3차, 그리고 다음 날 은규 군과 전화로 4차 취재를 했다. 이후에도 이씨는 아들과 함께 생활하면서 보고 느낀 변화와 자신의 생각을 여러 번 이메일과 문자메시지로 보내왔다. 이 모든 과정은 아들을 위한 아버지의 세심한 배려였다. 아들에게 자칫 불편하게 들릴 수도 있는 말은 최대한 배제했고, 한마디 한마디 아들의 마음을 살피는 게 보였다.

은규 군과의 인터뷰는 녹록지 않았다. 긴 질문에 단답형 답변이 이어져 분위기를 썰렁하게 만들기도 했다. 아이는 과묵한 편이었지만 답변은 담백했고 솔직했다. 그러다 한 시간이 지나자 분위기가 좀 누그러졌다. 은규 군이 "기자 하기 힘드시죠? 처음 보는 사람의 마음도 사야 하고"라며 되물었다. 서서히 마음의 문을 여는 게 보였다. 아직은 예민하고 1~2년 후가 불확실한 고등학생, 말 한마디 한

마디가 조심스러운 것은 당연했다.

은규를 위한 소박한 밥상 '은소밥'

　이씨는 이날도 어김없이 아들을 위한 저녁상을 차렸다. 아버지는 이 밥상을 '은소밥'이라고 불렀다. '은규를 위한 소박한 밥상'의 줄임말이다. 이날 저녁 메뉴는 울타리콩 조밥과 차돌박이를 넣은 된장찌개, 콩나물 무침과 비름나물 무침에 두부김치, 더덕무침이었다. 고추장아찌와 오이피클도 직접 담근다고 했다. 이 모든 과정을 불과 30분 만에 뚝딱 해내는 그의 손놀림이 예사롭지 않았다. 웬만한 주부 9단도 울고 갈 베테랑 주부의 경지였다.

　밥을 담고 장찌찌를 담는 손길 하나하나에 정성이 느껴졌다. 다 차려진 밥상을 보니 마음이 쩡했다. 이씨는 "평소에는 5첩 반상이 기본인데 오늘은 한 가지 더 많습니다"라며 웃었다. 맛 또한 기대 이상이었다. 고추장과 된장을 섞어 참기름을 넣고 조물조물 무친 비름나물이 특히 입에 착착 감겼다. 은규 군은 10분 만에 밥과 국을 뚝딱 비웠다.

　은규 군은 은소밥으로 아토피를 고쳤다. "예전에는 날이 좀 더워지면 심하게 가려웠는데, 이젠 그렇지 않아요"라고 말했다. 은소밥에는 MSG가 전혀 들어가지 않는다. 야채 위주로 구성하고 햄과 소시지, 어묵 등 가공식품은 밥상에 올리지 않는다. 은규 군은 양평에 와서 건강이 훨씬 좋아졌다.

　사진을 찍으러 나가는 길, 풀 냄새가 코를 훅 찔렀다. 느낌을 전하자 나란히 걷던 은규 군이 "그래서 더 좋은 것 같아요. 시골 냄새"라고 답했다. 그는 양평에 와서 좋은 점을 이렇게 말했다. "처음 양평에 왔을 때에는 후회를 많이 했는데, 지금은 좋아요. 여기에 있다가 서울에 가면 답답해요. 처음엔 실업계 학교에 다니는 게 싫었는데, 지금은 학교에 대한 자부심이 생겼어요. 학생의 질도 좋아지고 학교도 발전하는 게 느껴져요."

은규 군은 요즘 토플 공부에 특히 열심이다. 토플 점수를 잘 받아서 누나처럼 외국의 좋은 대학에 가고 싶다고 말했다. 누나 하림 양은 미네소타주립대에서 4학기 내내 전 과목 A학점으로 장학금을 받았다. 은규 군은 "지금 내신 1등급인데, 앞으로도 내신 관리를 잘하고 학교생활도 모범적으로 하려고 해요. 11월에 있을 전교회장 선거에도 출마할 예정이고요"라고 말했다.

아빠의 속울음은 행복의 눈물

아들이 서서히 달라져 가는 모습을 보면서 아버지는 울음을 삼킬 때가 많다. 툭하면 학교에 가지 않고 PC방을 전전하다가 새벽에 들어와 오후 느지막이 일어나던 아이였다. 그런 아이가 등교시간에 늦었다며 뛰어가고, 하교하면서 "지각 겨우 면했어요!"라고 소리치며 들어온다. 은규 군의 담임교사는 1학기 말 성적표의 가정통신문란에 이렇게 적었다. "은규가 점점 나아지는 모습에 웃음 지어 봅니다. 은규는 이제 어디에 내놓아도 부끄럽지 않은 능력을 가진 아이라고 자부합니다. 학업능력뿐만 아니라 성품도 멋진 아이죠. 저는 요즘 학교에서 은규를 보기만 해도 기특하고 좋은데 부모님께서는 얼마나 행복하실까요?"

2년 동안 아버지와 은규 군 사이에는 무슨 일이 있었을까? 변화의 씨앗은 아버지의 결단에서 시작되었다. 경영 컨설턴트로, 정림건축 CEO로서 고액연봉을 받으며 사회적으로 인정받던 아버지는 늘 바빴다. 이씨는 퇴임 당시 상황에 대해 이렇게 말했다.

"과로와 스트레스로 건강이 악화된 탓도 있었고 사업이 정상화된 후에 오는 공허함도 있었죠. 가장 큰 이유는 은규 때문이었습니다. 그 무렵 은규가 여러 사건 사고를 일으켰어요. 경찰서에도 두 번 불려갔고 피해학생 학부모를 찾아가 무릎을 꿇고 빌며 용서를 구한 적도 있습니다. 하지만 사업으로 바쁜 상태에서 할 수 있는 조치는 많지 않았어요. 아들을 위한 시간을 만들어야 했지요."

화가 많은 아들, 늘 바쁜 부모

은규 군이 중학교 3학년 때였다. 이씨는 회사를 그만두고 맞은 아들의 첫 방학을 이용해 아들과 단둘이 일본으로 여행을 떠났다. 하지만 소통이 없던 부자가 여행 한번으로 말문이 트일 리는 만무했다. 이씨는 "아무런 성과 없이 화병만 얻어 돌아왔어요"라고 그때를 회고했다. 그리고 2학기 개학 직후 문제의 사건이 터졌다. 은규 군이 함께 어울렸던 일진 후배에게 폭력을 썼고, 그 결과 공갈·협박·상해의 혐의로 강제전학을 당한 것이다.

경기도 과천의 한 중학교에서 교사로 재직 중인 은규 군의 어머니는 자신이 근무하는 학교로 아들을 전학시키려고 했다. 그러나 그렇게 해서는 아들의 행동을 고칠 수 없다고 판단한 아버지는 환경에 대대적인 변화를 주기로 결심했다. 아들과 함께 시골에서 생활하기로 한 것이다. 서울에서 멀지 않으면서 시골 정취가 물씬 풍기는 곳, 사람들의 순수함이 살아있는 곳을 찾았다. 그래서 낙점한 곳이 양평이었다. 강제전학을 당한 아이를 받지 않으려는 학교 측을 끈질기게 설득하여 전학에 성공했다.

양평으로 내려가 '은규 아빠'로서의 삶을 시작하면서 이씨의 각오는 분명했다. "저는 늘 바쁜 아빠였습니다. 아내도 교사라 맞벌이였죠. 부모의 사랑을 충분히 받지 못한 은규의 애정결핍이 문제의 원인 중 하나라고 생각했습니다. 속죄하는 기분으로 그동안 다하지 못한 아빠 역할에 최선을 다하고 싶었습니다. 그건 말로 할 수 있는 게 아니었어요. 늘 은규 옆에 있어주면서 은규에 대한 사랑을 몸으로 보여주고 싶었습니다."

일단 그는 좋은 부모가 되기 위한 공부를 본격적으로 시작했다. 『상한 감정의 치유(데이빗 A. 씨맨즈 저, 두란노)』『독이 되는 부모(수잔 포워드 저, 푸른육아)』『10대들의 사생활(데이비드 월시 저, 시공사)』 등의 자녀교육서와 『성경』을 읽기 시작했다.

주거 환경도 대대적으로 바꾸었다. 서울 반포의 $230m^2$(70평) 아파트에서 생활하던 부자는 양평의 $50m^2$(15평)짜리 연립주택으로 이사온 후 40만원을 들고 양평 중고가전센터를 찾아가 7만 원짜리 짤순이, 3만 원짜리 중국산 밥솥, 탱크처럼 요란한 소리가 나는 냉장고 등 살림에 필요한 가전제품을 구입했다. 따라다니는 은규 군은 연방 툴툴거렸고, 이씨 역시 심하게 스트레스를 받아 돌아버릴 지경이었다.

성숙한 부모는 자녀를 화나게 하지 않는다

이씨는 자녀교육에서 가장 중요한 점은 '아이에게 화를 내면 안 된다는 것'이라고 잘라 말한다. "자녀를 화나게 해서는 안 됩니다. 노여움이 쌓이는 것 자체가 문제가 되거든요. 은규는 화가 많았습니다. 부모에게 불만이 많았어요. 아이의 잘못은 70~80퍼센트가 부모 때문입니다. 성숙한 부모는 자녀를 화나게 하지 않습니다"라며 화를 참는 연습을 하라고 말했다. 화가 날 수 있는 상황을 미리 머릿속에 그리며 참는 연습을 하고, 그래도 정 참기 힘든 상황이 닥치면 차라리 자리를 떠나는 것이 좋다고 했다. 즉 화내는 모습을 아이에게 보이지 말라는 것이다.

은규 군은 양평에 있는 중학교로 전학을 와서도 쉽게 달라지지 않았다. 아버지는 학교에 네 번이나 불려갔다. 스스로 그때의 상황을 '갑자기 바뀐 문화적 충격으로 인한 혼란'이라고 받아들였지만, 마음은 썩어 들어갔다. 강물에 빠져 죽고 싶은 적도 있었다.

그러나 서서히 변화의 단초를 발견했다. 첫 징후는 아들이 친구와 선생님을 좋아하게 된 것이다. 그는 "아빠, 여기 아이들은 이상해요. 수업이 끝나고도 학교에 남아 놀기를 좋아하고 선생님들을 좋아해요"라고 말했다. 또 "아이들이 순수하고 선생님들이 권위가 있어 좋아요"라는 말도 했다.

두 번째 징후는 만족을 알게 된 것이다. 사업에 능한 아버지 덕에 늘 부유하게 자란 은규 군에게 $50m^2$ 연립주택 생활은 좁고 불편한 세상이었다. 그런데 몇 달이 지나자 아이의 입에서 이런 말이 나왔다. "아빠, 여기는 좁긴 하지만 양평에서는 깨끗한 편이에요. 양평에서는

1퍼센트에 속할 것 같아요. 대한민국에서도 10퍼센트는 되고요."

우여곡절 끝에 은규 군은 남은 중학교 생활의 마지막 학기를 무사히 마쳤다. 꼴찌였지만, 아들이 중학교를 졸업하는 모습을 보면서 아버지는 뭉클했다. 특히 담임 선생님과 오래 껴안고 있는 아이를 보면서 눈물을 많이 흘렸다. 그는 아들로 인해 몰래 숨어 흘린 눈물이 한 바가지는 족히 될 것이라고 했다.

아빠를 닮은 아들

이씨는 "사실 은규는 저와 비슷한 면이 많습니다. 저를 닮아 자유로운 영혼이에요"라며 자신의 과거를 털어놓았다. "저 역시 굉장히 말썽쟁이에 문제아였습니다. 생활기록부를 보니 부정적인 말이 많더군요. 주의가 산만하고 공부에 관심이 없다는 평이 대부분이었죠. 특히 고등학교 2학년 때부터 심하게 망가졌어요. 2교시 수업이 끝나면 학교 담을 넘어가 친구의 자취방에서 소주를 마시며 놀았죠. 싸움도 많이 했고 담배도 피웠어요. 대학에는 갈 생각이 전혀 없었습니다. 고등학생 때 밴드를 시작해 졸업 직후엔 나이트클럽 밴드마스터를 했죠."

그러다 어느 날 문득 '이렇게 살면 내 미래는 어떨까?'라는 생각이 들었고, 부자들 파티에 동원되어 구석에 앉아 연주하는 모습이 그려졌다. '이건 아니다' 싶었던 이씨는 일단 군에 입대했다. 군대에서 그의 인생은 180도 달라졌다. 미친 듯이 성실히 일하면서 '성취감'을 맛본 것이다. 상사에게 인정받으면서 그의 삶의 태도는 더욱 적극적으로 변했다. 행정병을 하면서 육군 규범을 달달달 외웠는데, 이것이 훗날 경영 컨설턴트를 하는데 큰 도움이 되었다. 체계적인 군 조직의 관리 체계 시스템은 그 당시 많은 조직의 기본이 되었기 때문이다.

제대 후 충남대 경영학과에 입학한 그는 7학기 동안 성적우수로 전액장학금을 받았다. 이씨는 "자신만 통제할 수 있다면 무엇이든 할 수 있다는 자신감을 얻었습니다. 남들이 정해놓은 규율을 지키기는 어렵지만 스스로 정한 규율은 무섭게 따르는 편이거든요"라고 말했다. 이후 그는 경영컨설팅 회사 아더앤더슨(현 베이링포인트)에서 경영 컨설턴트로 7년간 일하면서 1990년대에 이미 억대 연봉을 받는 등 직장인으로서 성공가도를 달렸다.

아들을 위한 맞춤 전략

남들은 아들을 문제아로 봤지만 아버지는 달랐다. 이런 아버지였기에 아들이 왜 그런 행동을 하는지 뻔히 보였고 아들을 이해할 수 있었다. 아버지는 아들의 마음을 열기 위해 맞춤 전략을 짰다. 첫 번째는 아들의 관심사 찾기, 바로 패션이었다. 아버지는 아들과 단둘이서 동대문 패션몰, 여주 프리미엄아울렛 등을 탐방하면서 패션 이야기로 말문을 트기 시작했다. 자신의 장점을 살려 아들에게 브랜드 특성과 전략, 포지셔닝, 유통구조와 가격전략 등 패션산업 전반에 대한 이야기를 해주기도 했다.

두 번째는 아이와의 간극을 메우는 놀이 찾기, 바로 노래방이었다. 아들과 종종 노래방에 가서 맥주를 마시며 노래를 불렀다. 때때로 아들의 친구들까지 불러서 함께 놀았다. 처음에는 아버지와 노래방에 가길 싫어했지만, 점차 아들은 아버지가 좋아하는 노을의 '청혼', 성시경의 '너는 나의 봄이다', 모세의 '사랑인걸' 등을 함께 부르기 시작했다.

이씨는 부모들이 '학생은 어떠해야 한다'는 고정관념을 버리는 게 중요하다고 말한다. 그는 아들에게 시선을 맞추었다. 동등한 인격체로 대하면서 아이의 마음속으로 비집고 들어가려고 노력했다. 함께 술집에 가서 밤늦도록 대화를 나눈 적도 많았다. 단골집을 정한 후 주인에게 "내 아들이 아직 미성년자인데 아버지와 함께 있으니 허락해 달라"라고 양해를 구했다. 그는 "호프집은 그나마 마주 보고 대화할 수 있는 유일한 장소였습니다"라고 설명했다.

은규 군을 등교시킨 후 이씨의 일상은 전형적인 전업주부의 삶이다. 매일 빨래하고 다림질하고 2~3일에 한 번씩은 베란다까지 대청소를 한다. 매일 기본 두 끼의 '은소밥'을 차리고 이틀 걸러 밤참까지 만들려면 메뉴 구상, 장보기, 재료 손질 등 정신이 없다. 그는 주부일만으로도 하루가 짧다고 말했다. 틈틈이 재능을 살려 사업이 어려워진 지인을 무상으로 컨설팅해 주기도 하고 종종 일용직으로 일당을 벌기도 한다. "목돈이 생겨 몇 년 동안 생활비 걱정 없이 살았는데, 잔고가 푹푹 빠지는 것을 보면서 불안감이 생겨 하게 됐습니다"라며 웃었다. 일용직 현장에서 그는 "이씨"로 불린다.

그에게 은규 아빠이자 양평 아저씨로 언제까지 살 것인지, 이후의 삶의 청사진은 어떻게 그리고 있는지를 묻자 이런 답이 돌아왔다. "막내인 딸 은샘이가 마음에 걸립니다. 지난 주말 은샘이와 광화문 부근에서 뮤지컬을 보고 호떡을 먹으며 삼청동 거리를 걸었는데, 아빠가 오빠와 함께 지내는 것을 이해하면서도 내심 서운해하는 눈치였어요. 은규가 자리를 잡으면 은샘이와 시간을 많이 보내고 싶습니다. 저는 대단한 사람은 아니지만 나름 원 없이 일했고 올라갈 만큼 올라가 봤습니다. 돈도 많이 벌어 봤고, 날려도 봤고, 정부기관과 기업, 대학교에서 강의도 많이 했습니다. 이제 저는 여한이 없기 때문에 세상을 유익하게 만드는 일에 기여하고 싶습니다. 내가 가진 재주를 살려 세상 사람들이 가치 있는 삶, 평화롭게 사는 삶을 살도록 돕고 싶습니다. 자녀와 관계가 깨진 부모를 지원하는 일도 하고 싶어요. 이 일이 저를 더 흥분시킵니다."

사랑이 되물림될 그날까지

얼마 전 은규 군은 수업시간에 어머니, 아버지의 장단점을 이렇게 적었다.

- 엄마
- 장점 : 착함, 멘탈이 좋으심, 언제나 자식들을 이해, 위해 주심, 예쁨
- 단점 : 걱정이 많으심, 요리를 못하는 듯, 운동 안 하심
- 아빠
- 장점 : 공평하심, 요리 매우 잘하심, 머리 매우 좋으심, 모든 면에 밝으심, 자식들을 최우선으로 생각하심
- 단점 : 융통성이 살짝 부족하심, 머리숱이 없으심
- 총평 - 엄마와 아빠로서 최고이심, 완벽함!

은규 군에게 먼 미래에 이루고 싶은 꿈이 있느냐고 묻자 "저 같은 아들을 낳아 키워보고 싶어요. 재미있을 것 같아요"라는 답이 돌아왔다. 이런 생각을 하게 된 은규 군의 속내는 무엇일까? 한 가지 분명한 것은 아버지가 자신을 키우는 과정이 고통스럽고 힘겨워 보였다면, 아버지라는 자리가 하찮거나 시시해 보였다면 은규 군이 이런 말을 하지 않았을 것이란 사실이다.

인터뷰가 끝난 다음 날, 이씨는 이런 메일을 보내왔다.

〈지금 막 은규는 학교에 갔습니다. 이 시간이 저에겐 제일 편안한 시간입니다. 헨델의 수상음악이나 바흐의 무반주 첼로 같은 바로크 음악을 들으며 설거지를 한 후 차를 마십니다. 오늘 아침 메뉴는 평소에는 잘 해주지 않는 소불고기입니다. 양념에 재워둔 무항생제 한우 설도에다 느타리버섯을 찢고 양파를 채썰어 넣어 볶았습니다. 아욱된장국과 할머니표 깍두기를 함께 주었더니 금세 한 그릇 뚝딱 해치우고 씩씩하게 문을 나섰습니다.

가끔 아침 먹을 시간이 급할 때에는 제가 들고 다니며 먹여주기도 하는데 은규는 언제나 날름날름 잘 받아먹습니다. 오늘은 채소를 먹이려고 어제 먹다 남은 쌈채소에 불고기와 쌈장을 넣어 두 번을 싸 주었더니 맛있게 먹더군요. 저는 이런 은규가 귀엽습니다. 그 나이에 아빠가 먹여주는 밥을 받아먹기 쉽겠습니까. 그런데 은규는 아빠가 주는 밥이라면 언제나 좋아합니다. "오늘도 풀밭이다"라고 인상을 쓰긴 하지만 그래도 잘 먹습니다. 아빠 말대로 하니 그 괴롭던 아토피가 없어졌잖아요. 그러니 믿을 수밖에 없지요.

그 나이에는 다 그렇지요. 아빠의 밥상에 감동해 눈물 흘린다면 그 나이가 아니죠. 그러기에는 아직 수십 년의 세월이 필요하지요. 저는 분명히 은규가 제 자식을 밥 먹여 키우면서, 가고 없는 아빠를 그리워하며 눈시울을 붉힐 거라 생각합니다. 사랑이 대물림될 것이라고 확신합니다. 사랑의 대물림이 인간이 세상을 아름답게 만드는 가장 좋은 방법이 아닐까요?〉

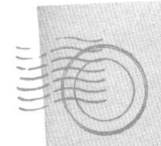

이은규 군, 그 후 어떻게 지내고 있어요?

은규 군은 인터뷰 당시 말했던 대로 2013년 11월 전교 학생회장 선거에 출마하여 회장에 선출되었다. 학생회장 출마 당시 내건 공약을 실천하기 위해 봉사활동부를 만들어 활발히 활동하는 등 나날이 성숙해진 모습을 보이고 있다. 여전히 토플 공부에도 여념이 없어서, 요즘은 토플 학원에 다니면서 새벽까지 도서관에 있을 때도 많다고 한다.

자녀와 관계회복을 원한다면 화내면 안 돼요!

❶ 절대로 화내지 마세요!

부모와 자녀 간의 원만한 관계를 위해 가장 중요한 것은 화를 내지 않는 것이다. 화가 날 수 있는 상황을 시뮬레이션하면서 화를 삭이는 훈련을 하고, 그래도 도저히 화를 참지 못하겠다면 차라리 자리를 뜨는 것이 낫다. 속으로는 아무리 끓어올라도 표정과 행동에 나타나면 안 된다. 아무리 화가 나도 부모로서의 책임을 피하지 않는다. 감정과 상황은 별개다. 감정이 상했다고 평소 부모의 역할을 소홀히 하면 부모와의 신뢰가 깨진다. 어떤 상황에서도 아이를 팽개치지 않고 끝까지 책임진다는 모습을 보여야 한다.

❷ 부모가 다 짊어지려고 하지 마세요!

아이를 변화시킬 수 있는 스승은 부모 말고도 주변에 널렸다. 선생님, 동네 어른, 할머니, 친척, 친구 등. 부모는 아이를 교정하는 존재가 아니다. 부모의 훈육으로 자녀가 바뀐다면 세상에 문제아는 없을 것이다. 잘못된 행동이 있어도 당장 아이의 행동 변화를 강요하고 확인하려고 하면 안 된다. 뜻하지 않은 사람이 생각지도 않은 곳에서 아이의 스승이 될 수 있다.

❸ 학생은 공부를 잘해야 한다는 고정관념을 버리세요!

자녀와의 관계가 깨지는 가장 큰 원인은 성적이다. '학생은 공부를 잘해야 한다'는 고정관념이 아이와 부모를 둘다 힘들게 한다. 아이의 마음이 편하고 정서적으로 안정되면 공부는 언제든 다시 시작할 수 있다. 공부로 성공하는 사람은 1퍼센트도 되지 않는다. 학생은 공부를 잘해야 하고, 열심히 해야 한다는 생각을 버리자. 정서적 안정, 성숙한 인성, 다른 사람들과의 사회화가 더 중요하다.

❹ 자녀를 어린 아이가 아닌 부모와 대등한 존재로 대하세요!

지혜로운 아버지는 자녀를 대등하게 대하고 미성숙한 아버지는 자녀를 어린 아이로 대한다. 자녀는 부모가 대우하고 생각한 만큼 자란다. 아이로 대하면 아이가 되고, 어른으로 대하면 어른이 된다. 그러므로 중·고등학교 때부터 서서히 아이를 대등한 인격으로 대하는 연습을 해야 한다. 자녀와 우정의 관계를 잘 맺은 부모는 노년이 되었을 때 장년의 자녀에게 존중받는다. 어린 시절 인격으로 대우받은 자녀는 힘 빠진 노년의 부모를 인격적으로 대한다.

❺ 문제아는 없다, 문제부모만 있을 뿐!

아이는 부모의 거울이다. 아이는 부모의 행동 하나하나, 말투 하나하나를 그대로 보고 배운다. 부모의 감정을 있는 그대로 받아들이고 반응하는 것이다. 아이를 키우는 것은 부모도 함께 배우고 경험하며 자라는 과정이다. 자녀는 부모의 스승이다. 아이는 부모가 고민하는 만큼 자란다. 성숙한 부모가 성숙한 자녀를 만든다.

여행에서 길을 찾다

소통불가 엄마와 딸의 38일간 산티아고 여행,
"같은 고통을 나누는 시간, 믿을 사람은 서로밖에 없었다."

서로에게 의지해
길을 걷다

금융컨설턴트 박윤희 씨와
무역사업가를 꿈꾸는 딸 박정현 양

사진·본인 제공

완벽주의자 엄마와 조금 느린 딸

어머니와 딸의 갈등은 깊었다. 연세대를 나와 금융컨설팅회사 대표로 일하는 어머니 박윤희(50) 씨는 완벽주의자다. 진취적이고 준비성이 철저한 어머니는 딸 역시 자신의 계획대로 착착 따라와 주길 바랐다. 하지만 딸 박정현(22) 양은 달랐다. '왜 저렇게까지 살아야 하나'라는 회의감이 들면서 어머니의 모든 말이 잔소리로 들렸다. 외고를 나왔지만 원하는 대학에 가지 못하면서 딸의 불만은 절정에 달했다. 닮은꼴 둘은 지는 걸 싫어해 한번 싸우면 끝을 보았다. 딸은 그런 어머니를 아예 피했다. 세상을 바라보는 시각도 점점 삐딱해졌고, 급기야 대학을 포기하겠다고 선언했다. 어머니는 극약처방을 제안했다. 산티아고로 떠나는 단둘만의 여행.

그렇게 산티아고 여행은 모녀를 송두리째 바꾸어놓았다. 둘은 자신들의 삶을 '산티아고 전과 후'로 나누어 말한다. 어머니는 자식이 내 인생의 종합성적표인 것 같아서 아이의 앞에서 따라오라고 채근했는데, 이제는 아이 뒤를 묵묵히 따라가는 법을 알게 되었다고 말했다. 무엇보다 달라진 것은 딸 정현 양이다. "예전에는 엄마와 반대로 가려고 했어요. 엄마가 무슨 말을 해도 자식 잘 키워서 편하게 살아보려는 부모의 욕심으로 보였는데, 지금은 아니에요. 진심으로 나를 위하는 말이라는 걸 알겠어요."

어머니를 향한 마음의 문을 열면서 딸의 삶이 달라졌다. 현실에 만족하지 못했던 정현 양은 주어진 상황에서 최선을 다하는 법을 배웠다. 대학(아주대 정치외교학과)에서 공부를 열심히 하게 되었고, 동아리 리더를 하는 등 무슨 일이든 적극적으로 하게 되었다. 또한

'해외연수 장학생'에 선발되어 베트남으로 유학도 가게 되었다.

산티아고의 무엇이 모녀를 변화시켰을까? 프랑스 남부에서 피레네산맥을 넘어 스페인 산티아고까지 38일간 800킬로미터를 걷는 산티아고 순례길, 아는 사람 하나 없는 낯선 곳에서 의지할 사람이라고는 서로밖에 없었다. 발바닥 여기저기에 물집이 터지고 온몸이 쑤시는 여정을 한걸음 한걸음 내딛으면서 둘은 목표를 공유했고 고통을 나누었다. 몸이 힘드니 짐도 무거웠다. 아침에 일어나면 오늘은 또 무엇을 버릴지를 의논했다. 모자도 찢어버리고 비누도 반 토막 내어 버렸다. 예쁜 기념사진을 찍는 것은 사치였다.

"정현이와 함께 걷다 보면 어느 순간 앞서서 걷게 되더군요. 얼마나 따라왔나 뒤돌아서 아이와의 거리를 확인하고요. 순간 '아, 정현이와 나와의 관계가 이랬구나…… 나란히 걷지 않고 늘 앞서 걸으면서 빨리 따라오라고 재촉했구나' 하는 깨달음이 왔어요(어머니)."

엄마도 힘들고 아플 때가 있다

"가장 기억에 남는 건 엄마가 힘들어 하며 누워 있는 모습이었어요. 강하고 씩씩한 분인 줄만 알았거든요. 그런데 나중에는 엄마가 저보다 더 힘들어 하면서 식사도 못하고 누워 계셨죠. 충격이었어요. 엄마의 그런 모습을 처음 봤거든요. '아, 엄마도 힘들고 아프구나'라는 걸 알았죠(딸 정현 양)."

산티아고에서 딸은 어머니를 한 인간으로서 찬찬히 보게 되었다. 외할머니에게 제대로 된 사랑을 받아보지 못해 사랑하는 법을 모르는 한 여자가 보였다. 측은지심이 생겼다. 정현 양은 "그때부터 엄마에게 서서히 마음의 문을 열게 되었어요"라고 말했다. 서먹했던 모녀는 산티아고에서 둘도 없는 편한 사이가 되어 돌아왔다. 박씨는 떠나기 전 일기에 〈딸과 함께한다는 사실이 두렵다. …… 딸과 나는 같은 언어로 이야기할 수 없을 것이다. 다르다는 것에서 오는 거리감은 혼자 걷는 것 이상의 외로움과 고독함을 줄 것이다〉라고 적었다. 딸 역시 "엄마와 단둘이 있어본 적이 없어서 처음에는 아주 불편했어요. '친구와 함께 갔으면 얼마나 즐거웠을까'라는 생각을 자주 했지요"라고 말했다. 그러나 다녀온 후 둘은 마음의 거리가 확 줄었다. 서로 비슷해서 부딪쳤던 둘은 이제는 비슷해서 잘 통한다. 여행 전 박씨는 이야기 상대가 필요하면 남편(협성대 박승인 교수)을 카페로 불러냈으니 이제는 딸을 부른다.

정현 양은 세상을 보는 시각이 180도 달라졌다. "예전에는 엄마의 열정과 진취적인 면이 싫었는데, 지금은 엄마의 열정 덕분에 제가 이만큼 왔다는 걸 알게 되었어요. 엄마는 나의 액셀러레이터에요. 이제는 엄마의 말이 잔소리로 들리지 않아요. 왜 공부를 해야 하고, 왜 리더가 되어야 하는지 등을 엄마가 이야기하면 마음에 와 닿아요. 제 자신도 신기해요. 예전에는 내 생각만 들리고 엄마의 말은 튕겨 나갔거든요. 엄마의 말이 들리니까 세상이 밝아 보여요." 자신의 소질을 알아보고 이끌어준 어머니에 대한 감사의 마음이 생긴 것이다.

박씨는 아이가 지나치게 일찍 하나의 길을 정해놓고 가는 것을 경계한다. 정현 양이 어려서 "엄마, 나 커서 뭐해?"라고 물으면 그는 "그걸 왜 지금 정해? 네가 컸을 때에는 세상이 달라져 있을 거야"라고 말했다. 그리고 딸의 성격과 소질을 면밀히 관찰했다. 소통능력이 뛰어나고 리더십이 있으며 타인에게 신뢰감을 주는 딸의 장점을 발견했다. 박씨는 딸이 고등학생일 때 이렇게 제안했다. "너는 사람을 모으고 설득하는 능력이 뛰어나니 무역을 하면 잘할 거야. 앞으로 중국의 영향력이 커질 테니 중국어를 필수로 배우고 동남아에서는 베트남의 성장세가 가파르니 베트남어도 배워 두면 좋겠구나." 영어와 중국어, 베트남어에 능통한 정현 양은 어머니 말대로 무역업을 하고 싶어 한다. 10년 내에 자신의 이름을 건 사업을 하고 싶다고 말하며, "인터넷 포털사이트에 가수 박정현보다 내 이름이 먼저 나오는 게 꿈이에요"라고 웃었다.

아이의 마음부터 열기

박씨는 현재 주업인 금융컨설팅을 하면서 틈틈이 교육 관련 칼럼을 쓰고 강연도 한다. 다녀온 후 책도 두 권 냈다. 모녀가 함께 쓴 산티아고 일기인『딸은 엄마보다 한 발짝 느리다(웅진지식하우스)』와『엄마 경제학교(상상너머)』다. 그는『엄마 경제학교』는 돈을 버는 법이 아니라, 돈을 왜 벌어야 하는지를 담은 책이라며 "자본의 논리에 휩쓸려 좋은 학교와 고액 연봉이 최고인 줄 알았던 엄마가 그게 아니라는 걸 깨달은 후 쓴 경제반성문"이라고 말했다.

박씨는 "엄마의 열정이 아이에게 부담을 줄 수 있다는 걸 깨달았어요. 정현이에게 많이 미안해요. 다시 돌아갈 수만 있다면 엄마로서의 열정은 다 내려놓고 그저 지켜봐주는 엄마가 되고 싶어요"라고 했다. 그는 또 "자연에서 살면서 아이에게 풀과 꽃을 많이 보여주고 싶어요. 정현이에게 시간을 주고 싶어요. 비는 시간이 있어야 창조적인 생각이 나온다는 걸 알았습니다"라고 말했다.

모녀의 산티아고 소통 여행은 성공 케이스로 널리 회자됐다. 모녀를 따라 여행길에 오른 사람도 꽤 있다. 정현 양의 대학 선배는 모녀가 7박8일 지리산 등반을, 박씨의 고객은 부자가 한 달간 산티아고 여행을 다녀왔다. 모두 만족도가 높았다고 한다. 정현 양은 "멀든 가깝든, 짧든 길든 모녀간 혹은 부자간 단둘이 시간을 보내는 것이 중요한 것 같아요"라고 말했고 박씨는 이렇게 말했다.

"자식을 이끌려고 하기 전에 부모의 말을 받아들일 수 있도록 아이의 마음을 여는 게 중요합니다. 아무리 금과옥조 같은 말도 받아들일 수 없으면 아무 소용이 없잖아요. 우리 모녀는 산티아고 여행으로 소통의 계기를 마련했습니다. 다녀온 후에는 아무리 부딪쳐도 아프지 않아요. 끝없이 펼쳐진 길 위에서 고통을 나눈 게 전부거든요. 우리는 그곳에서 특별한 대화를 하지 않았어요. 그저 서로에게 의지하며 걸었을 뿐입니다."

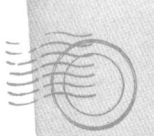

박정현 양, 그 후 어떻게 지내고 있어요?

정현 양은 영어, 중국어, 베트남어 오픽 시험에서 거둔 우수한 성적을 바탕으로 무역 관련 업종에 취업하기 위해 준비 중이다. 박윤희 씨는 정현 양과의 사연 많던 시간을 통해 정현 양의 모습을 있는 그대로 편안하게 지켜봐주고 존중하는 법을 터득했다고 한다.

단둘이 시간을 갖는 게 중요합니다!

❶ 꼭 산티아고가 아니어도 좋아요!
40여 일간 부모와 자식이 동시에 시간을 낸다는 건 현실적으로 쉬운 일이 아니다. 그러니 여행을 계획한다면 반드시 먼 곳으로 길게 떠나지 않아도 된다. 중요한 것은 단둘만의 시간을 갖는 것이다. 어머니와 딸, 아버지와 아들 등 동성끼리 주말을 이용한 여행만으로도 관계 회복의 계기가 될 수 있다.

❷ 럭셔리 여행은 No! 고통이 수반된 여행을 하세요!
같은 고통을 나누는 것이 중요하다. 패키지여행이나 자동차를 가지고 떠나는 여행보다 배낭여행이나 험한 코스를 택해 버스나 자전거 등을 이용하는 여행을 권한다. 특히 한 걸음 한걸음 단둘이 함께 걷는 시간을 많이 가져 보길 추천한다. 보폭 확인을 통해 둘의 관계를 돌아보는 시간이 될 것이다.

❸ 관계가 좋지 않다는 것을 인정하세요!
드러나지 않는 갈등이 더 위험하다. 표면적으로 갈등이 드러나면 문제의 심각성을 인식하고 해소하려 하지만 그렇지 않은 경우 갈등이 고착화되기 때문이다. 자녀가 부모의 모든 말을 잔소리로 듣는다면 소통이 되지 않고 있다는 증표다. 이 경우 서로간에 소통에 문제가 있다는 것을 순순히 받아들여야 한다.

❹ 여행지에서 억지로 소통하려고 하지 마세요!
극적 효과를 기대하지 마라. 평소에도 소통 불가 사이가 여행지에서 갑자기 대화가 술술 풀릴 리 만무하다. 섣불리 갈등 해소를 위한 대화를 시도하다가는 오히려 역효과가 날 수 있다. 낯선 공간에 단둘이 있다는 것만으로 충분하다. 믿을 사람은 서로밖에 없다는 상황이 평소와는 달리 친밀감을 갖게 할 것이다.

❺ **역할 분담을 분명하게 하세요!**
자녀에게 여행 스케줄을 짜게 한다든지, 여행지에서 회계 담당을 시키는 등 여행에 적극 동참시켜라. 부모와 자식이 평등한 동반자라는 인식이 들도록 말이다. 단 역할을 맡겼으면 자녀의 결정을 믿고 따라주어야 한다. 서투르고 모자라더라도 타박하지 않는 인내심을 발휘해야 한다. 부모 마음대로 휘두른다면 관계가 더 악화될 것이다.

❻ **각자 여행일기를 써보세요!**
부모는 부모 입장에서, 자녀는 자녀 입장에서 매일 밤 여행일기를 써보는 것이 좋다. 같은 곳을 보고 느낀 생각과 감성을 쓰다 보면 현장에서 놓친 것을 깨달을 수 있다. 이는 평소 말로 표현하지 못하는 서로에 대한 속마음을 고백하는 계기가 될 것이다. 단 여행 전 합의가 중요하다. 강제로 쓰게 하면 스케줄 요약본 같은 여행기가 될 수 있기 때문이다.

멘토에서 길을 찾다

매년 아들의 생일선물로 명사 초청 식사를,
성공한 멘토를 보면서 꿈을 키운 아들

생일선물 대신
멘토와의 식사를

서용순 이지출판 대표와
약학전문대학에 진학한 아들 안상욱 군

일하는 엄마의 특별한 생일선물

일하는 어머니와 외아들이 있다. 출판사 대표인 어머니는 늘 바빴고 아들은 혼자 보내는 시간이 많았다. 아들이 사춘기에 접어들면서 부모 역할에 한계를 느낀 어머니는 특별한 생일선물을 마련했다. CEO, 의사, 약사, 예술가 등 다양한 직군으로 구성된 명사를 아들의 멘토 자격으로 초청하여 식사 대접을 한 것이다.

초청한 이들에게 어머니는 다만 '아들을 데리고 가니 좋은 말씀 한마디씩 부탁드린다'라고만 했다. 자신을 위해 한자리에 모인 쟁쟁한 멘토 군단에 아들이 부담을 느낄 것을 우려해서였다. 멘토 군단은 경륜과 지혜가 담긴 덕담을 건넸고, 이 덕담을 중·고등학생 시절 내내 먹고 자란 아들은 훌쩍 자라 약대 진학을 목전에 두고 있다.

이지출판 서용순 대표와 동국대 생명과학과에 재학 중인 안상욱(25) 군의 이야기다. 이지출판은 허태학 전 삼성석유화학 대표이사의 『마음을 얻어야 세상을 얻는다』, 이종규 전 롯데햄 대표이사의 『나는 하루하루를 불태웠다』 등을 펴낸 인문사회 분야 전문 출판사다. 30년째 출판계에 몸담고 있는 서씨는 8년 전 이지출판을 창업하여 안정적으로 꾸려오고 있고, 상욱 군은 약학대학 입문자격시험(PETT)에서 우수한 성적을 거둬 곧 약대에 진학할 예정이다.

이들 모자가 보여주는 건 일하는 어머니가 외아들을 키우면서 좋은 어머니가 되기 위해 치열하게 고민하고 해결방안을 찾아간 과정이다. 자녀의 유년 시절, 사춘기, 수험생 등 인생의 굵직한 갈림길에서 맞닥뜨리는 난관이 얼마나 많은가! 모든 부모가 예외 없이 겪는 일이지만, 오랜 시간이 흐른 후에야 뒤늦게 해법을 알아차리고 애

석해하는 경우가 많다.

롤모델은 인생의 방향타가 되어준다

한번 지나간 시기는 다시 돌아오지 않기에 시행착오가 허용되지 않는 자녀교육, 후회나 시행착오를 최소화할 수 있는 방법은 없을까? 어머니는 그 해답을 '인생의 롤모델이 되는 멘토'에서 찾았다. 각계각층에서 자신만의 노하우를 쌓은 경륜 있는 인생 선배들, 그들의 금과옥조 같은 조언은 아들뿐 아니라 자신에게도 해답 없는 인생살이에 나침반이 되리라고 믿었다. 그는 "부모의 힘만으로는 부족하다는 걸 알았습니다"라며 이렇게 말했다.

"아이를 키우면서 고비마다 힘에 부쳤어요. 누구나 그렇지만 부모 노릇이 처음이었기에 어떻게 해야 할지 모르겠더군요. '부모 자격증 있는 사람이 아이를 키워야 하는 게 아닌가' 하는 생각이 들 정도로 힘든 시기였어요. 우연히 책에서 '롤모델'이라는 단어를 보고 이거다 싶었어요. '인생에 롤모델이 있으면 방향타가 되어줄 수 있겠구나' 하는 생각이 들었죠."

롤모델 군단을 꾸리는 데에는 30년 동안 출판계에서 다져온 인맥이 큰 자산이 되어주었다. 특히 저마다의 성공드라마를 써온 필자들은 모두 멘토가 될 자격이 충분했다. "지인들을 모시고 식사를 대접하고 싶습니다. 아들도 데리고 가니 좋은 말씀 부탁드려요"라는 그의 요청을 거절하는 멘토는 없었다. 하나같이 흔쾌히 응했다.

식사자리에 초청된 멘토들은 서로 모르는 사이였지만 '상욱 군을 위한 덕담'이라는 주제로 응집력 있는 대화를 나누었다. 각기 해당 분야에서 내로라할 만한 멘토들은 경험과 연륜에서 우러나는 진심 어린 덕담을 아끼지 않았고, 이 덕담들은 차곡차곡 상욱 군의 몸과 마음에 쌓여갔다. 한번에 초청된 멘토 군단은 7~8명, 상욱 군이 중학교 1학년 때 시작하여 고등학교 2학년 때까지 이어져 그간 30명 정도의 멘토가 초청됐다. 멘토는 고정된 게 아니라 매년 바뀌는데, 개중에는 5년 내내 한 차례도 빠짐없이 초청된 멤버도 있다.

한번 멘토는 영원한 멘토

서씨는 한번 멘토는 영원한 멘토라고 말했다. 한번이라도 상욱 군의 멘토 자격으로 식사자리에 초청된 이들은 늘 상욱 군의 성장 과정에 관심과 애정을 보이고 있기 때문이다. 상욱 군이 중학교를 졸업할 때, 고등학교에 입학할 때, 대입 수능을 앞둘 때 등 인생의 크고 작은 분기점마다 멘토들은 관심을 가지고 상욱 군을 응원해주었다.

서씨의 30년 지기이자 CEO인 한 멘토는 상욱 군에게 종종 이메일을 보내고 손편지를 써준다. 서씨가 그 멘토에게 오늘 인터뷰 이야기를 하자 "캬~ 인터뷰거리 된다" 하면서 메모 한 장을 건넸다고 한다. 그가 5년간 상욱 군에게 건넨 조언을 요약한 것인데 '너는 할 수 있다는 무한 신뢰' '성과는 노력의 양과 정비례' '어머니는 Think helper(생각 도우미)의 역할을 해야, 지시 강요보다 더 효과'라는 말이 적혀 있었다.

상욱 군이 약사로 진로를 정한 후에는 약사로 재직 중인 멘토가 든든한 지원군으로 나섰다. 약사로 사는 삶에 대한 실질적 조언을 해주고, 약학대학 입문자격시험을 앞두고는 출제경향 분석 자료를 구해다 주기도 했다.

멘토 초청 식사 대접은 상욱 군의 성장 과정에 어떤 효과가 있었을까? 1년에 단 한 번, 총 다섯 차례에 불과한 자리였지만 상욱 군에게 끼친 영향력은 컸다. 우선 어머니에 대한 무한 신뢰를 갖게 되었다. 상욱 군의 말이다.

"식사 자리에 모인 분들의 면면이 대단했어요. '와~ 이렇게 대단한 분들을 어떻게 한자리에 모으셨지?' 하는 생각이 들면서 엄마가 존경스러웠죠. 또한 엄마에 대한 서운함도 줄었어요. 책임감이 크고 일을 즐기면서 하는 엄마를 존경은 했지만, 한편으로는 일에 몰두해 있는 엄마를 보면서 서운하기도 했거든요. 그런데 멘토 분들이 '너희 어머니는 일을 하시면서도 늘 네 생각이 우선이야' 하는 식으로 말씀해주셨죠. 보이지 않는 곳에서도 제 생각을 하신다는 걸 알게 됐어요. 엄마에게 직접 듣는 것보다 더 기분이 좋았어요."

나도 누군가의 멘토가 되고 싶다

또 하나, 엇나감 방지 효과도 있었다. 상욱 군의 말이다. "쟁쟁한 분들이 나의 성장과정을 관심 있게 지켜보고 있다고 생각하니 막 나갈 수 없었어요." 멘토라는 존재 자체가 보이지 않는 자력이 된 셈이다. 어머니가 아들의 인성을 특히 높이 사는 데에는 멘토의 역할이 컸다. 서씨는 "어려서부터 남에게 폐를 끼치지 말라고 강조했어요. 멘토들과의 만남을 통해 강화된 것 같아요. 그래서인지 상욱이는 어딜 가나 외둥이 같지 않다는 말을 들어요"라고 했다.

꿈의 크기도 커졌다. 서씨는 멘토 초청 식사를 위해 최고의 식당을 골랐다. 강남의 고급 한정식 전문점일 경우가 많았다. 식비가 만만치 않았지만 서씨는 "이것보다 더 멋지게 돈을 쓰는 경우가 또 어딨겠어요?"라며 기분 좋게 웃었다. 옆에서 가만히 듣고 있던 상욱 군은 "그 고급 음식이 입으로 들어가는지 코로 들어가는지 몰랐어요"라고 회상했다. 겉으로는 태연한 듯했지만 자신만을 위해 마련된 식사 자리가 부담스러운 것은 당연했다.

"식사를 끝내고 강남의 고층빌딩 숲 한가운데에 서서 엄마와 함께 버스를 기다리던 기억이 납니다. 고급 음식을 먹으면서 성공한 분들이 해주시는 좋은 말씀을 듣고 나오면 가슴이 벅차올랐죠. 성공한 멘토들을 보면서 '나도 저런 사람이 되고 싶다. 잘 자라서 누군가의 멘토가 되고 싶다'는 생각을 했어요."

엄마에게도 긍정적 에너지

멘토 초청 식사 대접은 서씨에게도 긍정적인 에너지가 되었다. "상욱이에게도 저에게도 큰 도움이 되었어요. 좋은 멘토를 초청하려면 내가 먼저 좋은 사람이 되어야 했으니까요. 아이에게 롤모델이 될 만한 사람을 만나게 해주려면 인간관계가 중요해요. 다양한 분야의 사람을, 게다가 그 분야에 대한 이해와 철학이 깊은 분을 만나게 해주는 것이 중요하죠. 그런 분을 개인적인 식사 자리에 초청해 '내 아이를 위한 조언 한마디'를 부탁하는 것이 쉬운 일은 아니에요. 자연스럽게 부탁하려면 평소에 관계를 잘 다져야 해요. 원론적으로 부모의 삶이 중요합니다. 저 역시 멘토 초청 식사 자리를 마련하면서 더 꽉 찬 사람이 되려고 노력했어요. 좀 더 일찍 이런 자리를 마련했으면 하는 아쉬움이 듭니다."

이런 뒤늦은 깨달음 때문에 서씨는 '멘토 초청 식사' 전도사가 되었다. 사석에서 자녀교육 이야기가 나올 때마다 "멘토와의 식사 자리를 마련해주세요. 어릴 때부터 시작할수록 좋아요. 멘토가 되는 롤모델을 일찍 만나게 해주면 그 사람의 인생을 보면서 빨리 적성을 찾을 수 있습니다"라는 이야기를 한다. 주위의 반응은 열광적이다. 그를 벤치마킹한 지인도 여럿이다. 멘토로 왔던 사람이 자신의 아이를 위해 비슷한 자리를 마련한 경우도 있다. 초청된 한 지인은 "정말 좋은 아이디어에요. 어떻게 이런 생각을 하셨어요? 나도 진즉 이렇게 했으면 우리 아이를 다르게 키울 수 있었을 텐데 아쉽네요"라며 눈물까지 보인 경우도 있다.

서씨가 자녀교육에서 중시하는 것은 어머니가 '생각 도우미(Think helper)'가 되어야 한다는 것이다. 어머니가 내린 결론을 바탕으로 지시나 강요를 하지 말고 스스로 자신의 길을 찾을 수 있도록 생각을 이끌어주라는 뜻으로, 상욱 군의 멘토가 내내 강조한 말이기도 하다. 그래서 서씨는 아들에게 공부하라고 채근한 적이 없다. 중·고등학생 때 공부는 하지 않고 팽팽 노는 아들을 그저 기다려주었다. 명문 대학 진학을 인생 최고의 목표로 삼는 극성엄마들을 보면 불안했지만, 결국은 자신의 교육법이 옳았다고 말했다.

꿈을 찾으면 아이는 달라진다

군대에서 약제병을 하면서 뒤늦게 간절히 하고 싶은 것을 찾은 상욱 군은 제대 후 약학 공부에 무섭게 몰두했다. 그는 "공부가 진짜 재미있어서 미친 듯이 했습니다. 태어나 처음이었어요. 원래 계획적인 편이 아닌데 어느 순간 '계획의 왕'이 되었습니다. 스스로 정한 일간 계획을 단 하루도 어긴 적이 없어요. 8개월간 30권이 넘는 노트 필기를 했으니까요."하며 뿌듯해했다. "꿈을 찾으면 사람이 달라진다는 말이 진짜 실감이 나요."라는 말도 했다.

상욱 군의 목표는 약사가 된 후 제약회사를 차리는 것이다. 그는 "꿈이 거창하죠?"라고 되묻더니 따뜻한 시선으로 어머니를 바라보며 이렇게 말했다. "꿈을 이루려면 투자자들로부터 자본을 모아야 하는데, 그러려면 엄마처럼 '좋은 사람'이라는 소리를 듣도록 잘 살아야 할 것 같아요. 그래야 좋은 인맥을 맺을 수 있으니까요."

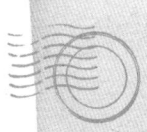

안상욱 군, 그 후 어떻게 지내고 있어요?

약학대학 입문자격시험에서 우수한 성적을 거둔 상욱 군은 재학 중인 동국대 약학과에 합격했다. 지방 명문 약대에도 수석 합격했으나 모교를 택했다. 4년 장학금을 포기하는 대신 "이곳에서도 장학금으로 보답하겠습니다!"라고 부모님께 선언했다. 이제 그는 어머니 서용순 대표가 삶을 통해 보여준 인맥 관리법을 배우면서 '미래의 제약회사 CEO'로 한발을 내딛고 있다.

어머니 서용순 씨의 Tip

멘토 초청 식사는 일찍 시작할수록 좋아요!

❶ 현실 속 멘토는 위인전보다 강력합니다!

롤모델이 되는 멘토는 꿈을 이루는 추동체가 된다. 한 분야에서 일가를 이룬 사람은 해당 분야에 대한 자부심과 자신만의 뚜렷한 인생관이 있다. 그런 사람과의 만남은 위인전 100권을 읽는 것보다 더 강력한 영향력을 아이에게 심어줄 수 있다. 역사 속 위인과는 상호작용이 불가능하지만 살아있는 멘토는 상호작용이 가능하기 때문이다. 그런 사람이 자신을 관심 있게 지켜보고 있다는 것은 보이지 않는 에너지가 된다.

❷ 다양한 직업군의 멘토를 초청하세요!

멘토 군단은 직업 탐색의 기회가 된다. 아이에게 교사, 의사, 약사, 예술가, 엔지니어 등 다양한 직군의 멘토를 만나게 하는 것이 좋다. 어떤 책을 읽느냐에 따라 한 사람의 사고방식이 결정되듯, 어떤 사람을 만나느냐에 따라 인생의 진로가 달라질 수 있다. 멘토 초청 식사는 어릴 때 시작할수록 좋다. 롤모델이 되는 사람을 일찍 만나면 그만큼 빨리 적성을 찾을 수 있다.

❸ 부모는 생각 도우미(Think helper)가 되어야 합니다!

부모가 아이의 인생 전반을 좌지우지한다는 생각은 버려야 한다. 부모의 가장 중요한 역할은 내 아이가 좋아하고 잘하는 것을 찾도록 도와주는 것이다. 그러기 위해서는 부모가 일방적으로 내린 판단으로 '이래라 저래라' 강요하면 안 된다. 자녀가 인생의 크고 작은 난관을 만날 때마다 부모가 해결책을 던져주지 말고, 아이 스스로 최선의 해결책을 찾을 수 있도록 생각 도우미가 되어야 한다. 부모의 지시로 움직이는 아이는 수동형 인간이 되거나 반항아가 될 확률이 높다.

동기부여에서 길을 찾다

산만한 문제아,
아버지의 전폭적 지지로 카레이싱 최고 유망주가 되다

목표가 생기면
아이의 삶이 달라진다

서지훈 KT파워텔 상무와
F1 유망주 아들 서주원 군

중학교 2학년 때 레이싱계에 입문

 서주원(19, 중앙대 유럽문화학부) 군은 국내 최연소 F1(포뮬러 원) 코리아 그랑프리 홍보대사다. 그는 중학교 2학년 때 레이싱에 입문, '꼬마 포뮬러'라 불리는 카트대회에서 국내 카트대회 최다 우승(8회), 코리아 카트 챔피언십 최연소 우승(2009), 한국모터스포츠 대상인 글로벌 드라이버상을 수상(2011)했다. 운전면허증이 없는 미성년자의 경우 카트로 레이싱계에 입문하는 경우가 많다. 레이싱의 황제 미하엘 슈마허, 2013년 F1 그랑프리 레이서 세바스티안 페텔도 카트를 먼저 탔다. 국내 최연소 레이서로 데뷔한 주원 군은 F1 드라이버 유망주로 꼽힌다. 전 세계에서도 F1 드라이버는 24명뿐, 국내에서 F1 드라이버가 배출된 경우는 아직 없다. 주원 군의 꿈은 한국인 최초 F1 드라이버가 되는 것이다.

 주원 군의 화려한 이력 뒤에는 아버지 서지훈(45) KT파워텔 상무의 눈물과 인고의 세월이 있다. 주원 군은 정신과 치료까지 받던 산만한 문제아였다. 아버지는 이런 외아들의 면면을 큰 문제로 인식하지 않았다. 오히려 인내심을 가지고 아들이 진정 좋아하는 것을 찾도록 도와주고 기다려주었다.

학교에서 요주의 인물

 부자의 인상은 완전 딴판이었다. 아버지는 부드러운 눈매에 말투가 인자했지만 아들의 눈매는 레이저라도 뿜어져 나올 듯 날카로웠다. 주원 군은 일본 나고야에서 열리는 로탁스 맥스 카트 대회 출전을 앞두고 예민해진 상태라 그렇다면서 "그래도 예전보다는 많이 부드러워진 편입니다"라고 말했다.

주원 군은 초등학생 때부터 요주의 인물이었다. 본인이 재미를 느끼지 않으면 눈과 귀를 막아버리는 편이라 수업시간이면 특히 집중을 하지 못했다. 선생님의 말은 외계어처럼 튕겨져 나갔고 툭하면 딴 짓을 했다. 주원 군 때문에 수업 진행이 힘들 정도였다. 싸움도 잦았다. 눈매가 매서워 쳐다보기만 했는데도 "왜 째려보냐?"며 주먹깨나 쓰는 아이들이 시비를 걸어왔다. 그의 부모는 학교 선생님에게 단골로 불려 다녔다. 아들은 정신과 상담도 받고 약도 먹어 봤지만 크게 나아지진 않았다. 주원 군의 아이큐는 129, 주위에서 머리 좋다는 얘기를 듣고 자랐지만 성적은 좋지 않았다. 주원 군은 "그때는 학교도, 수업도 재미없었고 하고 싶은 것도 되고 싶은 것도 없었을 때에요"라고 말했다.

그러다 중학교 1학년 때 삶이 변하는 결정적 계기를 만났다. TV에서 F1 경기를 중계하는 장면을 보게 된 것이다. 그 일은 그의 인생을 통째로 바꿔놓았다. "F1 머신이 굉음을 내면서 달리는데 눈을 뗄 수가 없었어요. 경기가 끝나고 F1 머신에서 카레이서가 내리는 걸 본 순간 '저거다' 싶었죠. 가슴이 막 뛰면서 그 선수의 기쁨과 환희가 제게 고스란히 전해지는 것 같았어요."

처음으로 목표가 생긴 그는 F1을 파고들었다. 부모를 설득하기 위해 방대한 자료를 모아서 들이밀었다. 서씨는 "주원이의 그런 모습을 처음 봤습니다. '중학교 1학년이 어떻게 이 많은 자료를 모았을까' 하는 생각이 들 정도였어요"라고 말했다. 하지만 단번에 허락하기는 쉽지 않았다. 당시 서씨는 《파이낸셜 뉴스》에서 정치부 기자로 일하고 있었다. 그는 아들을 위해 레이싱의 세계에 대해 샅샅이 취재했다.

"그 당시 주원이 또래 중에서 레이싱을 하는 아이는 국내에 두세 명밖에 없었어요. 그나마 카레이서나 자동차 정비업 관련 종사자의 자녀가 대부분이었죠. 주원이처럼 레이싱과 무관한 경우는 없었어요. 게다가 레이싱팀도 수원과 서울 잠실에 두 개밖에 없더라고요. 하지만 일단 시켜 보기로 했습니다. 집중력을 키우는 데 도움이 될 거라는 생각에서였죠."

0.001초로 승부가 가름 나는 카레이싱에서 잡념은 곧 사고로 이어진다. 그러므로 고도의 집중력은 필수다. 주원 군의 집중력을 기르기 위해 취미로 레이싱을 시켜도 괜찮겠다고 생각한 아버지는 카트 연습장과 가까운 경기도 용인으로 이사를 갔다. 그리고 주말마다 아들과 카트 연습장에서 하루 종일 보냈다. 아버지의 판단은 옳았다. 레이싱을 하면서 주원 군은 산만함이 줄고 집중력이 생겼다. "예전에는 가만히 있지 못해 쉴 틈 없이 두리번거리고 손장난도 심해서 휴대폰이라도 돌리고 있어야 마음이 놓였는데, 지금은 달라졌어요. 오랜만에 서울 친구들을 만나면 딴사람이 됐다며 놀라기도 해요(웃음)." 주원 군의 말이다.

원하는 꿈을 위해 공부도 열심히

아들의 꿈을 지지해주면서 아버지는 조건을 걸었다. 학교에서 문제를 일으키거나 영어 공부를 소홀히 하면 레이싱을 시키지 않겠다는 것. 이때부터 주원 군은 변했다. 과민성 대장 증후군이 있어 툭

하면 배가 아프다는 핑계로 학교에 가지 않던 그는 이후 학교에 빠지는 경우가 없었고 수업시간 집중력도 높아졌다. 주원 군은 "레이싱을 하면서 좋아하는 과목이 생겼고 인생 설계를 하게 되었습니다"라고 말했다. 아버지가 원하는 수준의 토익 점수도 받았다. 주원 군은 "제가 선택했기 때문에 스스로 책임을 져야 했어요. 시작할 때 주위에서 '공부하기 싫으니까 도피한다'며 수군댔거든요. 그게 아니라는 걸 보여주기 위해 이를 악물었어요"라고 말했다.

레이싱을 시작한 지 1년 만인 2009년, 주원 군은 코리아 카트 챔피언십에서 최연소 우승을 차지했다. 대개 시작한 지 5~6년 정도 되어야 우승할 수 있는 수준이 되기 때문에 주원 군의 우승은 레이싱계에서 화제가 되었다. 이후에도 2010년 코리아 카트 챔피언십 시즌 종합 챔피언, 2012 코리아 카트 개막전 등 두 번 연속 우승을 거머쥐면서 레이싱계의 일약 스타가 됐다.

큰 사각의 링만 벗어나지 마라

주원 군의 순발력은 아버지에게 물려받았다. 아버지는 야구 선수와 육상 선수 경험이 있다. 또한 주원 군의 타고난 운동신경은 이미 예전에 게임장에서부터 주목을 받았다. 서울 강남구 삼성동 코엑스몰 내에 있는 게임장에서 그는 이미 유명인이었다. 배틀로 진행되는 자동차 레이싱 게임에서 주원 군을 이길 사람이 없었다. 500원만 있으면 하루 종일 놀다오기도 했다.

아버지는 온종일 게임장에 있는 아들을 타박하지 않았다. 서씨는 "사각의 큰 링만 정해놓고, 그 링만 벗어나지 않으면 하고 싶은 것을 마음껏 하게 했습니다"라고 말했다. 스물여섯 살에 아버지가 된 그는 아들과 친구처럼 지낸다. 주말마다 스키장으로, 놀이동산으로, 동남아로 단둘이 놀러 다녔다. 서씨는 "나는 늦둥이입니다. 형들과는 달리 원하는 대로 하며 살게 해주신 아버지의 사랑을 받으면서 '이런 게 아버지구나' 하고 생각했죠. 저는 그보다 여건이 더 좋으니 아들에게 더 잘해주고 싶었어요"라고 말했다. 작고한 그의 아버지는 의사였고, 그의 두 형도 의사다.

지극정성으로 키운 아들이 학교에서 문제아가 됐으니 배신감은 없었을까? 그는 자신이 긍정적인 성격이기 때문에 한번도 큰 문제라고 생각하지 않았다고 했다. 주원 군은 "늘 저한테 헌신적인 아버지한테 감사하다는 말밖에는 할 말이 없어요"라고 거듭 말했다.

'아버지의 전폭적인 지지'라는 천군만마를 이미 얻었음에도 주원 군에게는 아직 남아 있는 문제가 더 있다. 국내 비인기 종목인 자동차 레이싱을 하면서 풀어야 할 과제가 한둘이 아니기 때문이다. 자동차 레이싱이 대한체육회나 생활체육회에 등록되어 있지 않기 때문에 대회 참가시 출결 처리가 되지 않고, 기업 후원이 없어 출전비를 자비로 충당해야 하는 어려움도 있다. 회당 출전비는 카트 레이싱은 350만 원, F1 레이싱 대회에는 3500~6000만 원 정도지만 국내 기업의 후원은 매우 미미하다. 주원 군을 크고 작은 대회에 출전시키느라 최근에는 집까지 팔았다. 서씨는 "일본의 도요타는 50년 전부터 레이싱 스쿨을 운영해 레이싱 꿈나무들을 양성하는데 국내 자동차기업의 레이싱 지원은 세계적으로 민망한 수준입니다"라며 서운해했다.

주원 군은 스스로 "카레이서의 꿈이 없었다면 지금쯤 어떤 사람이 되어 있을지 상상할 수 없어요"라고 말한다. 그 꿈의 추동체는 아버지 서씨다. 그는 아들의 꿈을 믿고 그 꿈에 날개를 달아주었으며 반대하는 주변인들을 설득해 방패막이 되어 주었다. 서씨는 이렇게 말했다. "사람은 누구나 자신만의 재능이 있습니다. 그 꿈을 발견할 때까지 기다리고 바라봐주는 것도 부모의 큰 역할입니다. 한 템포 늦더라도 조급해하지 마세요. 꿈을 찾았다면 아이는 반드시 스스로 앞을 향해 나아갑니다."

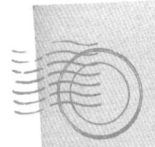

서주원 군, 그 후 어떻게 지내고 있어요?

주원 군은 2013년 4월 일본 나고야에서 열린 '2013 SL 코다 시리즈' 대회에서 우승을 차지했다. 일본 최상위급 카트대회에서 한국인 최초로 우승한 것이다. 이 외에도 총 8전 시리즈 중 4번 우승을 차지해 시즌 챔피언이 됐다. 국제 공인 실력을 바탕으로 올해 3월에는 프로팀 '인디고(현대성우계열 투어링카 레이싱 부문)'에 최연소 입단했다. 한국인 최초 F1 드라이버가 되는 꿈에 한발 더 다가선 것이다. 한편 아버지 서지훈 상무는 한화생명 홍보팀장으로 자리를 옮겼다.

간절한 꿈이 생기면 아이는 스스로 진화합니다!

❶ 산만한 아이, 뇌가 바빠서 그래요!
영재 중에는 산만하고 정서불안인 아이가 종종 있다. 이런 아이의 경우 호불호가 분명해 자신이 좋아하는 것을 할 때에는 무섭게 집중하지만 주입식 교육을 힘들어하기 때문에 수업시간에 집중하지 못하고 딴 짓을 많이 한다. 확실한 동기부여를 해주지 않으면 문제아로 낙인찍혀 낙오자가 될 수도 있다. 무조건 시키는 대로만 할 것을 강요하지 말고 먼저 아이의 특성을 파악하는 것이 중요하다.

❷ 누구에게나 특별한 재능은 분명히 있어요!
부모의 가장 큰 역할은 아이의 숨겨진 재능을 발견하고 지지해주는 것이다. 하고 싶은 것을 찾아내면 아이는 스스로 성장해 나간다. 그러므로 이 과정에서 아이에게 다양한 분야를 경험하게 하는 것이 중요하다. 사춘기 때의 경험은 매우 강렬하기 때문이다. 스포츠를 시키더라도 농구, 태권도, 수영 등 다양한 분야를 접하게 하는 것이 좋다.

❸ 조바심 내지 말고 기다려 주세요!
자신이 좋아하는 분야가 일찌감치 정해지는 아이도 있지만, 그렇지 않은 아이가 훨씬 많다. 언제쯤 관심 분야가 생길지 초조해하며 조바심 낼 필요 없다. 대기만성의 아이인 경우 부모가 닦달하면 오히려 엇나갈 가능성이 크다. 한 템포 늦더라도 그저 묵묵히 바라봐주는 것이 중요하다.

❹ 간절한 꿈이 생기면 아이는 급격하게 성장해요!

'이것 아니면 안 된다'는 간절한 꿈이 생기면 이때부터 상황은 간단해진다. 그러므로 아이가 좋아하는 것을 이루기 위한 꿈의 계단을 함께 만들어야 한다. 꿈은 꾸는 대로 이루어진다. 태양을 꿈꾸는 자는 달을 꿈꾸는 자보다 더 빨리 달에 도달할 수 있다. 그러므로 큰 꿈을 이루기 위한 단계별 목표를 설정하는 것이 중요하다.

❺ 큰 울타리를 만든 후 방목하듯 아이를 키우세요!

꿈을 이루기 위한 목표와 룰을 정했으면 그 외의 사소한 잔소리는 금물이다. 잔소리는 아이의 꿈을 작게 하고 관계만 악화시킨다. 아이가 존재조차 느끼지 못할 정도의 커다란 울타리를 만들고 방목하듯 키우는 것이 좋다. 허용범위는 넓게 하되 범위를 벗어났을 때에는 따끔하게 제재를 가하는 것이 중요하다.

❻ 부모는 자녀의 최후의 지지자임을 잊지 마세요!

어떤 경우에도 부모는 내 편이라는 절대적인 믿음을 자녀가 갖게 해야 한다. 부모와 합의한 꿈이 있으면 그 꿈의 무조건적인 지지자가 되어야 한다. 방해 요인이나 반대의견이 있으면 부모가 중간에서 방패막이 되어줄 필요도 있다.

가족여행에서 길을 찾다

가족의 '정서적 별거 상태' 회복을 위한
온 가족 545일의 세계 여행

여행을 통해 익힌
자기주도 학습능력

'가정과 교육 세움터' 대표 옥봉수·박임순 부부와
꿈을 향해 뛰는 아들 옥은택(오른쪽)·옥은찬 군

엄마는 성적을, 아빠는 생활습관을 강조

세상의 성공 잣대로 세 아이를 키우던 부부 교사가 있었다. 부모의 역할은 '자녀에게 최고의 교육을 시키는 것'으로 알던 어머니는 시험 한 달 전부터 시간표를 짜주며 성적 관리를 했다. 자녀교육 가치관이 다른 부부는 사사건건 언쟁을 벌였다. 성적을 우선시하는 어머니와 기본 생활습관을 우선시하는 아버지 밑에서 아이들은 양쪽으로 압박을 받았다. 세 아이는 어릴 적 밝은 모습을 잃었고 부모를 멀리하기 시작했다. 한 식탁에서 밥을 먹고 한 지붕 아래에서 잠을 잤지만 집은 하숙집처럼 변해갔다. 집에 오면 각자 자신의 방으로 쏜살같이 들어가기 바빴고 돈이 필요할 때에만 부모에게 다가왔다. 정서적 별거 상태였다.

3년 반 동안 고통의 시간을 보내다 부부는 문득 자문했다. "지금처럼 살면 1년 뒤에는 행복할까? 5년 뒤에는? 10년 뒤에는?" 답은 "노!"였다. 이대로는 안 되겠다는 자각이 든 부부는 승부수를 던졌다. 가족관계 회복을 위해 1년간 떠나는 세계여행, '아이들을 최고로 교육하는 것보다 행복한 가정을 만드는 것이 먼저'라는 판단에서였다. 부부는 22년간 몸담았던 교직을 그만두고 각각 고등학교 1학년과 중학교 3학년, 1학년이던 세 아이는 학교를 정리했다. 이 흔치 않은 실험에 아이의 친구들은 "뻥 치시네" 하며 믿을 수 없어 했다.

옥봉수·박임순 부부와 세 자녀 윤영(딸·24) 양, 은택(아들·23), 은찬(아들·21) 군의 이야기다. 2008년 9월에 떠난 여행은 예정 기간을 훌쩍 넘겨 545일이 되었다. 그간 33개국을 다녔다. 여행을 다녀온 지 3년이 지난 지금, 이 가족은 어떤 삶을 살고 있을까? 가족을 경기도 성남시 분당구 정자동에 있는 '가정과 교육 세움터'에서 만났다. 각자의 삶으로 분주해 주말에 겨우 시간을 맞출 수 있었지만, 안타깝게도 첫째 윤영 양은 강원도 홍천에 갑자기 일이 생겨 동석하지 못했다. 아버지 옥봉수 씨는 "말을 물가로 끌고 갈 수는 있어도 억지로 물을 먹일 수는 없지요"라며 "예전에는 일방적으로 지시하고 따르지 않으면 혼냈지만, 지금은 달라졌습니다. 부모가 줄 수 있는 게 많지 않다는 걸 깨달았죠"라고 말했다.

'진로 적성 상담센터' 운영

명예퇴직을 하면서 일시금으로 받은 퇴직금 2억 원 정도를 탈탈 털어 세계여행 비용으로 쓴 부부는 한국으로 돌아온 후 맨바닥부터 다시 시작했다. 현재 이들은 가족관계 회복 여행을 통해 얻은 깨달음을 다른 부모들에게 전파하면서 살고 있다. 전국 방방곡곡을 다니며 부모와 교사 대상 강연을 하고 '진로 적성 상담센터'를 운영한다. 종종 캠프도 열고 부모 코칭과 가족 기질 및 진로 상담도 한다.

어머니 박씨는 "한국의 교육 여건 때문에 부모와 자식 간의 관계에 금이 가는 경우가 많아요. 엄마의 교육 방식에 지쳐서 자식이 등을 돌리는 거죠. 자신의 모든 것을 아이의 교육을 위해 바친 엄마에게 '엄마가 나를 사랑한 적이나 있었냐?'며 차갑게 묻는 아이도 많아요"라며 씁쓸해 했다.

부부의 교육철학은 대한민국을 넘어 대만에도 통했다. 여행 직후 펴낸 책 『세상이 학교다, 여행이 공부다(북노마드)』가 대만에 판권이 팔린 것이다. 아버지 옥씨는 "중화권도 우리와 비슷한 고민 중이에요. 중국 역시 부모의 사랑과 관심을 듬뿍 받고 자란 '소황제'를 둔 부모들이 우리와 비슷한 교육 문제를 안고 있거든요"라고 말했다. 『세상이 학교다, 여행이 공부다』는 지금까지 7쇄를 찍을 만큼 꾸준한 관심을 받고 있다. 학교를 그만둔 아이들이 각자의 진로를 찾아 나간 여정을 담은 책 『자녀독립 프로젝트(북노마드)』 역시 출간 이후 호응이 높다.

첫째 윤영 양은 미국이나 남미에 가서 토털 케어센터를 운영하는 것이 꿈이다. 병원 코디네이터와 피부미용관리사 자격증, 비만관리사, 피트니스 자격증을 갖고 있다. 둘째 은택 군은 기계설계를 배워 남미나 아프리카에 기술학교를 세우는 것이 꿈이다. 폴리텍대학을 나와 전산응용기계세노기능사, 선반기능사, 기계조립기능사, 건축제도기능사 자격증을 땄다. 셋째 은찬 군은 세계를 누비는 사업가가 되고 싶어 한다. 고등학교 1학년 때 회계사무소에 입사해 열 살 정도 위의 대졸자와 같은 대우를 받으며 2년 7개월 동안 근무하다가 입대를 위해 퇴사했다. 9월부터 시작해 1년 단위로 진행되는 업종 특성상 8월 말까지만 근무했다.

진짜 하고 싶은 것을 찾다

이들 가족이 여행에서 얻은 것은 무엇일까? 교사 출신 부부는 "여행은 텍스트를 벗어난 교육이 이루어지는 곳이에요"라고 말했다. 가장 큰 수확은 관계 회복이다. 먼저 가족 모두 표정이 밝아졌다. 예전에는 부모만 보면 못 볼 것을 본 듯 슬금슬금 피하던 아이들이 이제는 집에 들어오면 활짝 웃으며 품에 안긴다. 막내 은찬 군은 "예전에는 집에 들어오기 진짜 싫었는데, 지금은 집이 편해요"라고 말했다. 떠나기 전에는 상상조차 할 수 없었던 일이다. 처음 부모가 세계여행을 제안했을 때 아이들의 첫 반응은 "진짜 싫어요!"였다. "지금도 부모님과 함께 있는 게 고통스러운데 24시간을?" 하며 고개를 절레절레 흔들던 아이들이었다.

두 번째 수확은 문제 해결 능력과 견디고자 하는 인내를 배운 것이다. 둘째 은택 군은 "다녀와서 3년 정도 지나고 보니 여행을 다니면서 얻은 것들이 하나둘 펼쳐져요. 아무리 힘들어도 '그때보단 낫지' 하는 깡다구가 생겼지요. 25킬로그램짜리 배낭을 메고 땡볕을 걸을 때 진짜 힘들었거든요"라고 털어놨다.

뭐니뭐니해도 아이들은 '내가 잘하고 좋아하는 것'을 찾은 점을 가장 값진 소득으로 꼽는다. 집에서는 늘 구박만 받던 아이들은 처음 가보는 이국땅에서 '해결사'로 돌변했다. '나를 따르라'며 왕처럼 군림하던 아버지는 여행 한 달 만에 왕좌에서 물러났다. 모든 면에서 아이들을 당해낼 수 없었다. 체력이나 현지 음식 적응력, 문화 적응력, 협상력에서 세 아이는 부모보다 월등했다. 박씨의 말이다. "처음으로 '정말 내가 내 아이보다 우월한 존재일까?'라는 의구심을 가졌어요. 여행을 떠나기 전에는 상상도 못했던 질문이죠."

시험만 보면 '멍청이' 소리를 듣던 첫째 윤영 양은 여행지에서 대인관계지능과 언어지능, 신체지능이 뛰어난 데다가 남을 돕는 것을 좋아하고 미지의 세계를 두려워하지 않는 장점을 발견했다. '소심쟁이' 둘째 은택 군은 공간지각능력이 뛰어나고 자기가 경험하거나 미리 준비한 것에 대해서 자신감 있게 대처할 줄 아는 장점이 있었다. 자기주장이 강한 데다 힘든 일이면 슬며시 빠지는 경향이 있어 '뺀질이' 소리를 듣던 막내 은찬 군은 미지의 세계에 도전하는 일이나 협상 자리가 생기면 빛을 발했다. 눈빛이 반짝반짝해지면서 논리적으로 대처했다.

또한 공부 좀 하라고 그렇게 잔소리를 할 때에는 빠져나갈 궁리만 하던 아이들이 여행지에서는 공부의 달인으로 돌변했다. 특히 어학 부문에 있어서 놀랄 정도로 실력이 늘었다. 1년을 계획한 여행이 반년이 더 늘어 545일이 된 것도 아이들이 강력히 요청했기 때문이었다. 스페인어와 영어를 깊이 공부하고 싶어 스페인어 연수를 두 달간, 영어 연수를 넉 달간 했다. 자신들이 하고 싶어 시작한 어학 공부의 효과는 내난했다. 덕분에 세 아이는 스페인어로 무리 없이 대화할 수 있는 수준이 되었다.

'학벌'이 아니라 '실력'이 중요

부부관계도 회복되었다. 먼저 변한 건 남편이다. 진지하고 근엄한데다가 자기 기준이 엄격했던 옥씨는 여행하면서 삶의 기준과 규칙이 달라졌다. 깐깐함을 내려놓으면서 마음이 편안해졌다. 주위 사람들도 부드러워진 그를 보고 딴 사람이 된 것 같다는 말을 많이 한다. 남편이 부드러워지면서 아내 역시 남편을 다시 보게 되었다. 여행 6개월 만에 아내는 남편에게 붙였던 '이 인간'이라는 호칭도 뗄 수 있었다.

여행을 다녀왔을 때 세 아이의 나이는 20·19·17세, 아이들은 바로 학교에 진학하지 않고 자신의 적성에 맞는 일을 먼저 찾아보겠다고 했다. 진로 탐색 실험으로, 일명 '자녀독립 프로젝트'였다. 이 프로젝트의 초점은 '학벌'이 아니라 '실력'을 키우는 것이었다. 먼저 검정고시를 치렀다. 자기주도성이 생긴 아이들은 스스로 교육청에 전화해 궁금한 점을 해결했고 학원을 알아보았으며 원서를 작성하고 인터넷 강의를 수강했다. 경제관념 역시 달라졌다. 비싼 독서실을 등록하고도 친구들과 놀러만 다니던 아이들은 독서실 대신 무료로 공부할 수 있는 새마을금고 도서관을 이용했다. 노동부 고용안정지원센터의 청년취업프로젝트를 적극 활용해 흥미적성 검사를 했고 이를 기반으로 자신이 가고 싶은 진로의 큰 틀을 다졌다. 옥씨는 자녀독립 프로젝트의 과정을 이렇게 설명했다.

"1단계는 기질과 적성 알기, 2단계는 적성에 맞는 자격증 취득하기, 3단계는 취업하기, 4단계는 공부하기입니다. 우리 아이 셋은 3~4단계에 걸쳐 있죠. 자녀독립 프로젝트에서 가장 중요한 점은 부모의 욕심을 버리는 것입니다. '이 정도 고생은 하지 않았으면' '이 정도 월급은 받았으면' 하는 욕심을 버려야 해요. 건강한 독립을 위해서는 아이 스스로 진로를 개척하도록 해야 합니다. 작은 건 부모가 대신해주고 '너는 공부만 해라' 식으로 키우면 사회의 어려움을 이겨낼 수 없죠."

다시 돌아가도 가족 모두 여행갈 것

가족은 여행 후 삶의 만족도와 행복도가 예전과 비교할 수 없이 커졌다. 옥씨는 그때 세계여행을 떠나지 않았으면 우리 가족이 지금쯤 어떻게 되었을지 생각만 해도 아찔하다고 했고, 박씨는 지금

소득은 부부 교사 당시의 5분의 1 수준이지만 삶의 만족도는 200퍼센트라면서, 가끔 '우리가 이렇게 행복해도 되나?'라는 이야기를 한다고 말했다. 막내 은찬 군 역시 "다시 그 시절로 돌아가도 역시 여행을 갈 거예요. 여행을 통해 내가 진짜 하고 싶은 것을 찾았고, 가족 간 화목을 찾았으니까요"라며 서로를 보고 웃었다.

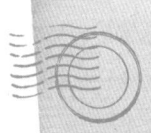

삼남매, 그 후 어떻게 지내고 있어요?

윤영 양은 토탈케어 관련 공부를 본격적으로 시작했다. 은택 군은 의료기기 관련 회사에서 인정받으며 근무 중인데, '마이스터의 국가 독일'로의 유학을 꿈꾸며 유학자금을 모으고 주말에는 독일어 공부에 열심이다. 막내 은찬 군은 군 입대 전 삼성 모바일 관련 회사에서 계약직으로 근무했다. 한편 부부의 책 『자녀독립 프로젝트』는 2013년 문화체육관광부 우수교양도서로 선정되었다.

자녀와 소통하려면 '즐거운 나의 집'을 먼저 만들어 보세요!

❶ 실수할 기회를 주세요!
교육학자들은 자녀교육에서 성공하는 가장 중요한 비결로 '아이들이 할 수 있는 일을 부모가 대신 해주지 않는 것'을 꼽는다. 아이의 서툰 모습을 보면 부모는 화가 나게 되어 있다. 그래서 아이를 다그치기도 하고 때로는 '귀찮게 잔소리 하느니 차라리 내가 하고 말지'라며 먼저 해버리는 경우도 많다. 그러면 아이들은 자신의 기본적인 습관을 배울 기회를 놓친다. 아이의 권한을 아이에게 이양하고 실패할 자유와 실수할 기회를 꼭 주어야 한다.

❷ '속도'가 아니라 '방향'입니다!
미국의 경영컨설팅업체 '맥킨지'에 의하면 30년 정도였던 기업의 수명이 점점 짧아져 요즘은 10년을 넘지 못하는 기업이 허다하다고 한다. 아이가 직업 전선에 뛰어드는 2020~2030년경에는 어떤 기업이 살아남고 새로 생길지 예측하기 힘들다. 1980~1990년대의 풍경에 익숙한 부모의 시각으로 세상을 판단하면 안 된다. 글로벌 시대를 향해 나아가는 아이들의 발목을 잡아서는 안 된다. 자녀교육에서 중요한 것은 속도가 아니라 방향이다.

❸ '특별하다'는 것은 '고유성이 있다'는 것이에요!
우리는 남과 다르면 불안해하는 경향이 있다. '다른 것'은 '틀린 것'이 아니라 '특별한 것'이고, 특별한 것은 개성이 강하고 주관이 명확하다는 것이다. 자기만의 색깔과 고유성이 있기 때문에 창조적인 일을 맡으면 남들이 상상하지 못하는 성과를 내는 경우가 많다. 내 아이를 복제품으로 키우려 하지 말고 독특함을 살려주고 응원해주어야 한다.

❹ 내 아이만을 위한 맞춤식 진로 세우기를 하세요!
옆집 아줌마, 주변 사람, 한국 사회의 흐름, 교육 당국이나 입시 정책 등에 수시로 흔들리지 않으려면 내 아이만을 위한 맞춤식 진로가 필요하다. 어릴 적부터 부모가 자녀의 특성을 세심하게 파악한 뒤 주관적 관찰 정보를 바탕으로 고용안정지원센터의 흥미적성검사 등을 받도록 하여 자신의 특성에 확신을 더해주는 객관적 자료를 모아두는 것이 좋다.

❺ '행복 만들기 가족 모임'을 열어보세요!
자녀가 자랄수록 서로 마주할 시간도 점점 줄어든다. 한 달에 한 번 다 함께 모이는 시간을 만들어라. 중요한 것은 이 시간이 '인생 진도 체크' 시간이 되어서는 안 된다는 것이다. '숙제는 했니' '반에서 몇 등이나 하니' '장래 희망이 뭐니' 등의 대화 대신 아름다운 추억을 만드는 데 집중하라. 돌아가면서 주인공을 정한 후, 그 주인공이 먹고 싶은 것, 하고 싶은 것을 하게 하면 좋다. 자녀 교육에서 가장 중요한 것은 소통이고, 소통을 위해서는 가족과 함께 있는 시간이 즐거워야 한다. 그러면 아이 스스로 고민을 가지고 다가온다.

꿈에서 길을 찾다

직업은 가수 김동률처럼, 성격은 엄마처럼!
꿈 없던 모범생의 꿈을 찾아준 인생의 두 롤모델

롤모델을 통해
자신의 꿈을 찾다

잔소리 고수 어머니 최혜영 씨와
팝피아니스트 아들 윤한 씨

다재다능 엄친아 아들

팝피아니스트 윤한(본명 전윤한·30)은 둘째가라면 서러운 '엄친아'다. 노래면 노래, 작곡이면 작곡, 피아노 연주면 연주, 못하는 게 없다. 두 장의 정규 앨범에 수록된 곡은 윤한 씨 혼자서 작곡하고 연주하며 불렀다. 지난해에는 뮤지컬에도 뛰어들어 〈모비딕〉 주연을 맡았다. 미국 버클리음대 출신에다 패션모델을 해도 손색없을 몸매에 훈훈한 외모까지! 아닌 게 아니라 고등학교 때 소위 길거리 캐스팅도 꽤 여러 번 받았다고 한다. 음악인들 사이에서 "도대체 정체가 뭐지?" 하는 비난 아닌 비난을 듣기도 한다. 피아니스트, 작곡가, 가수, 뮤지컬 배우 등을 넘나드는 다양한 이력 때문이다.

엄친아 스펙은 이것뿐이 아니다. 초·중·고 12년 내내 학급 리더를 맡았고 수학을 잘해 수학경시대회에서 종종 상도 받았다. 고등학교 3학년 때 내신은 1등급, 세 살 위의 형은 의사다. 이쯤에서 궁금하지 않을 수 없다. 그의 부모는 두 아들을 도대체 어떻게 키웠을까? 언론 인터뷰가 처음이라는 어머니 최혜영 씨는 개그감이 넘쳤다. 기자가 윤한 씨에게 어머니 자랑을 해보라고 하자, 어머니는 아들 옆구리를 툭툭 치며 "야, 좀 잘해봐" 하더니 정작 어머니 자랑을 늘어놓는 아들의 말허리를 자르면서 "여기에서 이러시면 안 됩니다"라며 요즘 유행하는 개그 대사를 친다.

윤한 씨에게는 두 명의 롤모델이 있다. 가수 김동률과 어머니 최혜영 씨. 김동률은 직업 롤모델, 어머니는 성격과 관계의 롤모델이다. 자신만의 작은 성공을 이루어가는 중인 그는 지금의 자신을 있게 한 결정적 인물로 그 두 사람을 주저 없이 꼽는다. 먼저 가수 김동률은 그에게 "나도 저 사람처럼 되고 싶다"는 꿈을 안겨주었다. 고등학교 2학년 때까지 윤한 씨는 그저 공부 잘하는 모범생이었다. 특별히 잘하는 것도, 좋아하는 것도 없는 그는 장래희망란에 '의사' '변호사' 등을 별 고민 없이 썼다. 하지만 꿈 없는 모범생은 철이 들면서 망가져갔다. 공부를 왜 해야 하는지 알 수 없으니 목표를 잃고 방황을 시작했다. 머리카락에 노란 물을 들이고 한껏 멋을 낸 뒤 압구정동으로 놀러 다녔다. 성적표에 최초로 '양'도 받아봤다. 그러다 텔레비전 화면에서 한 남자가 피아노를 연주하면서 노래 부르는 모습을 본 순간, 머리에 폭죽이 터지는 것 같았다. 김동률이었다. '나도 저 사람처럼 되고 싶다'는 갈망이 생겼다. 아들은 자신의 인생 궤도를 확 틀었다. 뮤지션이 되기로 꿈을 정한 것이다.

형제의 연이은 폭탄선언

모범생 아들이 돌연 음악가가 되겠다고 선언했을 때 부모의 반응은 어땠을까? 최씨는 "별로 놀라지 않았어요. 한번 당해본 적이 있어서. 쟤는 형에 비하면 아무것도 아니에요"라며 웃었다. 의사가 된 형은 경제학도였다. 서강대 경제학과 1학년을 마쳤을 때 불쑥 의사가 되고 싶다고 폭탄선언을 했다. 독실한 기독교인인 형은 의료봉사에 내내 마음이 쏠렸고, 마침 의학드라마가 인기를 끌면서 마음을 굳혔다. 그의 부모는 반대하지 않았다. 일주일 후에도 마음의 변화가 없으면 원하는 대로 하라고 했고, 형은 일주일 후 지금 바꾸지 않으면 평생 후회할 것 같다며 의사의 길로 방향을 틀었다. 수능 준비를 다시 했고, 대입 수능에서 전 과목에서 단 세 개 틀리는 우수한 성적으로 의대에 입학했다.

이때 생긴 항체 덕에 어머니는 윤한 씨 때에는 비교적 담담했다. 둘째 아들이 음악가가 되겠다는 폭탄선언을 하자 첫째 아들 때의 매뉴얼대로 했다. 일주일간 시간을 주었지만 아들의 꿈은 변함이 없었다. 일주일 후에도, 아니 시간이 흐를수록 점점 음악가가 되겠다는 갈망이 커졌다고 말했다. 어머니는 단번에 허락했다. 음악가를 해서 어떻게 밥 벌어먹고 살겠느냐며 걱정하는 아버지 역시 어머니가 설득했다.

아들들의 꿈이 영글기 전, 어머니는 겉으로 보기에는 전형적인 '강남 스타일' 어머니였다. 대치동에 살면서 대치동의 이름난 학원을 줄줄이 보냈고 과외도 시켰다. 공부뿐 아니라 별별 학원을 다 보내봤다. 바둑, 태권도, 미술, 한자, 컴퓨터, 서예, 피아노 등. 하지만 꿈 없이 치는 피아노는 재미가 없었다. 윤한 씨는 피아노가 치기 싫어 의자 밑에 숨어 있기도 했다고 말했다. 운동도 많이 시켰다. 수영, 라켓볼, 골프 등. 덕분에 윤한 씨의 라켓볼은 세미프로 수준이다. 최씨에게는 나름의 교육 원칙이 있었다. 첫째, 억지로 시키지 않기 둘째, 자녀가 하고 싶은 것을 하면서 살 수 있도록 기회를 열어주기. 온갖 학원들은 아들들의 꿈의 선택지를 넓히기 위한 기회였던 셈이다. 그는 늘 두 아들에게 입버릇처럼 이렇게 말했다. "공부든 뭐든 네가 즐겁게 할 수 있는 것을 해라. 그것이 무엇이든."

목표가 생기자 전심전력으로 뛰어들다

꿈이 생기면서 아들은 무섭게 변했다. 희망 대학은 버클리음대,

김동률이 재학 중인 학교였다. 오로지 버클리음대여야 했다. 어머니가 꿈의 지지자로 적극 나섰다. 하려면 제대로 하라며 버클리음대 입학자격 요건을 알아보고 버클리음대 출신 음악가를 연결해주는 등 디딤돌이 되어 주었다. 윤한 씨는 버클리음대가 요구하는 입학 요건을 충족시키기 위해 에너지 100퍼센트를 쏟아 부었다. 밥 먹는 시간과 자는 시간을 빼고 5~6개월 동안 영어와 피아노 연습에 몰입했다. 그리고 합격했다. 그는 운이 좋았다고 했다.

"기계보다 드럼을 더 잘 치는 사람, 빗소리를 음으로 재현하는 절대음감을 가진 사람 등 음악천재가 지천인 그곳에 합격한 건 행운이었습니다. 짧은 시간 동안 발전하는 모습을 좋게 봐준 것 같아요. 다른 버클리 학생들에 비해 저는 많이 부족했습니다. 노력으로 채워야 했기에 입학 후에도 하루 12~13시간 동안 피아노 연습을 했습니다. 학교 연습실의 그랜드피아노를 차지하기 위해 아침 일찍 나갔고, 새벽 두 시까지 연습하다 돌아오는 날도 허다했지요."

뮤지션의 꿈을 이룬 윤한 씨, 이제 그는 어머니가 자신의 롤모델이라고 말한다. 삶의 방식과 지혜, 특히 인간관계에 있어서 어머니로부터 배운 것이 많기 때문이다. 아버지를 롤모델로 삼는 아들은 종종 있어도 어머니를 롤모델로 삼는 경우는 흔치 않다.

대기업 임원 출신인 아버지는 늘 바빴다. 어머니가 형제의 주 양육자 역할을 도맡았다. 최씨는 "제가 좀 터프해요. 애교는 아빠의 역할이었죠"라며 웃었다. 윤한 씨의 아버지는 몇 해 전 위암 말기 판정을 받았다. 6개월 시한부를 선고받았으나 다행히도 완치됐고, 이후 삶의 방식이 확 바뀌었다. 직장을 그만둔 후 여행을 다니면서 인생을 즐기는 법을 뒤늦게 체득하고 있다. 아들과의 관계도 무뚝뚝한 아버지에서 친구 같은 아버지로 변했다.

어머니는 잔소리 고수

윤한 씨가 어머니를 롤모델로 꼽는 지점은 '인간관계'다. 윤한 씨는 성공은 관계가 만든다며 이렇게 말했다. "운과 실력도 중요하지만 주변인과의 관계가 성공의 열쇠가 되는 경우가 많은 것 같아요. 제가 이 자리에 오기까지는 저를 좋게 봐 주신 주변인들의 도움이 컸어요. 저는 원래 꽉 막힌 구석이 있어요. 성격도 날카로운 편이고 자존심이 강하며 지는 걸 싫어해 먼저 인사도 잘 하지 않았죠. 그렇지만 철이 늘면서 엄마의 말 한마디 한마디가 원만한 인간관계 형성에 큰 도움이 되었습니다."

지난해 뮤지컬에 도전할 때에도 어머니의 조언이 결정적이었다. 〈모비딕〉 초연 때 섭외요청을 받고 거절한 그는 지난해에도 역시 거절하려고 했다. "음악으로도 아직 멀었는데 연기까지 도전하는 건 시기상조라고 생각했죠. 뜨고 싶어서 안달이 난 사람처럼 비쳐질까봐 두렵기도 했고"라는 게 거절의 이유였다. 어머니가 도대체 어떻게 설득했길래 아들의 마음을 단번에 바꿔놓았을까? 어머니는 애써 도전정신을 운운하며 억지로 불씨를 댕기지 않았다. 그저 너무 겁먹지 말고 새로운 사람들을 만나는 시간이라 생각하라고 했다. 윤한 씨의 마음이 확 열렸다. 최씨의 말이다.

"사람과 사람 사이의 만남을 강조하는 이야기를 많이 합니다. 윤한이가 다양한 부류의 친구들을 만날 때, 이런 사람은 만나지 말라는 이야기를 한 적이 없어요. '사람 가리지 마라. 관계는 상대적인 거다. 관점에 따라 단점이 장점이 되고, 장점이 단점이 된다'는 말을 자주 해줍니다."

아들별로 다른 훈육 작전 적용

최씨는 잔소리 고수다. 어머니는 윤한 씨에게 이런저런 잔소리를 하지만 윤한 씨는 한번도 어머니의 말을 잔소리로 느껴본 적이 없을 뿐 아니라, 오히려 어머니의 말 한마디 한마디가 마음에 와 닿는다고 했다. 그 비결은 최씨의 훈육방식에 있다. 성향이 상반되는 두 아들을 대할 때 그는 아들별 훈육 작전이 다르다. 최씨의 말이다.
"첫째는 혼내는 게 통하지만, 윤한에게는 통하지 않아요. 청개구리 기질이 있어서 오히려 엇나가는 성향을 가졌죠. 그래서 윤한에게 지적할 일이 생기면 일단 일보 후퇴해요. 나중에 감정이 누그러지면 그때 말해요. 큰 반응은 없지만 나중에 보면 엄마 말대로 하고 있어요(웃음)."

인생의 롤모델로 어머니를 꼽는 윤한 씨는 이상형 역시 어머니 같은 성격에 애교 있는 여자를 꼽았다. 어머니는 "그런 여잔 없어"라며 통 크게 웃었다. 최씨는 주변에서 어떻게 하면 그런 아들로 키울 수 있느냐는 질문을 많이 받는다. 그는 이런 말을 남겼다.
"지나고 보니 대치동 교육을 시키나 시키지 않나 결과 면에서는 다르지 않았을 것 같아요. 이 아이 버클리음대 선배들을 보니 천차만별이더군요. 대학을 졸업하고 회사를 다니다가 뒤늦게 자신의 꿈을 찾아서 온 사람이 수두룩했어요. 결국 사람은 하고 싶은 것을 하게 되어 있는 듯해요. 그러니 아이를 방목하듯 키우는 게 중요합니다. 그래야 엄마가 강요한 꿈이 아닌, 아이 스스로의 꿈을 찾을 수 있기 때문이지요. 하지만 완전한 방목은 안 됩니다. 아이의 눈에는 보이지 않는 아주 커다란 울타리를 만들어두고, 꿈이 생기면 그 꿈을 이룰 수 있도록 이끌어주어야 하니까요."

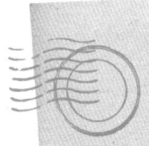

윤한 씨, 그 후 어떻게 지내고 있어요?

올해 더욱 활발한 활동을 이어가고 있는 윤한 씨. MBC TV〈우리 결혼했어요〉에 출연한 뒤로는 인지도도 한결 높아졌고 팬들도 확 늘었다. 2014년 2월 말부터 EBS 라디오〈경청-이야기와 음악이 있는 밤, 윤한입니다〉의 DJ도 맡았다. 발렌타인데이 단독 콘서트를 성공리에 마쳤으며 자신이 작사 작곡 연주 노래한 브리티시 팝 스타일의 앨범〈맨 온 피아노〉로도 활발히 활동 중이다.

어머니 최혜영 씨의 Tip

아이 스스로 찾은 꿈이어야 행복하게 성공할 확률이 높아요!

❶ 선택지를 넓게 잡고 다양한 경험을 하게 하세요!

일찌감치 자신의 꿈을 찾는 경우는 매우 드물다. 다양한 기회를 접하게 해봐야 자신이 무엇을 좋아하고 잘하는지를 알게 된다. 아이의 성향을 부모의 잣대로 섣불리 예단하지 말고 다양한 경험의 기회를 주는 것이 좋다. '이 아이는 커서 ○○이 됐으면 좋겠다'라고 미리 프로그램을 짜놓는 것은 위험하다. 아이가 부모의 꿈의 대리인이 될 우려가 있고, 부모가 이끄는 대로 따르지 않을 경우 관계가 악화될 가능성이 크다.

❷ 꿈 없는 모범생은 위태로워요!

간절히 하고 싶은 것 없이 그저 공부만 잘하는 모범생은 오래가지 못한다. 어릴 적에는 부모가 시키는대로 따르지만 철이 들면서 '공부를 왜 해야 하지?'에 대한 회의감이 생기면 성적이 뚝뚝 떨어지는 건 당연한 시나리오다. 꿈 없는 모범생은 언제 터질지 모르는 시한폭탄과 같기 때문이다.

❸ 큰 울타리 안에서 방목하듯 아이를 키우세요!

부모의 가장 중요한 역할은 내 아이가 무엇을 잘하고 무엇을 좋아하는지를 찾아주는 것이다. 꿈을 찾는 주체는 부모가 아니라 아이가 되어야 한다. 부모가 강요하는 꿈이 아닌, 아이 스스로 찾은 꿈이어야 스스로 행복한 성공을 이룰 확률이 높아진다. 스스로 꿈을 찾게 하기 위해서는 방목하듯 키워야 한다. 단 울타리는 있어야 한다. 타인에게 피해를 주거나 규율에 어긋나는 행동을 했을 때에는 분명한 제재를 해야 한다.

❹ **인생을 걸어도 되는 꿈인지 검증은 필수입니다!**
아이는 미숙한 존재다. 롤모델을 보고 '저 사람처럼 되고 싶다'는 꿈은 즉흥적일 수 있다. 아이가 엉뚱한 꿈을 불쑥 꺼낸다면 그 자리에서 무조건 반대하지 말고 스스로 생각할 수 있는 시간을 준 후 차분히 기다리는 것이 좋다. 그러나 생각의 시간이 길면 본질을 흐릴 수 있고 간절함이 흐지부지될 수 있으며 방황의 시간이 길어져 좋지 않을 수 있으니 한 달 내외가 적당하다.

❺ **롤모델은 꿈의 추동체니 적극 응원해주세요!**
롤모델은 꿈을 이루기 위한 날개이자 훌륭한 동기부여가 된다. 아이가 롤모델에 가깝게 될 수 있도록 부모가 조력자가 되어야 한다. 롤모델이 걸어온 길에 대한 정보를 주고 그 길을 터주는 것이 부모의 역할이다. 머나먼 별을 꿈꾸면 그 별에 다다르지는 못해도 달 가까이는 갈 수 있다. 높은 꿈은 분명 생의 큰 에너지가 되기 때문이다.

손편지 · 친구 같은 부모 ·
밥상머리 교육 · 대화 ·
눈높이 교육 ·
균형감 · 청출어람 ·
가업 · 공부놀이 ·
공동체 교육 · 가족신문 ·
홈스쿨링 · 육아 공부 ·
놀이 · 독서클럽 ·
아빠가 차려주는 밥상 ·
단둘만의 여행 · 멘토 ·
동기부여 ·
가족여행 · 꿈 ·
취미 · 자립 · 방황 ·
자존감 · 절대 긍정 ·
칭찬 · 기다림 ·
바라지 않는 마음

4

아이의 자존감
길러주기!

취미에서 길을 찾다

온 가족의 취미에서
아이의 적성과 꿈을 발견하다

"네가 하고 싶은 것을 즐기면서 하렴"

스승 같은 아버지 박광수 씨와
BMX프로라이더 딸 박민이 선수

BMX계의 얼짱 선수

박민이(23·성균관대 스포츠과학부·CJ CGV 소속) 양은 국내 유일의 여성 BMX프로라이더다. BMX(Bicycle Motorcross)는 자전거를 이용한 익스트림 스포츠로, 일명 '묘기자전거'라 불리는 '프리스타일'과 흙길을 달리는 '레이싱' 두 종목이 있다. 박민이 선수는 그중 프리스타일 라이더다. 프리스타일은 점프대를 따라 새처럼 붕 날아오르는가 하면 공중에서 핸들을 돌려 자전거를 회전시키는 고난도의 기술이 핵심이라 여자는 물론 웬만한 남자도 도전할 엄두를 내기 힘든 종목이다.

박민이 선수는 국내는 물론 세계적으로도 유명하다. 2009년 호주에서 열린 록스타 BMX 게임스에서 아시아 선수 최초로 여자부 1위를 시작으로 2010년 캐나다 토론토 BMX 잼 1위, 2011년 프랑스 FISE BMX 파크 여자부 3위를 기록했다. 전 세계 BMX 선수들이 겨울 훈련을 위해 몰리는 대만의 '베어스 바이크'에는 박민이 선수 전용 방이 따로 있다.

뛰어난 실력에 예쁘장한 외모까지 갖춰 'BMX계의 김연아' '얼짱 BMX 선수'라고 불리는 박민이 선수, 그의 성공에서 가장 큰 역할을 한 사람은 아버지 박광수 씨다. 아버지는 민이 양이 어릴 때부터 "무엇이든 네가 하고 싶은 일을 찾아 즐기면서 해라. 공부는 하다 하다 정 할 게 없으면 그때 해도 된다"는 말을 해 왔다. 관심사가 같고 대화가 잘 통하는 부녀는 친구지간 같다. 민이 양은 "친구들이 우리 아빠를 많이 부러워해요. 다른 아빠들은 무뚝뚝하고 억압적인데, 아빠는 저를 친구처럼 대해주세요"라고 말한다.

민이 양이 BMX 선수가 된 후 아버지가 가장 많이 듣는 질문은 "그 위험한 스포츠를 어떻게 딸에게 시켰느냐?"는 것이다. 박씨는 위험하긴 하지만 보호대를 착용하면 축구나 야구와 비슷하다며, 세상에 쉬운 게 어디 있겠느냐고 담담하게 웃었다. 주변의 반대도 심했다. 특히 할머니는 손녀가 남자들 틈에서 위험한 스포츠를 하는 걸 못마땅해했다. 그때마다 방패막이가 되어준 것은 아버지였다.

"사람은 태어날 때부터 가야 할 길이 정해져 있는 것 같습니다. 저는 그 길을 찾아주는 것이 부모의 역할이라고 생각해요. 제발 우리나라 부모들이 공부, 공부 하지 않았으면 좋겠습니다. 공부로 성공하는 사람은 극소수지 않습니까? 각자 다른 재능을 가진 아이들인데 전부 공부에만 가두어버리면 그 재능이 빛나지 않죠. 그것을 깨달았을 때에는 이미 늦어요."

세 딸 데리고 주말마다 고수부지로

민이 양은 세 자매 중 장녀다. 아래로 각각 네 살 터울의 두 동생 영진(19) 양과 가연(15) 양이 있다. 두 동생도 운동을 한다. 영진 양은 언니를 따라서 BMX 중 레이싱을, 가연 양은 인라인스케이트를 웬만한 선수급으로 잘 탄다. 자매 모두를 BMX의 세계로 이끈 사람 역시 아버지다. 이 가족에게 자전거는 '가족놀이'였다. 아버지는 민이 양이 초등학교 5학년 때부터 온 가족이 함께 주말마다 부천시청 파크장으로, 압구정동 고수부지로 자전거를 타러 다녔다. 특별한 일이 없는 주말이면 어김없이 자전거 네 대를 싣고 집을 나섰다. 어머니가 돗자리를 깔고 준비한 도시락을 펼쳐 놓으면 딸 셋과 아버지는 각자의 자전거를 가지고 해질 때까지 하루 종일 놀면서 휴일을 즐겼다. 겨울에도 어김없었다.

아버지는 작정하고 민이 양에게 BMX를 시키지는 않았다. 그저 자신이 좋아하는 취미를 가족과 공유하면 좋겠다는 생각으로 자전거를 가르치기 시작했다. 그는 운동을 좋아했고 초등학생 시절 스피드스케이트 선수였다. 아버지를 닮아 운동감각이 있는 딸들에게 발레와 리듬체조처럼 여성스러운 종목도 시켜보았다. 하지만 딸들은 흥미를 느끼지 못했다. 울며불며 그만두고 싶다고 떼를 썼다. 아버지는 인내를 강요하지 않았다. 하기 싫으면 그만하라고 흔쾌히 받아들였다. 그는 운동은 스스로 재미를 느끼지 못하면 하기 힘든 분야라고 말한다. 그런데 지진거는 날랐다. 세 딸 모두 주말마다 하루 종일 자전거를 타면서도 싫증을 내지 않았다. 민이 양 역시 "신기하게 한 번도 지루하다는 생각을 하지 않았어요"라고 말했다. 그러던 중 아버지는 민이 양에게서 재능이 빛나는 순간을 발견했다.

"민이가 초등학교 6학년 때였죠. 남자 어른들 틈에 끼어서 점프 연습을 하는데, 아무도 못하는 고난도 점프를 혼자 성공하더라고요. 배운 지 1년 만에, 그것도 16인치 작은 자전거로요. 그때 난리가 났죠. 다들 모여서 '어떻게 했냐?' '점프에 성공하면 어떤 기분이냐?'라고 물어보고요. 그때 알았어요. 민이에게 이 분야의 특별한 재능이 있다는 것을."

어머니 역시 "민이는 자전거를 탈 때 제일 빛이 나요"라며 운동하는 딸을 지지했다. 하지만 그때까지도 부모는 민이 양을 BMX 선수로 키울 생각이 전혀 없었다. 당시만 해도 BMX는 국내에서 생소한 분야였다. 2008년 베이징올림픽에서 BMX 레이싱이 정식종목으로 채택되면서 국내에서도 조명받기 시작했지만, 여전히 BMX는 우리나라에서 생소하고 낯선 분야였기 때문이다.

결정적 계기는 아버지가 만들었다. 딸의 재능을 알아본 박씨는 과연 이런 실력으로 아이가 인생을 걸어도 될 것인지 검증할 필요성을 느꼈다. 그러나 국내 대회는 없었고 국내에 알려진 세계 대회도 없었다. 밤을 새워가며 인터넷을 뒤져 호주에서 개최되는 BMX 세계대회를 찾아냈다. 하지만 아버지가 따라갈 수 없는 상황이었다. 박씨의 말이다. "성수기라 비행기 표도 딱 한 장 겨우 구했고, 표가 있었대도 돈이 없어서 함께 갈 수 없는 상황이었어요. 비행기 값은 할머니가 민이의 대학입학금으로 마련해둔 돈을 헐어서 해결했습니다." 고등학교 3학년 민이 양은 혼자 비행기에 몸을 실었고 이 대회에서 1위를 했다. 박씨는 "상상도 못했어요. 그때만 생각하면 아직도 눈물이 납니다"라고 말했다.

실패가 오히려 가족의 전화위복이 되다

민이 양의 말이다. "아빠가 강압적이었다면 이 길을 택하지 않았을 거예요. 아빠는 중대한 결정은 늘 스스로 하게 했어요. '대학에 갈 것이냐, BMX를 할 것이냐'의 기로에서도 제가 선택했죠. 대학에 가지 않고 운동에 전념하고 싶다고 했더니 바로 그러라고 하셨어요. 제 선택에 책임지기 위해 더 열심히 연습했던 것 같아요. 저는 제 자신과의 싸움이 더 어려웠죠."

박씨는 "아이들이 하고 싶다는 것을 못하게 한 적이 없습니다"라고 말했다. 민이 양은 4년간 BMX 선수 생활에만 전념하다가 뒤늦게 대학생이 됐다. 이 역시 민이 양의 선택이다. "4년간 전 세계 곳곳을 다니면서 다양한 경험을 했어요. 스포츠심리학에 관한 책을 읽었는데 정말 재미있더라고요. 이 분야에 대해 깊이 알고 싶어 대학 진학을 결정했죠. 스포츠 특기생이라고 학업을 소홀히 하지 않고, 저는 공부도 열심히 할 거예요."

박씨는 술과 담배를 전혀 하지 않는다. 그에게 있어 가족은 삶의 절대적 가치다. 민이 양에게는 아버지가 가르쳐준 자전거가 온 가족의 취미이자 다 함께 즐길 수 있는 놀이었다. 무려 7년 동안 주말마다 꾸준히 아버지라는 이름의 전용 코치에게 애정 어린 훈련을 받은 셈이다. 아버지는 "제가 즐거워서 했어요"라고 하고, 민이 양은 "아빠와 함께해서 즐거웠어요"라고 말했다.

이 단란한 가족에게도 위기는 있었다. 민이 양이 초등학교 6학년 때 경보기 수출을 하던 박씨의 사업이 부도나면서 가세가 기울었다. 중학생이 된 민이 양의 학비를 정부에서 지원받을 정도였다. 급식비가 없어 반에서 혼자 도시락을 싸서 다녔다. 민이 양은 "반 아이들은 제가 가난해서 도시락을 싸가지고 다니는 걸 몰랐어요. 급식이 맛이 없어서라고 했으니까요. 엄마 음식 솜씨가 좋으셔서 도시락이 인기가 많았어요"라고 하다가 말을 잇지 못했다. 민이 양이 고개를 떨구고 눈물을 뚝뚝 흘리자 아버지도 눈이 벌개졌다. 그는 "이 위기 덕분에 가족 모두 더욱더 똘똘 뭉칠 수 있었습니다"라고 힘주어 말했다.

"실패가 전화위복이 된 것 같아요. 지하철에 자전거를 싣고 가위

바위보를 하면서 과자 나눠 먹기 하던 추억이 생각나네요. 가족 모두가 어려운 시기를 함께 헤쳐나가야 한다는 생각을 암암리에 공유한 것 같아요. 더 많은 시간을 함께하고, 더 열심히 살면서 서로가 서로에게 큰 힘이 되었어요." 눈물을 닦은 후 민이 양이 활짝 웃으며 말했다.

가족이라는 이름의 공동체, 누구에게나 가족은 특별하지만 박민이 양에게 가족이란 더욱 특별하다. 일상을 함께 하고 취미를 나누며 그 과정에서 자신의 진로를 찾아 꿈을 이루게 해주었으니 말이다.

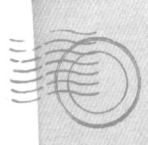

박민이 양, 그 후 어떻게 지내고 있어요?

민이 양은 인천아시안게임 국가대표 선발전에서 좋은 성적을 거두었다. 총 6회 경기 중 네 차례나 1위를 했다. 기쁜 소식은 또 있다. 2013년 11월 중국에서 열린 '차이나 인터내셔널 챔피온십'에서도 1등을 차지한 것이다. 두 동생 영진 양과 가연 양 역시 언니를 따라 BMX의 크고 작은 경기에 출전하면서 기본기를 다지고 있다.

결단의 순간, 선택은 아이에게 맡겨주세요!

❶ 즐기면서 하게 하세요!
천재는 노력하는 사람을 이길 수 없고, 노력하는 사람은 즐기는 사람을 이길 수 없다는 말이 있다. 취미에서 성과를 거두려면 재미가 있어야 한다. 그래야 스스로 빠져든다.

❷ 공부하라는 잔소리는 금물입니다!
공부를 잘할 수 있는 사람은 극소수로 정해져 있다. 그리고 공부 또한 하나의 분야일 뿐이다. 부모가 공부에 대한 중압감을 주면 죽도 밥도 안 된다. 아이에게 진심으로 좋아하는 분야가 생기면 그 분야에서 성실할 수 있도록 아이를 격려하면 된다. 어차피 시간은 정해져 있고, 자신이 좋아하는 것은 스스로 노력하게 되어 있다.

❸ 엄친아를 부러워하지 마세요!
다른 사람들의 잣대에 흔들리다 보면 중심을 잃는다. 부모가 중심을 잡아야 한다. 주변에서 '누구네는 무슨 대학 갔더라'는 말을 들어도 부러워하지 말아야 한다. 자식은 다 안다. 부모가 진심으로 자기를 응원해주는지 아닌지 말이다.

❹ 취미를 즐길 때에는 아이를 부모와 동등한 인격체로 대해주세요!
부모와 아이가 같은 취미를 할 때에는 친구처럼 동등하게 대하는 것이 중요하다. 어른으로서 가르치려고 하면 아이는 뒷걸음질쳐 도망갈 수도 있다. 아이와 동년배 친구라고 생각하며 취미를 함께하는 시간을 진심으로 즐겨야 한다.

❺ **중요한 결정은 아이 스스로 내리게 하세요!**
취미를 살려 이것에 인생을 걸 것인지 아닌지 결단할 시기가 오면 그 선택은 전적으로 아이에게 맡겨야 한다. 아이가 간절하게 하고 싶어 해야 그 분야에서 빛을 볼 수 있다. 자신의 선택에 책임져야 하니 책임감도 덩달아 높아진다.

❻ **도약의 기회는 부모가 적극적으로 만들어주어야 해요!**
취미가 빛을 발하려면 결정적인 계기가 필요하다. 실력을 객관적으로 검증받을 수 있도록 국내외의 각종 대회에 적극 출전시키는 것이 좋다. 국내에 잘 알려지지 않은 해외 대회도 많다. 이제까지 자녀에게 전적으로 맡겼던 부모라도 이때만큼은 발 벗고 나서야 한다.

자립에서 길을 찾다

"하지 마" "안돼"보다 넘어지고 깨져도 "괜찮아",
홀로 서게 하는 자립의 마법으로 세계적 마술사를 키우다

열린 사고 아래에서
자립심을 키우다

편견 없이 아이를 키운 어머니 우석주 씨와
마술사 아들 하재용 군

세계마술대회 2관왕

하재용(20, 서울예대) 군은 초등학교 5학년 때 마술계에 입문하여 국내 최연소로 데뷔한 마술사다. 9년째 마술사로 활동 중인 그가 받은 상은 열거하기에도 숨이 차다. 굵직한 상 몇 개만 거론하면 2011년에는 세계 최대 규모의 마술사협회인 '세계마술사협회(IMS)'로부터 올해의 마술사상·최연소 공로상 등 2관왕을, 2012년에는 방콕 세계마술대회 2관왕을 차지했다. 18세이던 2011년에는 영화 〈나는 아빠다〉의 마술감독을 맡아 화제가 되었다. 마술학원도 다니지 않고 혼자서 터득하고 익힌 그의 마술 세계는 독창적이고 상상력이 뛰어나다는 평을 듣는다.

재용 군은 현재 'SMI엔터테인먼트' 소속으로 소프라노 조수미, 피아니스트 서혜경과 한솥밥을 먹고 있다. 서울 종로구 혜화동 브로드웨이에서 장기 공연한 스토리텔링 매직쇼 〈하늘에서 과자가 내린다면〉에서 주인공으로 열연하기도 했다.

이제 갓 성인이 된 재용 군, 아직 부모의 손길이 필요한 나이지만 그는 언론이나 방송 등의 인터뷰 요청과 공연 관련 스케줄 등을 혼자서 척척 판단하고 해결한다. 이번 인터뷰도 마찬가지였다. 인터뷰 여부, 시간과 장소 등도 소속사나 부모와의 상의 없이 단독으로 결정했다. 예전부터 그랬다. 마술을 시작한 초등학교 5학년 때부터 웬만한 일을 자기주도적으로 해냈다. 마술대회를 찾아 신청하고, 출전할 마술을 구상하여 연습하는 전 과정을 100퍼센트 혼자 힘으로 했다. 어머니 우석주 씨는 마술대회가 열리는 곳으로 데려다주는 '로드 매니저' 역할만 했을 뿐이다. 이마저도 재용 군이 스스로

운전할 나이가 되면서 혼자 힘으로 해결하고 있다.

우씨는 주위에서 아들을 거저 키웠다고 말한다며 "재용이는 어렸을 때부터 모든 걸 스스로 다 알아서 해 왔어요. 책가방 한 번 싸준 적 없고, 아침에도 깨워본 적이 없지요. 초등학교 1학년 때부터 알람을 맞춰놓고 스스로 일어났으니까요."라고 말했다. 도대체 어떻게 키웠길래 재용 군이 일찌감치 자기주도적 삶을 살게 했을까?

팔 좀 부러지면 어때?

재용 군은 외둥이다. 하나밖에 없는 자식에게 모든 걸 해주고 싶은 것이 부모의 마음이겠지만, 재용 군의 부모는 외아들에게 베푸는 사랑의 방식이 여느 부모와 달랐다. 졸졸 따라다니면서 일일이 챙겨주기보다 하고 싶은 것을 마음껏 하게 했다. 재용 군은 "부모님은 '하지 마' '안 돼'라는 말을 하신 적이 없어요. 공부하라는 소리도 하신 적이 없는 걸요"라며 이렇게 말했다.

"제 부모님은 좀 달랐어요. 편견과 틀이 없었죠. 하지 말라는 것도, 하라는 것도 없었어요. 하겠다고 하면 무조건 기회를 주셨죠. 그러니 저 스스로 부딪쳐 보면서 옳고 그름을 찾아내야 했어요. 그 과정에서 자립심이 생긴 것 같아요. 초등학생 때 장난을 치다 팔이 부러진 적이 있는데, 돌아보니 그 경험도 큰 도움이 되었어요. 팔 한번 부러지면 어때요? 어차피 저절로 붙을 건데. 덕분에 그 이후로 비슷한 장난을 다시는 하지 않게 되었죠."

어머니는 아이의 자립심을 키우는 데 있어서 가장 중요한 점은 '아이에 대해 믿음을 갖는 것'이라고 말했다. 남들이 보기에 위험할 수 있는 상황에 놓여도 그저 아이를 믿고 기다리라는 것이다. 우씨는 재용 군이 초등학교 1학년 때 괌으로 가족 여행을 떠났던 이야기를 들려주었다.

"우리 부부는 숙소에 있는데 재용이 혼자 나가서 놀다 오겠다고 했어요. 우리는 그러라고 했어요. 숙소의 위치와 찾아오는 방법만 알려주었죠. 재용이는 클럽메드 지오들과 어울려 놀다가 한참이 지나서야 돌아오더군요. 남들은 여덟 살 아이를 낯선 타지에서 어떻게 혼자 다니게 하느냐며 의아해했는데, 우리 부부는 재용이를 믿었어요. 혼자서 문제를 해결해야 할 상황에 놓이게 되면 아이들은 생각보다 영리하답니다."

아파트 놀이터에서도 어머니는 대범했다. 최근 아파트 놀이터에 나가 보면 노는 아이의 숫자만큼 그 옆에서 서성이는 부모가 많다. 그리고 아이가 다칠세라 부모의 시선은 아이에게 고정되어 있는 경우가 대부분이다. 하지만 우씨는 달랐다. 재용이가 혼자 놀이터에서 놀다 오겠다고 하면 순순히 허락했다. 이따금 베란다로 나가 안전을 확인하는 정도였다.

아이에게 믿음을 가져야

이래라 저래라 하는 부모의 잔소리 없이 자란 재용 군은 모든 상황을 혼자 부딪치면서 문제를 해결해 나갔다. 자기가 무엇을 좋아하고 무엇을 싫어하는지, 좋아하는 일을 하기 위해 자신의 길을 어떻게 개척해 나가야 하는지 스스로 찾아 나갔다. 초등학생 때 출전한 전국 규모의 미술대회도 그가 혼자 신청했고 중학생이 된 이후에 출전한 세계 규모의 마술대회 역시 그가 신청하고 혼자서 다녔다. 어머니는 "재용이는 초등학교 4학년 때 부산행 비행기를 혼자 탔고, 중학생 때부터는 세계대회를 혼자 다녔어요. 고등학생 때에는 혼자서 열흘간 홍콩 여행을 다녀온 적도 있는 걸요"라고 말했다. 영어 공부 역시 학원 한번 다니지 않고 인터넷으로 했다. 재용 군의 말이다. "세계대회를 출전해 보니 영어의 필요성을 절감했습니다. 하지만 학원에 다니는 것은 성격에 맞지 않아 혼자서 공부했어요." 독학으로 익힌 그의 영어 실력은 웬만한 네이티브 못지않다.

재용 군은 어려서부터 공부를 잘했다. 수학올림피아드 대회에 출전해 금상을 받은 적도 있다. 어머니는 "재용이가 초등학생 때 서울대병원에서 검사한 적성검사에서 아이큐가 160이 넘게 나왔어요"라고 말했다. 마술을 시작한 계기도 초등학교 5학년 때 전교회장 후보로 출마하면서 아이들의 시선을 끌기 위해서였다. 전교생 앞에서 선보인 마술은 그의 인생 궤도를 통째로 바꿔놓았다. 손수건이 사라지는 마술과 로프를 떼었다 이어 붙이는 마술을 선보이면서 그는 예전에는 겪어보지 못한 흥분과 짜릿한 쾌감을 느꼈다. 재용 군은 "친구들의 주목을 받는 게 정말 행복했어요"라고 말했다.

편견과 틀이 없는 재용 군의 부모였지만 아들이 마술사의 길을 걷게 되리라고는 상상하지 못했다. 우씨는 "마술학원을 보내준 것도 아니었고 인터넷을 통해 혼자 배우는 정도였어요. 부모의 전폭적 지원도 없었으니 저러다 말겠지 싶었지요"라고 당시를 회상했다. 하지만 마술의 세계는 그를 마술처럼 빨아들였다. 재용 군은 "학교 공부나 축구, 농구 등은 정해져 있는 내용을 알아가는 것이지만,

마술은 상상 속 세계가 현실이 되는 것이라 정말 신기하고 재미있었어요. 눈앞에 있는 물건들이 사라지고 빨간 손수건이 노란 손수건으로 변하는 마술을 제가 직접 하면서도 진짜 신기했어요"라고 말했다.

공부를 잘하던 아들이 마술에 빠지면서 성적이 곤두박질쳐도 그의 부모는 공부하라는 잔소리를 하지 않았다. 어머니는 "공부는 누구나 다 하는 것이니 특출나게 잘하지 않는 이상 성공하기 힘들지 않나요?"라고 반문하며 이렇게 말했다.

"요즘 아이들이 학원에 묻혀 사는 걸 보면 안타깝고 짠해요. 정말 공부를 좋아해서 한다면 괜찮지만, 모든 아이가 다 공부를 잘해야 하는 것은 아니지 않나요? 모든 사람이 반드시 대학에 가야 한다는 생각은 버렸으면 좋겠어요. 학벌이 뭐가 중요한가요? 그 분야에서 최고면 되지."

학벌이 중요한가요?

재용 군 역시 비슷한 생각이다. 그는 공부에 대한 미련은 전혀 없다며 "책상에 앉아서 공부만 하는 공부벌레는 제 체질에 맞지 않아요. 저는 저만의 상상력을 빛낼 수 있는 크리에이티브한 일을 좋아합니다"라고 말했다.

재용 군은 자신이 좋아하는 일에 빠지면 무섭게 몰두하는 스타일이다. 어릴 적에는 레고에 빠졌다. 하루 4~5시간 동안 밥 먹는 것도 잊고 레고를 조립했다. 그러다가 마술에 빠지면서 또 한번 무서운 몰입을 경험했다. 마술대회를 앞두고는 하루 14~15시간 동안 마술

연습에 빠지게 된 것이다. 마술에 빠지면서 활발하고 장난꾸러기였던 성격도 차분하게 바뀌었다. 그는 좋아하는 일에 몰두하다 보니 안정감이 생긴 것 같다고 말했다.

어머니에게 "재용 군이 어렸을 때에 앞으로 무엇이 되었으면 좋겠다고 생각하셨나요?"라고 묻자 이런 답이 돌아왔다. "괌 여행 때 남편과 바닷가를 걸으면서 이런 이야기를 나누었어요. 해맑은 표정으로 아이들과 놀아주는 클럽메드의 지오들을 보면서 우리 아이도 나중에 이처럼 좋은 풍경 보면서 고민 없고 걱정 없이 살았으면 좋겠다고요. 무슨 일이든 상관없었어요. 스스로 좋아하는 일을 하고 살았으면 좋겠어요."

더도 말고 지금처럼만!

재용 군은 하고 싶은 것을 마음껏 하게 해준 부모님에 대한 감사의 마음이 컸다. 그는 "가두지 않고 키워주신 것에 대해 정말 감사드려요"라고 했다. 일찌감치 자립심을 길러서인지 재용 군은 나이보다 조숙해 보였다. 거기에 중저음의 목소리가 조숙한 이미지를 배가시켰다. 그는 "열린 사고와 자립심이 만나면 큰 시너지를 낼 수 있습니다"라며 이렇게 말했다.

"주변을 보면 우물 안 개구리 같은 친구가 많아요. 부모님이 정해 놓은 틀 안에 갇혀 좁은 세상만 보면서 사는 거죠. 부모가 닦달하고 다그칠수록 점점 우물의 벽은 높아지죠. 결국 그 아이는 빠져나오지 못할 거예요. 하지만 부모님은 제가 우물 밖으로 나와 세상에서 마음껏 뛰어다니게 하셨어요. 덕분에 세상이 얼마나 넓은 곳인지 몸으로 부딪치면서 배우고, 제 길을 스스로 개척해 나갈 수 있었죠."

인터뷰를 마치며 모자에게 서로 하고 싶은 말을 물었다. 어머니는 "재용아, 더도 말고 지금처럼만"이라고 답했고, 재용 군 역시 "지금처럼만, 더 이상 엄마에게 바랄 게 없어요"라고 답했다. 서로를 보는 눈빛에서 그 말이 진심임을 느낄 수 있었다.

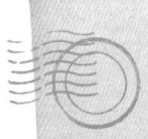

하재용 군, 그 후 어떻게 지내고 있어요?

재용 군은 대학로에서 3개월 이상 장기공연한 〈하늘에서 과자가 내린다면〉을 성공적으로 마친 후 전국 순회공연을 했다. 총 120회가 넘는 강행군이었다. 작년 연말에는 중국 창춘에서 초청 공연을 했고, 최연소 마술사로서 종종 학생 대상 특강도 하고 있다. 마술사를 꿈꾸는 어린이들에게 그는 훌륭한 롤모델이 되고 있다.

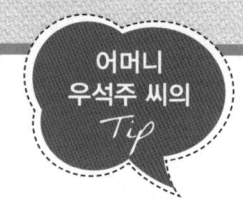

챙겨주는 엄마는 아이를 수동적으로 만들어요!

❶ 아이 스스로 부딪쳐서 깨닫게 하세요!

경험보다 좋은 스승은 없다. 아이가 유리잔을 가지고 놀면 무조건 뺏지 말고 "유리잔이 깨지면 다칠 수 있다"고만 알려준다. 가지고 놀다가 스스로 다쳐 봐야 다시는 같은 실수를 하지 않는다. 일어나지 않은 위험에 대해 아무리 이야기해 봐야 쇠귀에 경 읽기다. 스스로 경험하고 깨달은 경험이야말로 삶의 가장 큰 스승이다.

❷ "하지 마" "안 돼"라는 말은 금물이에요!

아이에게 습관적으로 금기어를 쓰게 되면 부정적 사고가 고착화되고 사고 범위와 활동 무대가 좁아진다. "하지 마" "안 돼"라는 말을 직접적으로 하지 마라. 예를 들어 아이가 비싼 장난감이나 옷을 사 달라고 조르면 "안 돼!"라는 말 대신 왜 사줄 수 없는지에 대해 구체적으로 설명해준다.

❸ 크게 위험하거나 타인에게 피해를 주지 않는다면 OK!

우리나라의 부모들은 아이가 조금이라도 다칠 만한 상황을 만들지 않으려고 한다. 부모가 시행착오를 통해 겪은 가르침을 말로 다 설명해주려고 하지 말고 아이가 스스로 시행착오를 겪으면서 배울 기회를 주어라. 심하게 위험하거나 타인에게 피해를 주지 않는 상황이라면 아이가 하는 대로 그냥 두어도 된다.

❹ 준비물, 책가방, 옷 등도 스스로 챙기게 하세요!

일일이 챙겨주는 부모는 아이를 수동적으로 만든다. 완벽주의자 부모가 종종 범하는 잘못 중 하나다. 시간이 걸리더라도, 가끔 선생님에게 혼나더라도 스스로 하게끔 놔두어라. 부모가 챙겨주는 게 습관화되면 부모 없이는 아무것도 못하는 아이가 된다.

❺ 과감하게 혼자 여행을 보내세요!

부모나 지인 없이 혼자서 떠나는 여행은 짧은 시간 동안 아이를 성숙시킨다. 여행 스케줄 짜기, 교통편 예약, 지출 계획 등 여행의 전 과정을 스스로 하게끔 하라. 초등학교 고학년이라면 국내의 당일 여행이 가능하고, 중학생부터는 동남아나 일본 등 가까운 해외여행도 가능한 나이다.

❻ 수많은 길을 스스로 걸어볼 기회를 주세요!

아이는 수백 갈래가 펼쳐진 길 위를 걷고 있는 중이다. 다양한 경험을 통해 스스로 무엇을 좋아하고 무엇을 잘하는지, 혹은 자신과 맞지 않는 분야는 무엇인지를 접하게 하라. 부모가 길을 일방적으로 정해주고 억지로 밀어붙이다 보면 아이는 엇나갈 가능성이 크다.

방황에서 길을 찾다

"범법행위만 아니면 괜찮다",
30여 년간 좌충우돌한 아들에게 잔소리 대신 격려를!

직선으로만 가는 인생은 재미없다

신아산업 성낙현 대표와
아들 성지환 인더비 대표

연세대 공대, 서울대 수학과, 다음은?

이 아들, 부모 속깨나 끓인 이력의 소유자다. 우선 성적이 롤러코스터를 탔다. 중학생 때는 전교 100등이 소원이던 아이는 어느 날 과학고를 가겠다고 공부에 매진했다. 비록 과학고는 낙방했지만 일반 고등학교를 반에서 1등으로 입학했다. 고등학교 2학년 때에는 가수가 되겠다고 팽팽 놀아 반에서 30등까지 떨어졌다. 담배도 많이 피우고 소위 노는 아이들과 어울렸다. 그러다 어머니가 속상해 하는 모습에 정신을 차리고 공부에 다시 매진해 재수 끝에 연세대 공대에 입학했다.

하지만 적성에 맞지 않아 반 학기 만에 그만두고 수능을 다시 치러 서울대 수학과에 입학했다. 학교는 근근이 다녔으나 졸업하기까지 10년이 걸렸다. 입대 전까지 그가 이수한 학점은 9학기에 고작 20학점 정도. 제대 후 2년 반 만에 나머지 학점을 채워 졸업했으니 스스로 '제대 후 조기졸업'이라고 넉살 좋게 말한다.

이게 끝이 아니다. 뮤지컬 배우가 되겠다고 뮤지컬학원을 다녔고 공연기획자가 되겠다며 공연기획자 양성 학원도 다녔다. 또 있다. 벤처회사를 창립하겠다고 친구와 1년 넘게 사업계획을 세워 보기도 했고 공연계를 경험해 보고 싶어 자라섬 국제재즈페스티벌(이하 자라섬페스티벌)에서 짐 나르는 자원봉사도 했다.

공연기획 및 비주얼 아트그룹인 '인더비'의 성지환(35) 대표가 걸어온 길이다. 이런 좌충우돌 인생길을 걸어온 지환 씨는 2010년부터 기존에 없던 새로운 콘셉트의 공연기획 그룹을 만들어 공연계에서 잔잔한 열풍을 일으키고 있다. '인더비'는 공연계에서 '기발하고 독특한 발상을 하는 공연기획 그룹'으로 평가받는다. 리쌍의 〈겸손은 힘들어〉, 김거지의 〈구두쇠〉 등의 뮤직비디오를 제작했고 리빙디자인페어에서 삼성전자와 콜라보레이션으로 〈타임리스 갤러리〉 전시 영상을 기획·제작했다.

기발하고 독특한 공연기획그룹을 만들다

다양한 아티스트와 회사들이 '인더비'에 손을 내미는 이유는 뻔하지 않은 것을 원하기 때문이다. '인더비(In The B)'라는 이름 자체에 이들이 지향하는 철학이 담겨 있다. '사람들의 일반적인 생각과 취향을 A라고 하면, 특별하고 숨겨진 B라는 가치를 찾아 그것을 새로운 A로 변화시키려는 복석을 가진 그룹'이라는 뜻으로, 지환 씨가 두 달에 걸쳐 지은 이름이다. 이 그룹명과 그룹 철학은 지환 씨가 걸어온 길을 압축한 말로, B는 다양성이자 비주류의 상징이다. 곧게 뻗은 A의 탄탄대로만 걸어왔다면 볼 수 없는 길이 바로 B다.

아들의 이런 우여곡절 과정을 가까이에서 지켜본 부모의 심정은 어떨까? 속이 편할 리는 없을 것이다. 정답 없는 자녀교육을 두고 겪은 부모와 자녀 간의 갈등 과정에서 이들 가족은 어떤 방식의 소통을 해왔을까? 아버지 성낙헌(65) 씨는 기계 부품을 취급하는 무역회사 '신아산업'의 대표로, 신중한 사람이었다. 내내 인터뷰를 고사하던 그였지만 "자녀교육에는 모범답안이 없습니다. 부모마다 아이들마다 다 다릅니다. 우리가 지나온 자취를 담담히 들려주면서 이런 철학도 있다는 것을 보여주고 싶습니다" 하며 승낙했다.

성씨에게 아들을 키운 심정을 묻자 "지환이 엄마는 '지환이가 걸어온 길을 책으로 쓰면 소설 한 권은 될 거야'라고 했어요"라며 점잖게 웃었다. 아들도 부모의 마음을 잘 알고 있었다.

"엄마도 수용 범위가 넓어서 모자간 사이가 좋은 편이었는데, 2007년에는 한계치에 다다르셨는지 집을 나가라고 하시더군요. 3개월간 엄마와 대화를 거의 하지 않았어요. 저라도 저 같은 아들 못 키웠을 것 같아요(웃음)."

성씨의 자녀교육 철학은 소박하다. "아이가 가진 소질을 꽃피울 수 있도록 지켜봐주는 것이 가장 중요합니다. 그러기 위해서는 내 아이가 잘하는 것과 좋아하는 것을 찾도록 도와주는 것이 핵심이에요"라고 말했다.

부모가 원하는 모범생으로 키우지 말아야

"지환이가 잘하는 것은 수학과 IT 분야이고, 좋아하는 것은 예술입니다. 결국 이 둘을 결합해 자신만의 길을 찾아 걷고 있어요. 저는 오래전부터 참선과 명상을 통해 마음공부를 해오고 있습니다. 마음이라는 게 얼마나 활발합니까? 그 마음을 부모의 뜻대로, 주위 사람의 주장대로 끌고 가는 건 맞지도 않고 되지도 않아요. 원래 타고난 씨앗을 잘 키워서 꽃을 잘 피우도록 도와주는 것, 그게 부모의 역할입니다." 아버지의 말이다.

그러면서 "부모가 원하는 모범생으로 키우지 마세요"라고 충고한다. 그렇게 자라면 틀이 자라지 않는다는 게 이유다. 아버지는 아들이 반에서 30등을 할 때에도 조급해하지 않았다. 대학을 가지 않고 가수가 되겠다고 했을 때에도 무조건 말리지 않고 대학을 간 후 가수가 되면 어떻겠느냐는 논리로 설득했다.

고등학교 2학년 때 줄담배를 피우는 아들을 보고도 큰 문제로 인식하지 않았다. 사춘기 고등학생이 해볼 수 있는 일탈의 하나라고 생각했고 아들에게는 건강에 백해무익하다는 점만을 강조했다. 대학 5학년이 되도록 20학점 정도밖에 이수하지 않은 아들, 후배들에게 '당구 잘 치고 학교에 잘 오지 않는 형'으로 회자되는 아들에게 성실이라는 덕목을 애써 강요하지 않았다. 그는 "틀을 넓게 잡으세요"라며 이렇게 말했다.

"부모의 큰 착각이 있습니다. 자녀를 본인의 레이더망에 가두어 놓는 게 잘 키우는 것이라고 생각하는 거죠. 대개의 부모는 틀을 지나치게 좁게 잡습니다. 시긴 단위로 체크하면서 자녀의 일거수일투족을 다 알려고 하지요. 이런 태도는 부모와 자녀 모두에게 좋지 않습니다. 틀을 넓게 잡고, 아이가 하고 싶은 것을 마음껏 해보게 해야 합니다. 범법행위만 아니면 괜찮아요. 다양한 경험은 다 인생 공부가 됩니다. 성적? 살아보니 학교 성적은 중요한 게 아니더군요. 공부 잘했다고 사회생활 잘하는 것도 아니에요."

안전한 길로만 가기보다는

성씨 부자는 수직관계가 아니라 수평관계다. 지시와 복종의 관계가 아니라 서로 영향을 주고받는 관계다. 아버지는 아들에게 경험을 나누어주고, 아들은 아버지가 모르는 새로운 트렌드와 기술을 알려준다. 아버지는 아들이 오히려 자신의 낡은 사고방식을 환기시켜준다며 기특해했다.

"이 아이의 분야는 새로운 영역입니다. 내가 조언해줄 수 있는 분야가 아니죠. 부모의 시각으로 자녀가 갈 길을 충고하는 것은 위험합니다. 부모가 가라는 길은 지금 현재 안전하고 좋은 길일 뿐이거든요. 아이들은 30~40년 후에 직업 인생의 절정기가 옵니다. 세상이 변하는 속도가 빠르기 때문에 30~40년 후의 세상은 예측할 수 없어요. 부모는 그저 아이가 주인공이 되는 시기에 자신의 재능으로 활짝 꽃피울 수 있도록 믿어주고 밀어주어야 합니다."

만약 성씨가 세상의 일률적 잣대로 아들을 모범생으로 키우려고 했다면 어떻게 됐을까? '인더비'라는 남다른 발상을 하는 예술가 그룹은 탄생하지 않았을 것이다. 틀에 갇히지 않은 아들은 부모의 잔소리를 듣지 않고 맘 편히 실컷 방황했다. 방황의 화두는 분명했고 한결같았다. '평생 재미있게 하면서도 최고가 될 수 있는 분야 찾기!' 이 화두를 내내 머리에 새긴 후 하고 싶은 것을 찾고 한번 꽂히는 분야에는 무섭게 몰두했다.

잘 하는 것(IT)과 좋아하는 것(예술)의 환상 결합

정보처리기사 산업기능요원으로 군에 입대한 지환 씨는 복무 기간 동안 전문가도 찾기 힘든 컴퓨터 프로그램 오류를 찾아내 그 실력을 인정받았다. 산업기능요원 생활 중 아홉 번이나 해외출장을 다녀와 병무청에서는 그를 '출장전문요원'으로 부르기도 했다. 전역 후 자라섬페스티벌에서 몸으로 하는 자원봉사 일을 시작한 그는 자라섬페스티벌의 마케팅 팀장까지 맡았다. 그의 결혼식에는 이 페스티벌의 인재진 대표가 주례를 섰다.

30년간 해보고 싶은 것을 거리낌 없이 실컷 해본 그는 드디어 자신이 하고 싶은 일에 대한 결론을 내렸다. 바로 'IT와 문화를 결합하는 것!' 공학·수학·IT 등 이공계 계통의 경험과 공부, 노래, 뮤지컬 수업, 자라섬페스티벌의 경험 등이 모두 한데 녹아 지환 씨의 자양분이 되어주었다.

"IT를 아는 사람은 문화를 잘 모르고, 문화를 아는 사람은 IT를 잘 모르더군요. 저는 이 두 가지를 모두 아는 강점이 있습니다. 또한 IT의 기술적 테크닉이 도움이 되어 비싼 장비를 사지 않고도 효과적으로 영상기술을 구현해낼 수 있었죠. 수학 전공 또한 도움이 되었어요. 수학은 숫자학이라기보다 기본적으로 논리학이에요. 예술만 해온 사람들과는 사고방식이 다르죠. 저는 논리적이고 이성적이라는 소리를 많이 듣습니다."

아들이 자신은 생판 모르는 길을 가려고 했지만 아버지는 그저 믿고 바라봐 주었다. 자신과 다른 세계라고 단정해 벽을 치지 않고, 마음의 문을 열고 아들이 바라보는 세상을 함께 바라보려고 노력했다. 한 예로, 아들이 자라섬페스티벌에서 자원봉사를 할 때 부모는 함께 자라섬에 가서 밤새도록 별을 바라보며 축제를 즐겼다.

"아들에게 고마웠어요. 자라섬페스티벌에 가 보고 깜짝 놀랐죠. 거긴 또 다른 세상이더군요. 자유분방하게 축제를 즐기면서도 보이지 않는 질서를 지키는 젊은이들이 인상적이었습니다. 아들은 나와 다른 세계를 보고 있었던 겁니다. 가보니 알겠더군요. 아들이 왜 그토록 이 분야를 하고 싶어하는지."

아버지는 아들이 진행하는 모든 프로젝트를 알고 있다. 아버지는

"리쌍의 〈TV를 껐네〉가 좋던데? 19금이라 그렇지"라며 눈을 반짝였다. 아들은 "아버지가 호기심이 참 많으세요. 솔직히 귀찮을 때도 종종 있어요"라며 웃었다.

이처럼 수평적인 관계를 지향하는 아버지도 부모의 권위를 내세워서 강조하는 부분이 있다. 바로 가족애 부분이다. 이들 가족만의 전통이 있다. 매년 12월 31일에는 온 가족이 한자리에 모여 촛불을 켜놓고 새해 소망에 대해 대화를 나눈다. 가족 중 한 사람에게 출장이 잡히면 전날 다 함께 모여 식사를 한다. 또한 부모의 생일과 본인의 생일에는 부모님께 큰절을 올린다. 아버지의 말이다. "사람됨이 중요합니다. 무슨 일이든 사람이 기본이죠. 사람됨은 가정교육에서 시작됩니다."

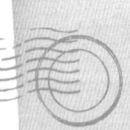

성지환 씨, 그 후 어떻게 지내고 있어요?

지환 씨는 기발한 발상의 비주얼아트 공연기획 그룹 '인더비'의 대표로서 더욱 활발한 행보를 이어가고 있다. 뮤직비디오 제작, 무대 기획, 길거리 시트콤 제작 등을 진행하고 있고, 올해 3월에는 피아니스트 박종훈과 함께 '영상과 음악의 대등한 만남'을 추구한 기발한 클래식 공연 〈비디오콘체르토 No.1〉을 선보였다. 콘셉트는 '세상에 없던 연주'로 역시 '인더비'의 철학이 잘 표현된 공연이었다.

방황은 직업탐색의 시간, 실컷 방황하게 하세요!

❶ 아이가 잘하는 것과 좋아하는 것을 찾아주세요!

진로지도의 핵심은 내 아이가 잘하는 것과 좋아하는 것을 찾아 둘을 결합하는 것이다. 좋아하고 잘하는 것이 융합된 일을 하면 평생 즐기면서 하게 될 가능성이 높고 해당 분야에서 기적을 이루어 낼 가능성도 높다. 학교에서는 잘하는 것 위주로 아이를 평가한다. 그러므로 부모는 주로 내 아이가 진정 좋아하는 것이 무엇인지를 면밀히 관찰하는 것이 중요하다.

❷ 부모가 바라는 모범생으로 키우지 마세요!

부모가 바라는 모범생은 부모의 틀 안에 안주하기 때문에 틀이 자라지 못하고 시각도 좁다. 틀이 작은 아이는 상상력과 창의성이 빛나는 아이로 자라기 힘들다. 틀은 크면 클수록 좋다. 아이의 눈에 보이지 않을 정도의 큰 틀을 만들고 마음껏 방황하게 하는 것이 좋다. 부모의 입장에서는 쓸데없는 시간낭비처럼 보이지만, 다 직업 탐색의 시간이자 경험 축적의 시간이 된다.

❸ 부모의 잣대로 아이의 직업을 충고하는 것은 위험해요

아이들이 살아갈 세상과 부모가 살아온 세상은 전혀 다른 세상이다. 부모의 시각으로 자녀가 갈 길을 충고하는 것은 위험하다. 아이들은 30~40년 후에 인생의 절정기를 맞는다. 세상이 급변하기 때문에 미래의 직업 세계를 예측할 수 없다. 부모가 가라는 길은 지금 현재 안전하고 좋은 길일 가능성이 높다. 10~20년 후 직업의 판도는 현재와 완전히 달라진다. 지금 현재 안정적인 직업이 사라질 수도 있고 상상도 못할 직업이 최고의 직군으로 부상할 수도 있다.

❹ 성공이란 하고 싶은 것을 자신 있게 밀고 나가는 것!
아들 성지환 대표는 다양한 경험과 진지한 고민을 바탕으로 이런 성공 방정식을 썼다. "성공이란 정말 하고 싶은 것을 자신 있게 밀고 나가는 것이다. 성공에 대한 다양한 이론과 방법론이 있지만, 결국은 자신의 신념을 우직하게 지켜낸 회사와 예술가가 인정을 받는다. 그러므로 흔들리지 않고 뚝심 있게 밀어붙일 수 있는 용기가 중요하다."

자존감에서 길을 찾다

부모의 과감한 설득으로
의사에서 화가로 진로 변경한 아들

완벽한 부모는 없다, 좋은 부모면 된다

이무석 정신과 전문의와
서양화가 아들 이성수 씨

아이의 적성을 인정하고 존중하다

이무석(68) 정신과 전문의의 자녀교육 철학은 '저마다의 소질과 적성을 잘 살려 교육한다'는 인재시교의 전형이다. 그는 아버지와 형을 따라 의사가 되겠다는 막내아들에게 화가가 될 것을 권유했다. 그것도 아들이 고등학교 2학년 때였다. 예술가가 되겠다는 아들을 뜯어말리는 경우는 많아도 그 반대의 경우는 흔치 않다. 아버지는 "너는 아무리 봐도 의사가 적성에 맞지 않는 것 같다. 대신 창의적이고 예술적이니 어릴 적 소질을 살려 화가가 되는 게 어떠냐?"라며 아들을 설득했다. 아들은 세 시간 동안 고민한 끝에 부모의 뜻을 받아들였다. 자연계 고등학교를 다니면서 뒤늦게 미술에 뛰어들었고, 결국 서울대 조소과를 나와 화가가 됐다. 그 아들이 바로 서양화가 이성수(38) 씨다. 성수 씨는 일본 니가타 북방문화박물관 초청 개인전과 동화적 상상력을 주제로 kids 12 등에서 초청 개인전을 연 경력의 소유자다.

이무석 박사와 이성수 화가 부자를 이성수 화가의 개인전이 열리고 있는 '153갤러리'에서 만났다. 전시 주제는 '우유', 아버지는 우유를 온몸에 듬뿍 뒤집어쓰고 행복에 겨워 어쩔 줄 몰라 하는 아기 그림을 가리키면서 "저 아기가 바로 성수지요"라며 미소 지었다. 이성수 화가는 "우유는 모성의 치유 코드가 있어요. 우유는 엄마의 사랑입니다. 부모의 사랑을 듬뿍 받은 아기는 행복하지요"라며 작품에 대해 설명했다. 그 아기 뒤에는 병 우유를 빨대로 쪽쪽 빨아 먹으면서 질투 어린 시선으로 아기를 바라보는 아이들이 주르르 있다.

아버지 이무석 박사는 40여 년간 정신분석학 전문의로 활동하고 있다. 한국정신분석학회 회장을 지냈고 현재 청담동 '이무석 정신분석연구소'를 운영 중이다. 그는 아버지를 따라 정신과 전문의가 된 큰아들 이인수 원장과 함께 『내 아이의 자존감(Denstory)』이라는 책도 출간했다. 책에서 내내 이무석 박사가 강조하는 것은 자존감의 중요성이다. 그는 이 책에서 자신이 가치 있는 사람이라고 느낄 때, 넘어져도 다시 일어날 힘이 생긴다고 말하고 있다.

아들의 활기 찾기 프로젝트

자존감은 이씨가 자신의 세 자녀를 성공적으로 길러낸 교육 철학의 핵심이기도 하다. 큰아들 이인수 씨는 청담동에서 '이인수 정신분석클리닉'을 운영 중이고, 딸은 패션마케팅을 전공하여 디자이너가 되었다. 현재 패션 브랜드 '드맹(DEMAIN)'을 론칭해 46년째 운영하고 있는 어머니 문광자 씨를 도와 서울 본사를 맡고 있다. 여기에 화가가 된 막내아들 성수 씨까지, 세 자녀는 각자 길은 다르지만 행복도 면에서는 모두 엄지손가락을 치켜세운다. 성수 씨는 이렇게 말했다. "예술가에게 있어서 자존감은 생명입니다. 예술가는 사회가 나를 받아들여 주지 않을 때 큰 좌절감을 느낍니다. 하지만 저에게는 부모님이 깊이 심어준 자존감이 있었고, 그게 큰 에너지가 되었습니다. 또한 예술가의 자존감은 팬으로부터 비롯됩니다. 마음으로 이해해주는 팬이 단 한 명만 있어도 그 직업을 계속해 나갈 수 있는 힘이 생기지요. 저에게 그 팬은 바로 부모님입니다."

성수 씨는 어려서부터 공부를 잘했다. 고등학생 때까지 반에서 상위권을 유지했다. 의사나 건축가가 되고 싶다는 생각에 큰 고민

없이 자연계를 택했다. 그러다 고등학교 2학년 때 슬럼프가 찾아왔다. 활발하던 아이는 기운을 잃어갔고 잠을 제대로 자지 못했으며 성적은 뚝뚝 떨어졌다. 무엇보다 행복해 보이지 않았다. 성수 씨의 부모는 '성수의 활기 찾기 프로젝트'에 돌입했다. 원인 분석 결과 적성에 맞지 않는 공부를 하고 있기 때문이라고 결론을 내렸다. 어려서부터 창조적이고 예술적 감수성이 풍부한 아이가 자연계 공부에서 흥미를 찾지 못하고 있었던 것이다.

그의 부모는 아들이 진정 좋아하고 잘하는 것이 무엇일까 고민했다. 그러다 아들의 예술 감각을 다시 찾아주기로 했다. 성수 씨가 중학교 1학년 때의 일이다. 어머니는 아들의 미술 숙제를 보고 깜짝 놀랐다. 찰흙으로 손을 만들었는데, 정교하지는 않았지만 느낌이 살아 있었기 때문이다. 이씨는 "내가 보기에는 흙장난 같았는데, 아내는 성수의 작품에 느낌이 있다고 하더군요"라고 말했다. 그때부터 어머니는 아들의 미술작품을 하나도 버리지 않고 모아서 진열하기 시작했다. 아들이 로댕 같은 조각가가 되면 사람들이 초기 작품을 찾을 것이라며, 아들에게 '너는 특별하다'는 자존감을 심어주었다. 아들의 작품을 전시한 진열장은 여전히 그대로 있다.

전문가의 검증도 필요했다. 부모의 판단은 편견이 있을 수 있기 때문이다. 부모는 박양선 조각가에게 아들의 점토 작품을 보여주었다. 박양선 조각가는 깜짝 놀라면서 "천재적입니다! 조각 교육도 받지 않은 아이가 어떻게 이런 다양한 조각 기법을 선보일 수 있지요?"라며 적극 밀었다. 아들의 소질을 찾아낸 부모는 설득 작업에 나섰다. 아버지는 "아들아, 아무래도 넌 의사보다 화가가 맞는 것 같구나. 소질에 맞는 일을 찾아서 해야 인생이 행복하단다!"며 설득했고, 어머니는 "예술가의 삶은 아름답고 가치 있는 삶이란다. 너는 신앙심이 깊으니 성경 조각 동산을 만들면 얼마나 의미가 있겠니!" 하며 설득했다. 아들은 "시간이 필요해요"라며 집을 나갔고, 친구 집에서 세 시간 동안 깊이 생각한 끝에 집으로 돌아왔다. 부모의 설득대로 화가가 되겠다고 선언하면서 단서를 달았다. "공부가 싫어서 미술을 하는 게 아니에요. 하지만 미술을 하면서 돈을 벌 자신이 없고 정돈된 삶을 살지 못할 수도 있어요. 그래도 허락하신다면 미술을 하겠습니다." 부모는 흔쾌히 동의했다. 아버지의 말이다. "사람이 살아가는 데 많은 돈이 필요하지 않습니다. 사치하고 남을 지배하기 위한 것이 아니라면 말이지요."

타고난 기질을 억누르면 안 된다

그때부터 아들의 고등학교 생활은 한층 더 고단해졌다. 주중에는 전남 광주에서 학교를 다니고 주말에는 서울에 올라와 미술학원을 다녔다. 학기 중에는 광주에서 지내고 방학 때에는 서울에서 지냈다. 공부하기 싫어서 미술을 하는 게 아니라는 것을 증명하기 위해 남보다 두 배의 노력을 했다.

결국 서울대 조소과를 졸업하여 화가가 된 성수 씨, 그의 작품세계는 밝고 따뜻하다. 강렬한 색채로 표현한 작품은 선명하면서도 자유분방하다. 이번 전시회의 주제인 '우유'는 순수한 이미지와 섹슈얼한 이미지를 함께 지녀 '성과 속'이라는 복합적 메시지를 전한다. 그는 "화가가 된 지금, 참 좋습니다"라며 이렇게 말했다.

"저는 한국에서 자라기 어려운 스타일입니다. 제 자신도 알고 주변 사람도 알지만 사회와 교육 시스템을 한 사람이 바꿀 수는 없지 않습니까? 부모님이라는 시스템이 사회 시스템을 커버해준 것 같습니다. 저는 참 행운아죠. 정신과 전문의인 아버지의 철학과 따뜻하고 긍정적인 어머니의 성품이 제 자존감의 기반이 되었으니까요."

이무석 박사는 정신분석학을 연구하면서 좋은 부모에 대해 고민도 많이 하고 공부도 많이 했다. 이를 바탕으로 그는 좋은 부모란 아이가 가진 특성을 있는 그대로 인정하고 존중하는 사람이라는 결론을 내렸다.

"아이의 타고난 기질을 휘게 해서 틀 안에 가두려고 하면 불행이 시작됩니다. 마음의 병이 깊어 고통받는 제 환자의 대부분은 성장 과정에서 생긴 부모와의 관계 후유증 때문에 아픈 사람들이에요. 부모의 취향과 욕심대로 아이를 만들려고 하면 그 아이는 사회적 성공을 이루더라도 행복하지 않습니다. 부모의 기대치에 맞추기 위해 자기를 억누르면서 성장한 사람의 무의식에는 '내면의 판사'가 살고 있어요. 늘 자신을 채점하고 감시하는 어머니 아버지의 다른 이름이지요."

그는 아이가 순하거나 난폭한 것도 부모 하기 나름이라며 개 이야기를 꺼냈다. 마루 밑에 묶어 놓은 후 끈을 짧게 하고 먹을 것을 적게 주며 약을 많이 올리는 주인의 개일수록 사납다고 한다. 사람도 마찬가지다. 타고난 기질을 억누르고 억압하면 아이는 억울해하고 노여워하면서 점점 사납고 난폭한 아이가 되어 간다고 한다.

아들 성수 씨는 작품 외에 '작은 결혼식'으로도 화제가 되었다. 가족과 친지만 초대하여 조촐한 결혼식을 올린 것이다. 봉사활동을 하면서 알게 된 배우 차인표 씨는 그의 결혼식을 "세상에서 가장 멋진 결혼식"이라고 표현했다. 성수 씨에게는 다섯 살, 세 살배기 두 딸이 있다. 좋은 아버지 밑에서 자란 성수 씨 역시 좋은 아버지가 되기 위해 노력을 많이 한다. 그는 이렇게 말했다.

"아버지와 형이 쓴 책 중에서 기억에 남는 대목이 있습니다. '완벽한 부모는 없다, 좋은 부모면 된다!'라는 대목입니다. 좋은 부모란 아이를 안전하게 보호해주고, 무엇을 좋아하고 무엇을 싫어하는지 관심을 갖고 지켜봐 주는 사람이라고 생각해요. 나머지는 아이 스스로 하게끔 기다려주어야 합니다."

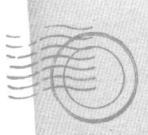

이성수 씨, 그 후 어떻게 지내고 있어요?

성수 씨는 두 아이를 키우면서 그림의 소재가 크게 바뀌었다고 한다. 아이들 손을 잡고 집 근처 서울숲을 자주 다니면서 아이들의 감성을 그림에 입히게 된 것이다. 예전에는 거대담론을 다루었다면 최근엔 '사소한 것의 아름다움'에 관심을 갖게 됐다. 그래서 색채가 밝아지고 그림이 따뜻해졌다는 평을 듣는다. 한편 이무석 박사는 성경 속 인물에 대한 정신분석을 소재로 한 책 『성격 아는 만큼 자유로워진다(두란노)』를 펴냈다.

자존감 높은 아이로 키우려면 어떻게 해야 할까요?

❶ 귀가 후 첫 5분은 아이와 함께하세요!

연구 보고에 의하면 부모가 퇴근 후 집에 들어왔을 때 첫 5분이 특히 중요하다고 한다. 아이는 하루 종일 부모의 사랑에 굶주려 있다. 즉 부모가 현관문을 열고 들어올 때 아이는 '부모가 고픈' 상태이다. 그러므로 부모는 퇴근하자마자 아이와 충분히 스킨십을 갖고 눈맞춤을 하며 아이에게 따뜻한 관심을 보여주는 것이 좋다.

❷ 다른 아이와 비교하지 마세요!

아이들은 각자 고유한 청사진을 가지고 세상에 나온다. 부모의 역할은 아이가 고유한 청사진대로 살아가도록 환경을 조성해주는 것이다. 장경동 목사는 "부모의 역할은 아이와 함께 배를 타고 가는 것이 아니라 그 배의 등대가 되는 것"이라 했다. 아이가 고유한 청사진대로 배의 속도와 방향을 정하되 길을 잃지 않도록 등대 역할을 해주는 것, 그게 부모의 역할이다.

❸ 아이에게 명령할 때에는 따라야 하는 이유를 설명해 주세요!

부모의 양육태도는 아이의 지능발달에 결정적인 영향을 끼친다. 학문이란 인과론을 탐구하는 것이다. 뉴턴은 사과가 떨어지는 결과를 보고 원인을 생각했다. 그 과정에서 '만유인력의 법칙'을 발견할 수 있었다. 어릴 때부터 인과론을 훈련받은 아이는 지적 발달이 뛰어날 가능성이 높다. "조용히 해" "나가 놀아" "손 씻어" "공부해" 등등 일상생활에서 아이에게 명령하는 태도부터 바꿔야 한다. 무조건 명령하기 전에 따라야 하는 이유를 먼저 설명해주는 것이 좋다.

❹ **아이에게 완벽함을 요구하지 마세요!**
부모가 짜놓은 완벽한 스케줄과 점수에 아이가 미처 따라오지 못하면 아이는 죄인이 된다. 부모에게 완벽하지 못해 죄인이 되는 것이다. 이렇게 자란 아이는 자존감이 낮다. 시험을 잘 보지 못하면 아이는 이미 스스로 괴롭다. 여기에 부모가 한술 더 얹어 비난하면 아이는 갈 곳이 없다. 완벽하지 않아도 노력을 인정해주고 그 마음을 공감해주면 아이는 스스로에 대한 믿음이 생기고 자존감이 생긴다.

❺ **아이의 감정 표현을 아이와 소통하는 기회로 삼으세요!**
아이의 감정은 아이에 대해 많은 것을 알려주는 통로이다. 좋아하는 것, 싫어하는 것, 기쁨, 슬픔, 분노 등의 감정은 아이의 의식과 무의식에 대해 많은 것을 얘기해준다. 아이의 감정을 알아주면 아이는 부모의 말을 받아들일 마음의 여유가 생긴다. 공감받지 못한 감정은 아이의 내면을 오랫동안 지배한다. 그러므로 아이의 감정은 공감을 받아야 할 소중한 것이다.

『스펙보다 중요한 내 아이의 자존감(Denstory)』에서 발췌 요약

절대 긍정에서 길을 찾다

이 세상의 중심은 '나'라는 아빠의 교육이
주눅들지도 자만하지도 않은 딸의 멋진 워킹을 만들다

딸바보 아빠가
무대 위 스타를 키우다

고려대 심리학과 남기춘 교수와
패션모델 딸 남지현 양

서울패션위크 런웨이의 모델로 서다

진홍빛 철쭉이 흐드러지게 핀 서울 성북구 안암로 고려대 교정, 교복 입은 한 여고생의 등장에 캠퍼스가 들썩였다. 177센티미터의 키, 길쭉한 팔다리에 긴 생머리를 휘날리면서 위풍당당하게 걸어 들어오는 여학생. 마론 인형 같은 여학생을 따라 사람들의 시선이 일제히 움직였다. 여학생은 먼발치에 있는 한 남자를 보더니 활짝 웃었다. 고려대 심리학과 남기춘 교수, 그의 아버지다. 여학생은 한림연예예술고등학교(이하 한림예고) 모델학과 3학년에 재학 중인 남지현 양이다. 남기춘 교수는 fMRI(기능성 MRI)를 이용, 국내 최초로 심리학에 뇌과학을 접목한 융합 연구를 시도해 '심리학자가 말하는 뇌과학'의 토대를 닦았다는 평을 듣고 있다.

지현 양은 고등학교 2학년 때 서울 시청광장에서 진행된 서울패션위크 전야제의 런웨이를 밟았다. 1년에 2회 개최되는 서울패션위크는 국내 최고 권위의 패션쇼다. 전야제에는 장래가 촉망되는 예비 모델들이 무대에 오르는데, 이 중에는 지현 양을 포함한 한림예고 패션모델과 재학생 5명도 있었다. 한림예고는 국내에서 유일하게 모델학과가 있는 고등학교다. 지현 양은 이 한림예고 모델학과 재학생을 대상으로 한 서울패션위크 전야제 오디션에 합격했다. 그는 심사위원들로부터 팔다리가 길고 아름다우며 이국적이면서도 개성 있는 외모를 지녔다는 평을 들었다면서, 자신이 모델학과 친구들 사이에서도 체형 조건이 좋은 편이라고 말했다.

특히 그가 높은 점수를 받은 부문은 당당한 워킹이다. 오디션에서 심사위원을 사로잡은 그의 워킹은 서울패션위크 전야제 무대에서도 빛났다. 감색과 흰색이 체스판처럼 배색된 드레스를 입은 그는 전문 모델 뺨치는 워킹을 선보였다. 옆트임이 있어 걸을 때마다 허벅지가 길게 드러나는 워킹은 우아하면서도 섹시했다. 지현 양은 "무대를 걸으면서 '내가 최고야! 내가 짱이야!! 이 세상의 중심은 나야!!!'라는 생각을 했어요. 저 자뻑 장난 아니에요"라고 말하며 까르르 웃었다.

입버릇처럼 하고 들으며 믿는 말, "잘될 거야"

패션모델에게 자신감은 생명이다. 오디션에 수없이 떨어질 수 있고, 정말 극소수의 살아남은 자들만이 무대에 설 수 있는 패션모델의 세계에서 자신감은 강력한 무기다. 아무리 체형 조건이 좋아도 '지금 이 순간만큼은 내가 최고!'라는 자신감이 없으면 런웨이에서 빛날 수 없다. 지현 양의 이런 자신감의 원천은 남기춘 교수의 교육 철학덕분이다. 남씨의 교육 철학의 기본은 '절대 긍정'이다. 그는 절대 부정적인 말을 하지 않는다. 자녀에게든 학생에게든 마찬가지다. "잘될 거야" "할 수 있을 거야"라는 말을 입버릇처럼 하고 정말로 그렇게 될 거라고 믿는다. 그를 아는 지인들은 "남 교수처럼 다 잘될 거라고 믿는 사람은 처음 봤다"라는 말을 한다. 지현 양은 "아빠는 늘 '우리 딸은 최고가 될 수 있을 거야' '너는 그릇이 크니까 잘될 거야'라는 말을 하세요. 어렸을 때부터 그런 말을 듣고 자라다 보니 자연스레 자신감이 생겼어요. 본인이 노력만 하면 반드시 꿈은 이루어진다고 저는 믿어요. '나는 최고의 모델이 될 수 있다!'고 생각합니다"라고 말했다.

지현 양은 재학생 신분이기 때문에 학교를 통한 활동만 가능하다. 졸업해야 소속사를 가질 수 있고 전문 모델로서의 활동이 가능하다. 하지만 그는 "저는 이미 성공했어요"라고 말한다. 그에게 성공이란 누구나 쉽게 닿을 수 없는 아득한 꿈이 아니다. 벌써 자신이 생각해둔 성공 방정식이 있다.

"제 기준에서 저는 성공했어요. 자기가 생각하는 목표에 가 닿았고, 자기가 행복하면 그게 성공 아닌가요? 열아홉 살 인생에서는 열아홉 살의 성공이 있고, 스무 살 인생에서는 스무 살의 성공이 있어요. 저는 열아홉 살 인생에서는 이미 성공했어요."

그는 학벌을 위한 대학이라면 가지 않겠다고 했다. 남들이 가니까 휩쓸려서 가지는 않겠다는 것이다. 그가 하고 싶은 공부는 모델 공부와 인생 공부이다. 그는 "하루라도 빨리 프로 패션모델이 되어서 런웨이를 마음껏 누비고 싶어요. 사람들의 시선을 받는 순간이 가장 행복해요"라고 말했다. 지현 양은 모델 외에도 인간의 본질에 대해 관심이 많다. 정의는 무엇인지, 삶을 어떻게 살아야 할 것인지에 대한 고민을 많이 하고, 책을 읽은 후 아버지와 철학적인 대화도 자주 나눈다. 최근에는 최재천 교수의 『생명이 있는 것은 다 아름답다(효형출판)』와 미하이 칙센트미하이의 『자기진화를 위한 몰입의 재발견(한국경제신문사)』을 읽었다. 생각이 깊어 친구들로부터 '애늙은이'라는 소리를 종종 듣는 편이라고 한다.

교수 아버지의 생각은 어떨까? 아버지는 딸의 결정을 존중했다. 남씨는 "자기를 성장시키기 위한 과정이라면 대학 공부가 필요하지만, 간판을 위한 대학이라면 갈 필요가 없습니다"라고 말했다. 그의 부모는 이제껏 딸의 결정을 반대한 적이 없다고 한다. 늘 또래 아이들보다 머리 하나가 더 컸던 딸이 패션모델이 되겠다고 했을 때에도, 국내에서 유일하게 모델학과가 있는 한림예고에 왕복 세 시간의 통학을 감수하며 가겠다고 했을 때에도 반대하지 않았다.

"열아홉 살 인생에서 나는 성공했다"

자식이 모나지 않은 평탄한 길을 가길 원하는 부모의 마음은 다 같을 것이다. 그럼에도 아버지는 어떻게 이렇듯 쿨하게 자식의 결정을 단번에 지지할 수 있을까? 신기해하며 묻자 남씨는 한숨을 푹 내쉬며 속내를 고백했다.

"저라고 왜 걱정이 없었겠습니까. 제 아이들도 당연히 저처럼 공부를 할 줄 알았습니다. 지현이가 모델이 되겠다고 했을 때 며칠간 잠을 못 잤습니다. 답답하고 걱정이 되어서요. 하지만 지현이에게 내색을 하거나 부정적인 말은 하지 않았습니다. 제 딸을 알거든요. 지현이는 저를 많이 닮았습니다. 저 아이는 하지 말라고 해서 하지 않는 아이가 아닙니다. 그렇다면 꿈이 열리도록 힌트를 주어야죠."

그는 지인들에게 조언을 구하고 패션모델의 세계를 들여다봤다. 딸의 입장에서 보려고 노력했다. 한국인으로서 지현 양 같은 신체 조건이 흔하지 않다는 걸 알았다. 아버지를 닮아서 키가 크고(남기춘 교수의 키는 183센티미터), 어머니를 닮아서 살이 찌지 않는 체질에다가 팔다리가 유난히 길고 얼굴이 작은 지현 양은 타고난 모델이었다. '하고 싶은 것을 못하게 하는 것처럼 힘든 것은 없다' '간절히 원하는 것을 해야 성공할 수 있다'는 철학을 가진 그는 지현 양의 진심 어린 후원자가 되기로 했다. 지현 양에게 만약 부모가 반대했다면 어떻게 하려고 했느냐고 물었다. 지현 양은 이렇게 답했다.

"단식투쟁이라도 했을 거예요. 허락해주실 때까지요. 다른 부모님들이 자식을 대하는 것을 보면서 '나는 참 부모를 잘 만났구나' 하는 생각을 해요. 강압적이고 자신의 뜻대로 좌지우지하는 부모도 많잖아요. 만약 제가 그런 부모를 만났다면 답답해서 정신이상자가 됐을지도 몰라요. 마음속에 불만이 가득해 또래 아이들과 제대로 어울리지 못했을 거고요. 늘 부모님께 감사하죠."

단점을 없애기보다 장점을 극대화

지현 양은 스스로의 결정에 책임지기 위해 감내해야 하는 부분이 많다. 하루 세 시간이 넘는 거리를 통학하면서도 투덜거릴 수 없다. 코피를 쏟는 날도 많다. 그는 "제가 가겠다고 해서 왔는데 누구를 탓하겠어요?"라며 웃었다. 자신을 믿고 어려운 결정을 내려준 부모님의 심경을 잘 알기에 최고의 모델이 되기 위한 노력을 아끼지 않는다. 수시로 집 근처 공원에 가서 하이힐을 신고 두 시간씩 워킹 연습을 하고, 그의 롤모델인 나오미 캠벨처럼 되기 위해 영상 자료와 사진 자료를 열심히 찾아서 보고 익힌다.

남씨는 결점 없는 사람은 없다며 이런 말을 했다. "지금 당장의 잣대로 보면 문제시되는 행동도 환경이 변하면 장점이 될 수 있습니다. 지현이는 엉뚱한 면도 있고 고집이 세며 자기주장이 강합니다. 이런 면이 문제가 될 수도 있지만, 저는 긍정적으로 봅니다. 이런 성격은 창의적인 일을 하는 데 도움이 되거든요. 단점에 얽매여 주저

하는 사람은 바보예요. 단점을 없애려 하기보다 장점을 극대화하는 자세가 중요합니다."

지현 양은 아직 프로 패션모델은 아니다. 하지만 모델학과 학생이 밟을 수 있는 성공의 한 계단을 올라선 단계다. 아버지는 딸에게 "패션모델이든 뭐든 크게 됐으면 좋겠습니다. 다른 누군가를 도울 수 있고, 누군가의 꿈이 될 수 있는 사람이 되면 좋겠어요. 지현이라면 반드시 할 수 있어요"라고 응원의 메시지를 보냈다. 자식은 부모의 꿈의 대리인이 될 수 없다는 걸 잘 알기 때문에, 자식의 꿈이 무엇이든 그 꿈의 지지자가 되기로 한 것이다. 지현 양은 자신의 꿈을 무지갯빛이라고 표현했다. "하고 싶은 게 많아서 무지개처럼 다채롭고, 하고 싶은 대로 할 수 있으니까 무지개처럼 희망적이에요. 저는 제 미래가 기대됩니다!"

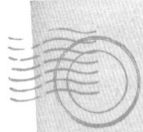

남지현 양, 그 후 어떻게 지내고 있어요?

"학벌을 위한 대학이라면 가지 않겠다!"고 선언했던 지현 양은 서울호서예술직업전문학교 모델예술학부에 입학했다. 전문성을 더욱 탄탄하게 키우고 싶다는 바람 때문이었다. 아버지 남기춘 교수는 '학벌보다 학과'를 우선시한 딸의 결정을 적극적으로 지지했다. 한국인으로서는 드문 체형을 가진 지현 양은 체격 조건과 지적 수준을 겸비한 모델 지망생으로 꾸준히 실력을 쌓아가고 있다.

아버지 남기춘 씨의 Tip

믿는 대로 된다!
"잘될 거야"라는 주문을 걸어주세요!

❶ 피그말리온 효과, 정말 있어요!

피그말리온 효과를 교육에 적용시킨 유명한 심리학 실험이 있다. 지적 수준이 비슷한 두 그룹을 대상으로 한 실험이다. 한 그룹에는 "너희는 수재들이다"라는 말을 반복적으로 들려주고, 다른 그룹에는 아무 말도 하지 않았다. 두 그룹을 가르치는 선생님들에게도 마찬가지로 주지시켰다. 한 학기가 지난 후 실시한 학력 평가 결과는 놀라웠다. 수재라고 믿는 그룹의 성적이 월등히 높게 나온 것. 이처럼 아이가 스스로 '나는 특별하다'고 믿고 부모도 '내 아이는 특별하다'는 믿음을 갖는 게 중요하다.

❷ "잘될 거야" "너는 할 수 있어" 긍정 주문을 걸어주세요!

어려서부터 부모가 자녀를 대하는 태도에 따라서 아이는 일생 동안 가질 자신감을 키울 수도, 키우지 못할 수도 있다. "네가 무얼 하겠어?" "네가 세상의 중심인 줄 알아?"라는 식으로 말하는 부모와, "너는 할 수 있어" "노력하면 잘될 거야"라는 식으로 말하는 부모 밑에서 자란 아이의 자신감은 하늘과 땅 차이다. 잠재력이 힘을 발휘하기 위해서는 '나는 할 수 있다'고 믿는 자신감이 중요하다.

❸ 선택의 자유를 주되, 방임하지는 말아야 해요!

부모 중에는 선택의 자유를 주는 것과 방임을 혼동하는 사람이 있다. 선택의 자유를 주되, 방임해서는 안 된다. '무엇이든 네 마음대로 하라'는 식으로 내팽개쳐 두면 안 된다. 아이가 선택할 수 있도록 다양한 기회를 주고 선택한 길의 장단점을 알려주는 것은 부모의 몫이다. 선택은 자녀가 직접 하게 하되, 스스로의 선택에 책임을 지게 하라.

❹ **단점을 고치기보다 장점을 극대화시켜 주세요!**

누구에게나 장단점은 있다. 단점을 고치기 위해 전전긍긍하지 않는 것이 좋다. 단점에만 신경을 쓰다 보면 가지고 있던 장점마저 잃을 수 있다. 타인에게 피해를 주지 않는 단점이라면 그대로 인정하는 자세가 필요하다. 대신 가지고 있는 장점을 최대한 부각시켜서 그 장점이 단점을 보완하는 긍정의 에너지로 빛날 수 있도록 돕는 것이 더 좋다.

❺ **장점과 단점은 보기 나름이에요!**

세상에 절대적인 장점과 절대적인 단점은 없다. 어떤 상황에서는 단점이었던 것이 상황이 바뀌면 장점으로 보일 수 있다. 남기춘 교수는 자신이 시골 출신인 점이 한때 단점으로 보였으나 지금은 장점이라고 말한다. 세련되지 못한 면이 교수가 된 후에는 친근하고 소탈하다는 장점으로 보이기 때문이다. 또한 누구와도 편안하게 소통할 수 있어 연구자로서도 큰 장점이라고 한다.

칭찬에서 길을 찾다

딸에게 가장 많이 한 말은 "잘하고 있어",
성적이 바닥을 쳐도 "올라갈 일만 남았네!"

딸에게 해준
무한긍정의 말 말 말

지켜보기 고수 장경애 씨와
뮤지컬배우 딸 김소현 씨

온 가족이 서울대 동문

뮤지컬배우 김소현 씨는 인터뷰 때마다 어머니 얘기를 빼놓지 않기로 유명하다. 자신은 마마걸이고, 지금의 자신을 있게 한 주역이 어머니라고 했다. 소현 씨로부터 들은 어머니 장경애 씨는 완벽한 어머니상에 가까웠다. 그는 삼남매를 전부 서울대생으로 길렀다. 부모까지 서울대를 나왔으니 그의 가족은 전부 서울대 동문인 셈이다. 집안의 남자(아버지와 막내아들) 둘은 서울대 의과대학 내과 전공이고, 여자 셋(어머니와 두 딸)은 전부 서울대 성악과를 나왔다. 만나기 전부터 궁금한 게 많았다. 일찌감치 자녀의 진로를 정해놓고 로봇처럼 키운 게 아닐까? 마마걸의 어머니는 자녀에게 매달리는 극성맘이 아닐까? 삼남매를 다 서울대에 보낸 비결은 무엇일까?

메조 소프라노인 어머니 장경애 씨는 자녀교육을 주제로 한 인터뷰는 처음이라고 했다. "별로 자랑할 만한 게 없는데……" 하며 겸손해했다. 장씨의 자녀교육 핵심은 '칭찬'이다. 어머니가 소현 씨에게 가장 많이 한 말은 "잘하고 있어"다. 단점을 지적하거나 부정적인 말은 거의 하지 않는다. 둘째 딸이 고등학교 1학년 때 바닥에 가까운 성적표를 가져왔을 때에도 어머니는 혼내는 대신 "나는 너보다 더 못했어. 이 정도면 괜찮아. 올라갈 일만 남았네?"라고 말했다. 그의 칭찬은 자녀에만 국한하지 않는다. SBS TV 〈백년손님〉에 출연했던 장씨는 장모들의 '사위 흉보기' 자리에서도 사위 칭찬만 해서 다른 장모들의 눈총 아닌 눈총을 받기도 했다.

소현 씨는 지금까지 자신이 버틸 수 있었던 것은 어머니의 무한한 사랑과 칭찬 덕분이라며 이렇게 말했다. "공연을 하다 보면 좋은 평도 많지만 나쁜 평도 많아요. 옆에 있는 가족마저 '너는 이게 문제야'라는 식으로 말했다면 중도에 무너져버렸을지도 몰라요. 이따금씩 들은 엄마의 '잘하고 있어' 한마디가 제게는 큰 힘이 되었죠."

어머니가 실천해온 자녀사랑법은 '간섭 없이 지켜보기' '잔소리 없이 코치하기'다. 말은 쉽지만 보통 어려운 일이 아니다. 지켜만 보면서 간섭을 하지 않는다는 건 어머니로서 도인에 가까운 자세와 인내심이 요구된다. 장씨에게도 쉬운 일이 아니었다. 그는 "거의 중노동이죠"라고 표현했다. 간섭하고 싶은 맘은 굴뚝같지만 꾹꾹 참는다. 이유는 하나, 개성이 없어져 버릴까 싶어서이다.

"저는 '아이들이 커서 무엇이 되었으면 좋겠다' '어떤 성격의 사람이 되었으면 좋겠다'는 생각을 한 적이 없어요. 사람은 있는 그대로 살면 된다고 생각해요. 성악 레슨을 받으러 온 학생 중에는 안타까운 아이가 많아요. 아이에게 족쇄를 채우는 부모가 많거든요. 시간대를 체크해 가며 아이들을 감시하는 식이죠. 그렇게 키운 사람 많이 봤는데, 잘된 경우는 보지 못했어요. 긍정적이지 않아요."

'집안 남자들은 서울대 의대, 여자들은 서울대 성악과'라는 구도는 우연의 산물인 셈이다. 장씨는 이런 구도에 대해 "저도 신기하네요. 의도한 적이 없는데"라며 고개를 갸웃거렸다.

무한 사랑과 칭찬의 힘

'간섭 없이 지켜보기'를 보여주는 대표적 사례가 있다. 뮤지컬계에서 알 만한 사람은 다 아는 유명한 일화다. 일명 김소현 엄마 스토커 오인 사건. 2001년 소현 씨가 뮤지컬 〈오페라의 유령〉의 여자 주역 크리스틴으로 데뷔할 때의 일이다. LG아트센터 공연 관계자가 소현 씨에게 조심스레 다가와 이렇게 말했다. "김소현 씨 스토커가 있는 것 같아요. 머리에 스카프를 두른 웬 아주머니가 소현 씨 공연마다 찾아와서는 공연장 밖 모니터로 지켜보다가 김소현 씨가 나오면 고개를 숙이고 중얼거려요." 알고 보니 소현 씨의 어머니 장씨였다. 딸이 공연하는 모습을 보고 싶었던 어머니는 딸의 공연마다 공연장을 찾았지만 티켓 값이 비싸 공연장 밖 모니터로 공연을 지켜보았고, 딸이 등장하면 차마 똑바로 쳐다보지 못하고 고개 숙여 기도를 드렸던 것이다. 어머니는 딸이 부담을 느낄까 봐 이 사실을 숨겼다. 나중에 이 사실을 알게 된 공연 관계자들은 어머니에게 소현 씨가 출연하는 뮤지컬 티켓을 무료로 제공했다.

하지만 뮤지컬 〈엘리자벳〉에서 딸은 어머니에게 '공연장 출입 금지'를 선포했다. 첫 공연 외에는 오지 못하게 한 것. 어머니는 "소현이는 오지 못하게 했는데 나는 한 번 더 갔어요. 〈지킬 앤 하이드〉 때도 많이 갔죠. 소현이는 몰라요"라며 비밀이라고 했다. 공연을 본 후에도 어머니는 가타부타 조언을 하지 않았다. 그저 "잘하고 있어" 한마디뿐. 선배 성악인으로서, 딸을 직접 지도한 스승으로서 하고 싶은 말은 많을 테지만 어머니는 아무 말도 하지 않았다. 이유는 같다. 개성이 흐려질 것을 우려해서다.

어머니는 "프로무대에 데뷔하기 전까지는 제가 가르쳤지만, 이미 자기만의 색깔이 생긴 다음에는 조언하지 않아요. 개성이 없어져 버리거든요"라고 말했다. 소현 씨는 "그렇게 많이 보셨으면서 늘 '잘 하고 있어'라는 한마디만 하세요." 어떻게 그러실 수 있냐고 되묻자 어머니는 늘 지켜만 보고 잔소리는 하지 않는다며 이렇게 말했다.

"조용히 응원만 하지 이래라저래라 하지 않으셨죠. 어렸을 때에는 그런 엄마가 당연한 줄 알았는데, 철들고 보니 당연한 게 아니더군요. 내가 엄마가 되고 보니 엄마 같은 엄마가 되는 게 얼마나 힘든지 알겠어요. 그저 엄마한테 감사할 뿐이에요."

공부는 하고 싶을 때 하는 것

장씨는 극성맘도, 헬리콥터맘도 아니었다. 소현 씨도 "엄마는 치맛바람과는 거리가 머세요"라며 삼남매가 초·중·고등학교에 다니는 내내 학교에 오신 적이 거의 없다고 했다. 셋은 한글도 모르고 초등학교에 입학했고 중학생 때까지는 국·영·수 학원을 다니지 않았다. 소현 씨가 시험 기간에 한숨 잔 후 밤새워 공부하겠다고 초저녁에 잠들면 어머니는 아침까지 재웠다. 울며불며 난리를 치는 딸을 봐도 천하태평이었다. 장씨는 "공부요? 자기가 하고 싶은 만큼 하는 거죠. 누가 시킨다고 되나요?"라며 무심하게 답했다.

삼남매의 대학입시 과정은 순탄치 않았다. 첫째 소현 씨만 단번에 합격했고 둘째 딸은 재수를, 막내 아들은 삼수를 했다. 장장 6년간 수험생 어머니 노릇을 한 셈이다. 자녀 셋 다 고분고분한 스타일이 아니었다. 소현 씨는 겉으로는 온순하지만 한번 파고들면 악착같은 성격이고 둘째 딸은 고등학교 1,2학년 때 심하게 방황했다. 막내아들 역시 방황이 심했다. 재수생 시절에도 학원은 다니지 않고 친구들과 어울려 다니면서 팽팽 놀았다. 어머니는 아들의 뒷바라지를 위해 아들의 학원 근처에 방까지 얻은 상태였다. 이런 어머니의 마음을 뒤로하고 공부를 내팽개친 아들을 보는 심정은 어땠을지 궁금했다. "혼내셨어요?"라는 질문에 장씨는 "저는 그런 거 잘 못해요"라며 이렇게 말했다.

"말로 몇 마디 하고 말았어요. 혼낸다고 달라지는 게 아니지 않나요? 둘째 딸 키울 땐 이런 일도 있었어요. 그 애가 오리는 걸 좋아했어요. 보는 대로 다 오렸죠. 신문이며 커튼까지. 하루는 그 위에서 제가 잠이 들었어요. 언니가 오더니 '너 참 특이하다, 그 위에서 잠이 오니?'라고 하더군요."

소현 씨가 8세 연하의 신랑감을 데리고 왔을 때에도 어머니는 놀라지 않았다. 부정적 반응은커녕 적극 찬성이었다. 소현 씨는 "엄마가 뒷목 잡고 쓰러지실 줄 알았는데 정말 좋아하셔서 깜짝 놀랐어요"라고 말했다. 어머니는 "사위가 성품도 좋고 인상도 좋아 보였어요. 나이 차는 중요하지 않았지요"라고 말을 보탠다.

성악 역시 어머니가 시켜서 한 게 아니다. 소현 씨는 성악에 대한 거부감이 심했다. 어렸을 때에 노래를 너무 많이 들어서 노래하기 싫었다며 "누가 성악 얘기만 해도 귀를 막을 정도였지요"라고 했다. 그는 원래 바이올리니스트를 꿈꿨다. 그러다 중학생 때 손목을 심하게 다치면서 그 꿈을 접었다. 그래도 성악에 뛰어들지 않았던 소현 씨의 마음을 돌린 건 한 장의 CD였다. 어머니가 조용히 건넨 오페라 〈라보엠〉 CD, 이 곡을 듣는 순간 노래를 향해 꼭꼭 닫아 잠근 마음과 귀가 확 열렸다. '나도 미미처럼 아름다운 곡을 부르고 싶다'는 열망이 생겼다. 고등학교 2학년 때였다. 일반 고등학교를 다니던 소현 씨는 뒤늦게 성악에 뛰어들었고 어머니에게 직접 배웠다.

어머니가 강요했다면 평생 하지 않았을 성악

소현 씨는 "스스로 하고 싶게 만드는 것이 중요해요"라며 이렇게 말했다. "엄마가 성악을 하라고 강요했다면 평생 하지 않았을 거예요. 아무리 하고 싶어도, 재능이 있어도 스스로 하고 싶은 마음이 들도록 하는 것이 부모의 역할이라고 생각해요. 부모가 시켜서 하는 것과 스스로 원해서 하는 것은 결과적으로 큰 차이를 낳죠."

소현 씨의 인생을 바꾼 한 장의 CD, 성악의 세계로 이끌려는 어머니의 의도가 담긴 고도의 전략일까? 아니었다. 어머니는 "그 CD 내가 준 거였어? 아빠가 준 게 아니고?"라는 허무한 답변을 내놓았다. "세 아이 모두 스스로 하겠다고 해서 시켰어요. 한 번도 진로에 대해 강요한 적이 없죠." 제각각 방황하다 결국 부모의 길을 고스란히 따라 밟고 있는 삼남매, 부모가 인생의 롤모델이 되지 않았다면 불가능한 일이다.

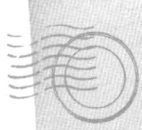

김소현 씨, 그 후 어떻게 지내고 있어요?

소현 씨는 뮤지컬 배우이자 가수로서 더욱 활발한 활동을 이어가고 있다. 뮤지컬 〈엘리자벳〉에서 비운의 황후 엘리자벳을 맡아 호평을 받았고, 한국에서 처음으로 선보일 라이선스 뮤지컬 〈태양왕〉에서도 주연을 맡는 등 바쁜 나날을 이어가고 있다. 한편 남편 손준호 씨와는 나란히 SBS TV 〈불후의 명곡〉 〈오! 마이 베이비〉 등에 출연하여 대중적인 인지도를 함께 넓혀가고 있다.

칭찬을 할 때에는 구체적으로 이유를 밝히며 칭찬해주세요!

❶ 칭찬은 강력한 에너지에요!

꾸중을 많이 듣고 자란 아이와 칭찬을 많이 듣고 자란 아이는 눈빛부터 다르다. 꾸중을 많이 듣고 자란 아이는 자신감이 없고 주눅이 들어 있지만, 칭찬을 많이 듣고 자란 아이는 자신감과 당당함이 넘친다. 도전 과제가 생겼을 때 꾸중을 듣고 자란 아이는 '내가 무얼 하겠어? 게다가 못하면 또 혼날 텐데'라는 식으로 생각하지만 칭찬을 듣고 자란 아이는 '나는 할 수 있어! 성공해서 칭찬 받아야지'라고 생각한다.

❷ "최고야" "멋지다"라는 모호한 칭찬은 오히려 독이 될 수도 있어요!

칭찬에도 노하우가 있다. 칭찬의 남용은 오히려 독이 된다. "너는 최고야" "너는 참 멋져"라는 모호한 칭찬은 오히려 쓸데없는 자부심만 키울 수 있다. "학교에 다녀온 후 숙제를 먼저 하다니, 대단하구나! 엄마는 기뻐"라는 식으로 칭찬의 이유를 분명히 밝혀주는 것이 더 좋다.

❸ 잔소리는 쉽지만 칭찬은 어려워요!

잔소리는 효과가 없다. 아이는 부모의 말이 잔소리처럼 들리는 순간 귀를 막아버린다. 잔소리의 악순환이 반복되면 결국 부모와 아이와의 관계만 악화된다. "왜 너 아직 숙제 안 했어? 엄마가 숙제 먼저 하라고 했지?" 식의 1차원적 잔소리는 효과가 없다. 대신 숙제를 먼저 했을 경우, 분명한 칭찬을 해주어라. 스스로 대견한 마음이 들도록 말이다.

❹ **잔소리 없이 지켜봐 주세요!**

장경애 씨가 세 아이를 서울대에 보낸 교육철학의 핵심이다. 중요한 것은 이래라저래라 하지 않는 것. 늘 '엄마는 너의 곁에 있다. 관심 있게 보고 있다'는 생각이 들도록 가까이에서 지켜만 보되, '콩 놔라 팥 놔라' 간섭하지 않는다. 간섭하면 아이의 개성이 사그러든다. 위험하거나 타인에게 피해를 주는 행동이 아니라면 그저 묵묵히 지켜만 보는 것이 좋다.

❺ **진로는 스스로 택하도록 하세요!**

부모의 강요에 의해 진로를 선택한 아이는 즐기면서 하기 힘들다. 즐기면서 하지 않으면 성공하기 힘들다. 아무리 재능이 있어 보여도 부모가 아이를 데리고 다니는 구도는 만들면 안 된다. 아이가 주도하고 부모는 따라다니는 구도를 만들어야 한다. 부모가 시켜서 하는 것과 아이가 스스로 선택해서 하는 것은 결과적으로 큰 차이를 낳는다.

기다림에서 길을 찾다

아이가 적성을 찾을 때까지
부모는 그저 믿고 기다려주면 되는 것

실패가 아니다,
삶의 방식이 다른 것이다

김명신 서울시의원과
어머니를 기다리게 하는 행복한 남매 이동원·이라슈 씨

기다리는 사람이 있으면 아이는 언젠가는 돌아온다

김명신 서울시의회 시의원(민주당 비례대표·전 교육위원회)은 30년간 우여곡절 많은 남매를 키운 교육철학을 "기다리는 사람이 있으면 아이는 언젠가는 돌아온다"는 말로 정리했다. 김명신 의원은 선행학습과 사교육이 판치는 한국의 입시 위주의 교육에 반기를 들고, 20여 년 전부터 학생이 행복한 교육 만들기에 앞장서 왔다. 그는 교육개혁시민운동연대 운영위원장을 지내기도 했다. 중이 제 머리 못 깎는다고, 자녀교육 전문가 중에는 자녀교육에 성공한 케이스가 드물다. 대개의 자녀교육 전문가는 유형별 정답지를 갖고 있는데 반해 '내 아이 기우기'는 가본 없는 시나리오이기 때문이다. 그래서 더욱 좌절감을 겪기 쉽고 흔들리기 쉽기 때문에, 결국 악순환이 반복되는 경우가 많다.

하지만 김명신 의원은 다르다. '자식농사 잘 지었다'는 평을 듣는다. 김씨 스스로도 "우리 아이 둘은 각자 자신의 길을 잘 찾아간 편이에요"라고 말한다. 남들이 보기에 그럴싸한 길을 걸어서가 아니다. 각자 자신이 좋아하고 잘하는 일을 행복하게 하고 있어서다. 그는 남매의 어머니다. 두 살 터울의 아들과 딸은 달라도 너무 다르다. 아들 이동원(29) 씨는 엘리트 코스를 착착 밟았다. 대원외고와 연세대 경영학과를 졸업한 후 외국계 은행 RBS에서 근무 중이다. 20대의 나이에 차장 직함을 달았고 억대 연봉을 받고 있다.

딸 이라슈(27) 씨는 어디로 튈지 모르는 자유로운 영혼이다. 대학도, 직업도 방황과 실험의 연속이다. 네 곳의 대학을 거쳐 8년 반 만에 졸업했고 역시 네 곳의 직장을 거쳤다. 위스콘신주립대 정치학과를 1년 반 다니다가 전공을 미술로 바꿔 같은 학교에서 6개월을 다닌 후 한국 홍익대 서양화과 교환학생으로 1년간 다녔고, 다시 미국으로 돌아가 시카고예술대에서 1년간 다니다 또 다시 한국으로 돌아와 고려대 조형학과에 편입했다. 이곳에서 라슈 씨는 2년 반을 충실히 다닌 끝에 결국 졸업장을 받았다.

회사 이력도 화려하다. 대학생 때 케이블방송 PD로 근무했고 고려대 재학 중에는 학교 로고를 새롭게 디자인하여 티셔츠를 제작해 팔았다. 이후 제주도에 내려가 '조랑말체험공원'에서 6개월간 아트 디렉터를, 삼성전자 협력사인 문화기획사 '티팟'에서 4개월간 일했다. 지금은 백수다. 라슈 씨는 프로젝트 사원으로 입사한 후 프로젝트가 끝나면 뒤돌아보지 않고 그만둔다. 종종 정규직 사원 제안을 받았지만 수용한 적이 없다. 이 회사에서 저 회사로 옮기는 사이사이에는 작정하고 신나게 논다. 하반기부터는 고려대 문화조형예술학과 대학원에 다닐 예정이다.

달라도 너무 다른 남매

남매의 스타일은 정반대다. 뽀얀 피부에 수트를 입은 아들 동원 씨는 한눈에도 엘리트 금융인이고, 까무잡잡한 피부에 핫팬츠 차림의 딸 라슈 씨는 남미 해변에서 툭 튀어나온 듯하다. 라슈는 4년 전 개명한 이름, 열세 살 때 읽은 『플란더스의 개』에 감동을 받아 주인공의 이름 '파트라슈'에서 따왔다. 라슈 씨가 개명할 때 가족은 아무도 반대하지 않았다. 어머니 김씨는 "이름은 본인이 평생 사용하는 것입니다. 자신이 신중하게 생각해서 결정했으면 따라주어야 하지 않겠어요?" 우리가 이렇게 살아요"라고 의미심장하게 웃었다.

남매는 스타일은 다르지만 말투는 비슷했다. 차분하고 논리적이었다. 라슈 씨가 걸어온 길을 보면 사고뭉치가 아닐까 싶지만, 한번 꽂히면 무섭게 파고들고 맡은 일에 대해서는 책임감이 강하다. 고려대와 시카고예술대 재학 시절에는 장학금도 받았다. 그의 장점은 창의성, 단기간 프로젝트를 맡으면 남들이 생각하지 못하는 발상으로 주위를 깜짝 놀라게 할 때가 많다. 한 회사에 1년 이상 다닌 적이 없는 그에게 "회사 측에서 부정적으로 생각하지 않겠어요?"라고 묻자 이렇게 답했다. "세상의 코드가 바뀐 것 같아요. 비정규직을 선호하는 회사가 늘고 있죠. 단기 프로젝트에 맞는 인력을 뽑으면 회사 측에서는 인력 활용에도 효율적이고 고용의 부담도 없잖아요."

이 부분이 바로 김씨가 자녀를 키우면서 고심했던 부분이다. 김씨의 말이다. "이제는 사회 변화가 빨라서 미래 예측이 힘듭니다. 제가 아무리 교육운동을 오래 하고 자녀교육에 관한 공부를 많이 해도 이 아이들이 살아갈 세상은 저도 모르는 거죠. 미래 사회에 대한 확신이 없기 때문에 아이들의 인생에 강하게 개입할 수 없었어요. 다만 큰 틀은 정했죠. 사회적인 주체로서 자존감을 가지고 행복하게 살길 바랐어요. 자율성과 창의력이 살아 있으면서 자기 삶에 책임질 수 있는 성숙한 인간으로 키우려고 했죠."

삶의 방식이 다른 것일 뿐

대학을 네 번 옮기고 한 직장에 1년 이상 다닌 적 없는 딸, 대한민국 대부분의 부모라면 이런 딸에게 걱정스러운 눈초리를 보낼 것이다. 그러나 김씨는 이런 딸에 대해 '실패'나 '방황'이라는 표현을 쓰지 않았다. 삶의 방식이 다르다고 표현했고 창의적인 아이의 특징으로 이해해주었다. '호기심 천국' 라슈 씨의 면모를 보여주는 사례가 또 있다. 스포츠 부문이다. 그 짧은 생을 살아오면서 수영, 탁구, 무에타이, 발레, 격투기, 테니스, 스쿼시 등을 두루 섭렵했다.

어머니는 라슈 씨가 지닌 개성과 고유성을 인정해주었다. 틀 안에 가두려 하기보다 하고 싶어 하는 것을 마음껏 하게 했다. 그는 "사람에 따라 한 회사에 진득하게 다니는 게 체질에 맞는 사람이 있고 아닌 사람도 있는데, 라슈는 후자예요. 이 아이는 창의력이 뛰어나요. 창의력은 주눅들지 않고 눈치보지 않고 자라야 생겨요. '이걸 하면 남이 나를 어떻게 생각할까'가 아니라 '내가 이걸 정말 하고 싶다'라는 간절함이 있어야 폭발력이 있죠"라고 말했다.

그렇다고 어머니가 이런 딸의 모든 것을 허용하고 이해한 것은 아니다. 대표적인 예가 피어싱이다. 라슈 씨는 고등학생 때 혀와 입술에 피어싱을 했다. 부모는 내심 마음에 들지 않았지만 딸을 혼내지는 않았다. 그저 "그건 좀 뺐으면 좋겠구나"라며 기다리고 또 기다렸을 뿐이다. 라슈 씨가 몇 년 후 피어싱을 빼기로 결심한 날, 아버지는 딸의 손을 잡고 타투장까지 함께 가 주었다.

라슈 씨는 묵묵히 기다리고 이해해준 어머니에 대한 감사가 깊었다. 그는 "어머니는 저를 평생 기다리셨죠. 덕분에 자유롭게 컸고"라며 어머니를 향해 웃어 보였다. 그리고 어머니 입장에서 생각할 수도 있게 되었다. "엄마는 하루하루를 중요하게 생각하시는 것 같아요. 생각해보면 저는 늘 행복했고, 삶이 만족스러웠어요. 만족하지 못하면 바로 떠났죠. 그래서 학교와 직장을 많이 옮겨 다녔어요. 이런 저를 옆에서 늘 지켜봐준 엄마가 고마워요. 이 성향을 죽이지 않고 그저 바라보기만 하는 게 참 힘들었을 텐데……."

자신의 삶에 대한 확신만 분명하다면

듣고 있던 아들 동원 씨는 "피어싱? 오늘 처음 들었는데?"라며 고개를 갸웃했다. 남매는 라슈 씨가 고등학생 때 서로 떨어져 살았다. 라슈 씨는 사업차 베트남에 간 아버지를 따라갔고, 아들 동원 씨는 한국에 어머니와 남았다. 어머니는 아들에게는 딸의 피어싱에 대한 이야기를 하지 않았다. "부모 자식과의 관계와 남매지간은 달라요. 아이들에게 서로에 대해 부정적인 편견을 가질 수 있는 이야기는 하지 않는 편이에요."라는 이유 때문이다.

동원 씨는 전형적인 엘리트 코스를 걸어왔다. 남매는 성향이 정반대다. 한 부모에게서 태어나 같은 환경에서 자랐다는 게 신기할 정도다. 라슈 씨가 흥미와 적성을 찾아 1년이 멀다 하고 헤맸다면 동원 씨는 남들이 정해놓은 성공의 틀에 일찌감치 안착했다. 외고와 연세대 경영학과를 나와 현재 억대 연봉의 금융인이다. 게다가 훤칠한 외모에 반듯한 걸음걸이까지, 누가 봐도 엄친아 스펙이다. 그는 스스로도 제도권과 죽이 잘 맞았다고 말한다.

제도권 안에서의 안정적인 삶은 동원 씨가 택한 생존전략이다. 아들 동원 씨의 말이다. "저는 남에게 간섭받기를 유독 싫어해요. 제가 정한 길을 소신 있게 가는 것을 좋아하죠. 간섭받지 않기 위해서는 제도권 안에서 탄탄한 길을 가야 한다고 생각했어요. 공부 잘하고 할 일을 알아서 잘하면 터치를 하지 않지만, 공부를 못하는 아이에게는 혼내고 잔소리를 하더군요. 중학생 때 깨달았어요. 그때부터 남들이 좋다고 생각하는 길을 죽 걸어왔어요." 안정적인 삶이 좋아서가 아니라 살아남기 위해 터득한 자기보호 전략인 셈이다.

남매는 둘다 자기 삶에 대한 확신이 분명했다. 일찌감치 자신이 어떤 사람인지 파악했다. 무엇을 좋아하고 무엇을 잘하며 어떻게 살아야 행복한지를 알고 있었다. 그리고 그 길을 과감하게 걷고 있다. 겉으로 보기에 둘은 전혀 다른 길을 걷고 있지만, 스스로 행복한 길을 찾아가고 있다는 점에서는 같다. 라슈 씨는 "매일 매일이 행복하고 만족스러워요"라고 했고, 동원 씨는 "회사 일이 재미있습니다. 진로를 잘 택한 것 같아요"라고 말한다.

가족 간 만족도가 비슷해야 다 함께 행복

아들과 딸은 어머니를 바라보는 판단 기준이 다르다. 딸은 어머니가 자신의 자율성을 인정해준 부분에, 아들은 어머니의 수평적 권력구조에 높은 점수를 준다. 아들은 "부모님은 늘 우리를 사람 대 사람으로, 개인 대 개인으로 대하셨어요. 우리의 생각과 의견을 존중해주었죠"라고 말했다. 이들 가족은 구성원 간의 관계가 대등하다. 부모라는 이름으로 아이들에게 강제하는 것도 없고, 자식이라는 이름으로 부모의 발목을 잡는 일도 없다. 부부끼리의 관계도 대등한 편이다. 김씨의 말이다.

"누가 누구를 위해 희생하면 가족이 행복하지 않아요. 부모 역시 각자의 삶을 충실하게 사는 모습을 보여주는 것이 중요하죠. 저는 아이들을 완벽하게 키웠다고 생각하지 않아요. 저보다 잘 키운 어머님도 많아요. 하지만 그들의 삶을 들여다보면 아이를 100으로 만들기 위해 엄마는 50이 되어 있더군요. 우리 가족은 그렇지 않아요. 100은 아니지만 구성원 모두 80~90으로 만족도가 비슷해요."

엄친아스러운 아들 역시 어머니를 기다리게 한다. 귀가 시간이 늦을 때가 많은 아들 때문에 현관문을 수시로 쳐다본다.

어머니는 아직도 기다리는 중이다. 딸은 자신의 적성에 맞는 일에 안착하기를, 아들은 안전하게 귀가하기를. 그는 부모는 기다리는 존재라고 말한다. "아이를 믿고 한 자리에서 기다리면 아이는 멀리 가지 않아요. 가더라도 언젠가는 꼭 돌아옵니다."

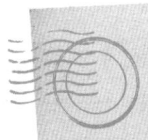

이동원 씨 & 이라슈 씨, 그 후 어떻게 지내고 있어요?

라슈 씨의 직업적 방황은 여전히 현재 진행형이다. 예정대로 고려대 문화조형예술학과 대학원에 진학했지만, 한 학기 다니다 그만둔 후 대치동 청소년 휴식카페 '더하기 센터'와 홍대 '트릭아이 미술관' 등에서 일했다. 지금은 다시 제주도로 가서 외항사 스튜어디스, 외국인학교 교사 등을 꿈꾸며 말을 타고 있다. 동원 씨는 변함없이 외국계 은행에서 근무하면서 자신의 분야에서 더욱더 전문성을 키우는 중이다.

부모의 가치관으로
아이의 진로를 판단하면 안 돼요!

❶ 호기심이 많을 뿐, 실패나 방황이 아니에요!

호기심이 많은 아이일수록 방황의 시간이 길다. 직접 해보고 싶은 것이 많기 때문에 한 곳에 진득하게 정착하기 힘들다. 이 체험은 단순한 실패나 방황의 상처가 아니다. 차곡차곡 쌓여 대기만성을 위한 밑바탕이 될 수 있다. 이런 아이의 경우 자신이 진정 좋아하는 일을 찾으면 무섭게 몰두하기 때문에 해당 분야에서 기적의 성과물을 내는 경우가 많다. 조급해하지 말고 믿고 기다려야 한다.

❷ 부모 세대의 잣대로 함부로 개입하면 안 돼요!

세상이 변하는 속도가 매우 빠르다. 이제 10년은커녕 2~3년 후의 세계도 예측하기 힘들 정도다. 그러므로 부모 세대의 가치관과 철학으로 직업의 세계를 조언하는 것은 위험하다. 현대 사회에서는 하루가 다르게 직업의 세계가 변하고 있다. 오늘의 유망직종이 몇 년 후에는 사라져버릴 수도 있고, 지금은 상상할 수 없는 새로운 직종이 생길 수도 있다. 중요한 것은 아이에게 스스로의 삶을 꾸릴 수 있는 힘을 길러주는 것이다. 자신의 성향은 어떻고, 무엇을 좋아하며, 무엇을 잘 하는지 스스로 들여다보는 시간을 마련해주어야 한다.

❸ 가족 구성원 간 삶의 만족도가 균등한 것이 좋아요!

4인 가족의 삶의 만족도 총합이 350이라면 한 명당 80~90으로 균등한 것이 좋다. 자식을 100으로 만들기 위해 부모의 삶이 50이 되었다면 그 가정은 행복한 가정이 아니다. 부모는 자식을 위해 자신의 삶을 희생했다고 생각하기 때문에 보상심리가 생긴다. 그렇게 되면 자식이 독립한 후에도 부모는 자식을 통해 존재감을 얻으려고 하게 된다.

바라지 않는 마음에서 길을 찾다

15년간 4000건 학생상담 통해 깨달은
교사 아버지의 자녀교육 원칙

바라지 않아야
바라는 대로 큰다

상담왕 교사 신규진 씨와
뚜렷한 개성의 소유자인 두 딸 신서현(오른쪽)·신서빈 양

'바라지 않기'는 '차원 높은 바람'

『바라지 않아야 바라는 대로 큰다(아름다운사람들)』의 책 제목은 심히 함축적이다. '바라지 않음'의 의미가 '무관심'이 아니라 '차원 높은 바람'이라는 것을 책 제목에서 웅변하고 있다. 하지만 자식 키워 본 사람이라면 다 안다. 자식에게 바라지 않는다는 건 도인에 가까운 인내심이 요구되는 어려운 일이라는 것을. 자녀교육서 중에는 뻔한 일반론으로 무장한 책이 많다. 하지만 이 책에 대한 첫인상은 복잡했다. 제목을 곱씹어보게 했고, 책장을 넘겨보게 했다. 저자는 서울 경성고에서 15년간 4000여 회의 학생상담 경력이 있는 '상담왕 교사' 신규진 씨, 그는 2012년 '올해의 과학교사상' 수상자이기도 하다. 이 책은 학생들의 실제 상담 사례를 보고 느낀 후 기록한 '좋은 부모 되기 종합처방전'이다. '문제아는 없다, 문제 부모만 있을 뿐'이라는 전제하에 아이들의 마음을 어루만지면서 치유하는 구체적인 방법론이 소개되어 있다.

책에는 자기 아이에 대한 이야기는 거의 없다. 딸 둘이고, 비교적 자유롭게 키웠다는 두루뭉술한 이야기만 있을 뿐이다. 궁금했다. 아이들 심리 고수인 교사의 자녀는 어떻게 성장했을까? 인터뷰 의뢰를 하자, 신씨는 흔쾌히 응하면서 이렇게 답했다. "딸들이 아빠에 대해 다 까발리겠다고 하네요, 허허허."

학생 심리 고수 아빠와 개성 강한 두 딸

아버지와 두 딸 서현(25)·서빈(21) 양을 만났다. 길거리 캐스팅을 여러 번 받았다는 딸들은 눈에 띄는 미인이었다. 자매지만 둘은 스타일이 매우 달랐다. 눈이 큰 첫째 서현 양은 프랑스 파리지앵의 분위기가, 갸름한 눈매의 둘째 서빈 양은 동양화 속 여인의 분위기가 풍겼다. 전공도 딴판이다. 서현 양은 홍익대 회화과에, 서빈 양은 서울대 경영학과에 재학 중이다. 서현 양은 양 무릎에 주먹만한 구멍이 난 스키니진을 입고 나타났다. "복장 때문에 아빠에게 혼난 적은 없어요?"라고 묻자 서현 양은 "전혀요"라며 웃었다. 신씨는 "저는 '빤스'만 입고 다녀도 상관없습니다. 그 아이의 개성이니까요"라면서 이렇게 말했다.

"서현이가 고등학교 2학년 때 피어싱을 했어요. 미리 허락을 받는 아이가 아닌데, 웬일인지 귀에 피어싱을 해도 되겠냐고 묻더군요. 두 시간 동안 토론을 했습니다. 피어싱을 했을 경우 발생할 수 있는 상황에 대해 조목조목 이야기했지요. 고개를 끄덕이며 알았다고 하더니 다음 날 피어싱을 하고 나타났습니다 하하하." 서현 양이 아버지의 조언을 '참고'만 한 이유는 간단했다. "아빠는 아나운서가 되면 시청자들에게 피어싱 구멍이 눈에 거슬릴 수 있다고 하셨는데, 저는 아나운서가 되고 싶은 마음이 없었어요." 자신의 의견을 깡그리 무시한 딸을 바라보는 아버지의 마음은 어땠을까. 답변은 쿨했다. "의외로 잘 어울리던걸요? 괜찮았어요."

이 짧은 대화 속에 아버지의 교육철학이 고스란히 드러났다. 신씨는 아이들에 대한 편견과 기대가 없다. '학생은 피어싱을 하면 안 된다' '아이는 부모 말을 잘 들어야 한다'는 등의 틀이 없다. 한발 더 나아가 그는 서현 양이 중학생 때 두발자유화를 둘러싸고 교감선생님과 학교 홈페이지에서 벌였던 논쟁을 마치 훈장처럼 소개했다.

책을 통해 그는 '무엇이든 부모의 의도대로 이루어지는 것을 바라서는 안 된다'는 것을 줄기차게 역설했는데, 신씨는 이 교육을 현장에서 직접 체화한 사람이기도 하다.

자녀교육 성공의 잣대는 저마다 다르다. 좋은 대학, 번듯한 직장이 자녀교육의 성공 잣대는 아니다. 신씨가 말하는 성공적인 자녀교육이란 '자신의 잠재력을 마음껏 발휘해 자아실현을 이룬 사람이 되는 것'이다. 이때의 자아실현이란 자신이 진짜 하고 싶은 것을 하면서 행복감을 느끼는 상태이다. 이 기준에 의하면 신씨는 자녀교육에 성공한 아버지다. 두 자녀 모두 각자 가진 소질과 적성을 살려 스스로 전공을 택했고, 그 전공 공부 안에서 행복감과 만족감을 만끽하니 말이다.

담백하게 아이를 그대로 바라보라

그는 여느 부모와 다른 점이 많다. 첫째 서현 양은 학교 성적이 우수했다. 인천외고 첫 시험에서 전교 2등, 전국 상위 0.5퍼센트에 들었다. 이런 딸에게 먼저 미술을 권유한 건 바로 아버지였다. "늘 딸들이 가장 행복한 일을 하면서 살았으면 좋겠다고 생각했습니다. 뚜렷한 꿈이 없었던 서현이는 공부할 때 행복해 보이지 않았어요. 가장 행복해 보일 때가 낙서를 할 때였지요. 사색적이라 도스토옙스키와 니체의 책을 즐겨 읽고 자기만의 견고한 세계가 있는 아이였어요. 예술을 하면 좋겠다고 생각했습니다."

서현 양 역시 "그때는 몰랐는데, 자라고 보니 제가 특이한 경우였다는 걸 알겠더라고요. 친구들한테 미술을 하게 된 계기를 이야기하면 굉장히 신기해해요"라고 말했다. 아버지의 권유는 옳았다. 서현 양의 그림은 흉내 낼 수 없는 독특함과 강렬함을 지녔고, 이번 홍익대 회화과 졸업작품전에서 과 대표작으로 선정되었다.

신씨는 자녀의 '문제적 행동'을 정말 문제로 인식하지 않았다. 앞서 언급한 피어싱 사건이 일단 그렇다. 둘째 서빈 양 역시 마냥 모범생은 아니었다. 고등학생 때 별명이 '미꾸라지'였다. 자율학습 시간에 요리조리 잘 빠져나갔기 때문이다. 하지만 아버지는 "우리 딸들은 속 썩인 적이 없어요. 혼날 일을 한 적이 없는걸요"라고 표현했다. 성적이 떨어지면 "네가 못한 것이 아니라 다른 아이들이 잘한 거야"라고 다독였고 물건을 잃어버리면 "괜찮아, 누군가 필요한 사람이 가져갔겠지"라며 웃어 넘겼다. 그는 타인에게 피해를 주거나 범법행위가 아니라면 문제라고 여기지 않는다고 말한다. "누군가의 잔소리나 간섭을 받게 되면 결함이 생깁니다. 지적을 받으면 그것을 메우기 위해 다른 데 쓰려는 에너지를 끌어다 쓰게 되요. 잠재력 발휘를 위해 써야 할 에너지를 빼앗기는 것이지요."

아버지의 자녀교육 철학을 한 단어로 표현하면 '담백'이다. '담백하다'의 사전적 의미는 '①욕심이 없고 마음이 깨끗하다 ②아무 맛이 없이 싱겁다'이다. 아무 욕심도, 편견도 없이 가치판단을 유보하고 있는 그대로 봐주는 것, 그것이 그가 자녀를 대하는 방식이다. 여기에는 '사람의 성정과 기질은 바뀌지 않는다'는 대전제가 깔려 있다.

딸 친구들 데리고 한밤에 찜질방으로

부모로서 아이들에게 바람은 없었지만, 아이들이 바라는 것은 다들어주었다. 오락실에 가자고 하면 함께 갔고, PC방에도 종종 함께 가서 몇 시간씩 게임을 했다. 서현 양은 "우리 아빠는 경품 뽑기의 달인이에요"라고 했다. 각종 인형이며 학용품, 심지어 미술용품까지 경품으로 받았다고 한다. 이런 아버지가 서빈 양 친구들 사이에서 회자된 일화가 있다. 일명 찜질방 사건. 서빈 양이 중학생 때의 일이다. 밤 9시가 넘은 시각, 딸은 아버지에게 친구들과 함께 찜질방에 가고 싶다고 말했다. 아버지는 그들의 부모에게 일일이 전화를 걸어 허락을 구한 후 서빈 양을 포함해 다섯 명을 이끌고 찜질방에 다녀왔다.

그는 평소 아이들의 말을 귀담아듣는 것이 중요하다고 강조했다. "아이들은 특별한 날 특별한 곳에 데려가는 것을 생각보다 좋아하지 않아요. 그것보다는 평소 사소한 요구를 귀담아들어 주는 것을 더 좋아합니다. 청소년도 마찬가지예요. 학생들을 상담하다 보면 아버지에 대한 이야기를 많이 털어놓습니다. 평소 서먹하던 아버지와 단둘이 여행을 다녀온 후 뭐라고 하는지 아십니까? '단독고문 받고 왔다'고 말합니다. 아버지로서는 관계개선을 위해 다녀온 것이지만, 아들 입장에서는 잔소리 장소를 옮긴 것뿐이지요. 의도된 목적을 가지고 무엇을 하면 아이들은 다 알아차립니다. 사심 없이 평소에 아이들 말에 귀를 기울여야 해요."

명덕여고 국어교사인 아내 역시 그와 비슷한 교육철학을 가졌다. 의도를 앞세워 이끄는 대신 아이들의 질문 하나, 요구 하나 놓치지 않고 반응해주었다. 서현 양은 미취학 시절 어머니와의 대화 중 특히 기억에 남는 일화가 있다고 했다. "엄마가 걸레질을 하고 있었어요. 그게 뭐냐고 물었더니 '걸레'라고 하시더군요. '그럼 엄마가 걸레야?' 라고 다시 물었더니 걸레에 대해 자세히 설명해주면서 다른 곳에 가서는 '누구누구는 걸레'라고 하면 안 된다고 말씀하셨어요. 걸레에는 몸을 함부로 굴리는 사람이라는 안 좋은 뜻도 있다는 말도 하시면서요. 이처럼 엄마는 늘 사소한 질문에도 최선을 다해 설명해주셨어요."

좋은 부모는 친구 같은 부모

신씨는 부모로서 권위도, 아이들에게 뭔가를 베풀어야 한다는 과도한 압박감도 없다. 대신 '최고의 부모는 친구 같은 부모'라는 생각을 갖고 있다. 오히려 "아이들은 친구의 말을 가장 잘 듣지 않습니까?"라고 되묻는다. 신씨는 딸들의 친구와도 격의없이 지낸다. 가끔 만나 밥도 사주고 격식 없이 수다도 떤다. 서빈 양은 "아빠는 제 친구들에게도 인기가 짱이세요!"라면서 엄지손가락을 치켜세웠다. 신씨는 부모들에게 이런 말을 남겼다.

"상담을 하면서 저는 진리라고 믿어왔던 것들이 뒤집어지는 상황을 자주 봐 왔습니다. 진리에는 늘 양면성이 있지요. 부모라고 해서 다 안다고 생각하고, 자녀보다 현명하다고 생각하면 안 됩니다. 겸손해야 해요. 아이들의 이야기를 가만히 듣다보면 아이들 세계가 이해됩니다. 부모도 아이와 다르지 않아요. 덩치만 커진 아이일 뿐이지요. 저 역시 한 인간으로서, 아버지로서 성장하기 위해 계속 공부하는 중입니다."

인터뷰를 마칠 찰나, 서현 양이 끼어들었다. "엄마 아빠도 성숙한 어른이 되어가는 게 우리 눈에도 보여요. 점점 좋은 사람이 되어 가는 것 같아서 기쁘고 감사합니다." 순간 『바라지 않아야 바라는 대로 큰다』 속 한 문장이 떠올랐다. '아이들은 부모의 입이 아니라 행동을 보고 배운다.'

신서현 양 & 신서빈 양, 그 후 어떻게 지내고 있어요?

첫째 서현 양은 독립해 학교 앞에 작은 작업실을 내고 그리고 싶을 때 그리고 싶은 그림을 마음껏 그리고 있다. 때로 가족을 초대해 일급 요리 실력을 뽐내기도 한다. 둘째 서빈 양은 2013년 2학기에도 성적우수 장학생이 되었다. 한편 아버지 신규진 씨는 신간 『내 아이를 바라는 대로 키우는 부모연습(아름다운사람들)』을 출간한 후 '아이들이 행복한 자녀교육법'을 전수하기 위해 백방으로 뛰고 있다.

아이에 대한 기대와 바람을 버리세요!

❶ 잔소리는 백해무익해요!

잔소리는 스트레스를 주며 어떤 행위를 하지 못하도록 방해하는 수단이 된다. 또한 바람직한 행동을 하도록 유도하는 효과가 없거나, 오히려 그런 효과를 감소시킨다는 것이 교육심리학의 견해다.

❷ 존중받는 아이는 떼쓰지 않아요!

막무가내로 떼를 쓰는 아이의 경우, 문제는 아이가 아니라 부모에게 있다. 아이가 무엇을 요구하면 즉각 반응하고, 요구를 들어줄 수 없는 일이라면 왜 안 되는지를 차근차근 설명해주어야 한다. 아이들은 부모의 반응에서 본능적으로 자신이 존중받고 있다는 것을 느낄 수 있다.

❸ '상대적 우월감'이 아닌 '절대적 자신감'을 심어주세요!

자녀교육의 처음과 끝은 아이로 하여금 '나는 유능하다'는 확신을 갖도록 하는 일이 되어야 한다. 이를 위해서는 아이를 긍정적인 시선으로 바라보는 것이 중요하다. 자기유능감은 절대적 자신감으로, 남과 비교해서 얻는 상대적 우월감과는 차원이 다르다. 자기 스스로 유능하다고 생각하는 아이는 타인과 비교하지 않고 자신의 잠재력을 마음껏 발휘할 수 있다.

❹ 자녀에게 '의도'와 '바람'을 갖지 마세요!

자녀교육에는 최대한 담백한 마음가짐이 필요하다. 의도를 가지지 않아야 하고, 성격적으로든 직업적으로든 어떤 사람이 되기를 간절히 바라지 않아야 한다. 간절히 바란다는 것은 쉽사리 이루어지기 힘들다는 전제를 깔고 있고, 그런 생각은 각종 무리와 폐해를 낳기 마련이다.

❺ 최고의 '공부 동기'는 부모의 경험이에요!

"일류대학을 나와도 성공하기 어려운 마당에 공부를 못하면 분명 힘든 인생을 살게 될 거야"라는 말은 아이에게 할 수 있는 최악의 멘트다. 생존을 위해서, 안전을 위해서 공부해야 한다는 논리로는 아이가 즐겁게 공부하게 만들 수도, 아이에게 꿈을 심어줄 수도 없다. 부모나 교사가 먼저 자신이 공부를 통해 얻거나 이룩한 소중한 것들을 아이에게 내보여라. 그것이야말로 아이에게 최고의 공부 동기를 주는 것이다.

『바라지 않아야 바라는 대로 큰다(아름다운 사람들)』 중에서 발췌 요약

에필로그

뒤늦게 시작한
좋은 엄마 되기 공부

　이 책은 내 인생의 스케줄을 변화시켰다. 가장 큰 변화는 2014년 3월부터 6개월간 육아휴직을 결행하게 되었다는 점이다. 초등학교에 입학한 둘째를 위한 결정이었다. 첫째를 키워 보니 초등학교 1학년 엄마는 또 하나의 직업이었다. 입학식, 학부모총회, 부모연수, 상담, 학급도우미, 급식 등 엄마 역할이 많이 필요했지만 나는 엄마 자리에 있어주지 못할 때가 많았다. 한 달에 한 번 급식당번일, 밥 퍼주러 학교에 가면 아이는 밥 먹는 내내 교실 밖을 두리번거렸다. 엄마를 보기 위해서였다. 담임선생님은 "다른 아이들은 엄마가 급식을 오든 오지 않든 크게 신경을 쓰지 않는데 수빈이는 다르네요. 아침부터 엄마를 기다리고, 밥을 먹으면서도 엄마가 있는 복도를 쳐다

봐요. 애정결핍 같아요"라고 하셨다. 맘이 짠했다. 많이 아팠다.

"육아휴직을 진심으로 축하합니다!"

취재 중에 만난 부모들의 말은 한결같았다. "아이가 엄마 곁에서 뒹구는 시간은 정해져 있습니다. 아이가 엄마 품에 파고들 때 충분히 안아주세요." 책을 내기 전 근황을 묻기 위해 일일이 이 책의 등장인물들에게 전화를 했다. 이들에게 육아휴직 이야기를 꺼내자 반응은 한결같았다. "축하합니다!" 다른 사람들과는 다른 의외의 반응, 그렇다. 자녀교육 성공 드라마를 써온 주인공들에게 있어 '아이와 함께하는 시간'보다 더 축하할 일은 없었던 것이다.

육아휴직 6개월 동안 꼭 하고 싶은 것들이 있다. 교문 앞에서 기다리다가 아이가 나오면 두 팔 벌려서 안아주기, 아이의 작은 가방 받아 메고 함께 집에 가기, 집에 가면서 아이스크림 사 먹기, 평일 낮에 아이의 손을 잡고 은행, 박물관, 미술관 가기, 감기에 걸렸을 때 바로바로 병원에 데리고 가기…… 소박한 바람이지만 일하는 엄마로서는 할 수 없는 것들이었다.

아이와 함께하는 시간

인생은 선택과 포기의 연속이다. 6개월 육아휴직을 선택하면서 포기해야 할 것이 많았다. 하지만 믿어 의심치 않는다. 아이들이 먼 훗날, 엄마의 손길이 꼭 필요한 순간에 함께 뒹굴었던 6개월을 생애 가장 따뜻한 시간의 뭉치 중 하나로 기억하리라는 것을. 그리고 나 역시 육아휴직 후 하루하루를 보내면서 정말 잘한 결정이라는 확신이 든다. 아이들 표정과 말투가 달라진 것을 느끼기 때문이다. 한결 밝아지고 안정감이 생겼다. 엄마라는 이름의 안식처는 세상 그 무엇과도 대체할 수 없다는 것을 실감한다. 2014년부터 만 8세까지 대상이 확대된 육아휴직 제도에 감사하고 맘 편히 육아휴직을 할 수 있도록 해준 회사 측에 감사하며 늘 내 결정에 동의해준 남편에게 감사한다.

무엇보다 감사한 것은 바로 이 시기에 이 책을 쓰게 된 것이다. 그동안 나는 달라도 너무 다른 두 아들을 어떻게 키워야 할지 몰라 동서고금의 자녀교육서를 쌓아두고 밑줄을 쳐 가면서 읽었다. 하지만 좋은 엄마 되기 공부는 쉽지 않았다. 읽을수록 혼란스러워졌고 급기야 아노미 상태가 됐다. 1000권의 자녀교육서에는 1000개의 교육철학이 있었던 것이다. 그러다 '인재시교'라는 말을 만났고, 이거다 싶었다. 취재를 위해 사람들을 만난 후 글을 쓰는 것은 매번 강렬한 간접체험이었다. 자녀교육 성공 철학은 저마다 달랐지만 좋은 부모의 공통분모는 분명 보였다.

챙겨주는 엄마는 이제 그만!

나는 엄마로서 우선 말투와 어법을 바꾸었다. 예전에는 "안 돼!" "하지 마!"라는 말을 자주 했지만, 지금은 거의 하지 않는다. "안 돼!"라는 말을 하기 전에 하면 안 되는 이유를 조목조목 설명해주려고 노력한다. 또한 아이에게 자유 시간을 많이 주고 관찰자를 자처한다. 자유 시간에 아이들이 하는 일이 진짜 자신이 좋아하고 잘하는 일로 발전할 가능성이 많기 때문이다. 그래서 앞서서 이끌기 전에

하고 싶은 것을 하도록 두고 한발 물러나 아이의 소질을 찾아주려고 노력하기 시작했다.

무엇보다 가장 큰 변화는 '챙겨주는 엄마노릇'을 크게 줄였다는 점이다. 남을 잘 챙기고 완벽주의적 근성이 있었던 나는 아이에게도 같은 방식으로 내 마음을 표현했다. 그것이 관심이고 사랑이라고 생각했다. 그래서 옷이든 준비물이든 먼저 챙겨주었고, 그게 아이를 위한 일이라고 착각했다. 하지만 깨달았다. 챙겨주는 엄마는 아이를 수동적으로 만들고 마음껏 실패할 기회를 빼앗으며 자기 주도적으로 사고할 수 있는 자유를 막는다는 것을.

"부모님의 딸로 태어나서 행복합니다!"

또 하나, 이 글을 쓰는 동안 나는 우리 부모님을 재발견하게 되었다. 아버지는 내가 중학교 2학년 때 정식으로 주도(酒道)를 가르쳐 주셨다. "수학여행에 가면 친구들과 술을 마시게 될 수도 있단다. 하지만 첫 술은 부모에게 배워야지?" 하시면서. 중학교 3학년 때에는 아버지와 단둘이 떠난 기차여행에서 캔맥주와 땅콩 초콜릿을 하염없이 먹었던 기억이 떠오른다. 느릿한 비둘기호를 타고 '인간은 왜 사는가'에 대해 친구처럼 주거니 받거니 대화를 나누었던 기억도 새롭다. 고등학교 3학년 때에는 스트레스를 풀라며 시험 기간에 새벽까지 맞고(고스톱)를 쳐 주기도 하셨다. 우리 아버지, 이상한 분 아니다. 아버지는 교육자셨다. 동양철학을 전공한 아버지는 윤리교사를 하시다 교장선생님으로 정년퇴직을 하셨다. 퇴직 후에도 '앉은자리 꽃자리'를 모토 삼아 늘 즐겁게 사신다.

아버지에게서 '여유'와 '긍정'을 받았다면, 어머니로부터는 '조건 없는 사랑'을 받았다. 어머니는 늘 본인보다 자식이 먼저였고 자식의 행복을 당신의 행복으로 여기셨다. 허약하신 어머니는 자주 몸살을 앓으셨는데, 40도의 펄펄 끓는 고열 중에도 이부자리에서 기어이 나와서 아침밥상을 차려주시곤 하셨다. 또한 칭찬과 애정표현을 아끼지 않았다. 지금도 어머니는 나를 "하늘에서 내려온 선녀"라 부르고 문자메시지마다 하트를 열 개씩 뿡뿡 찍어 보내주신다.

부모님 이야기를 지인들에게 들려주면 "네가 인재시교감이네"라고 한다. 예전에는 미처 몰랐다. 당연하게 생각했던 그분들의 교육철학이, 사랑의 방식이 결코 쉬운 일이 아니었음을. 부모님은 한 번도 공부하라는 잔소리를 하신 적 없고, 한번도 하겠다는 것을 반대하신 적이 없다. 나도 부모가 되어 보니 그 과정 과정이 얼마나 힘든 일인지 깨닫는다. 좋은 부모가 되는 것은 '도(道)를 닦는 과정'이라는 것을 이제야 알겠다. 지면을 빌어 부모님께 당신들의 딸로 태어나서 더없이 감사하고 행복하다고 전하고 싶다. 그리고 먼 훗날, 우리 아이들로부터 같은 소리를 듣게 된다면 그 이상 바랄 게 없겠다.

新 인재시교

자녀를 '행복한 성공'으로 이끈 부모의 교육철학 29편

1판 1쇄 발행 2014년 5월 1일

지은이	김민희
펴낸이	이영희
편집	이소정
펴낸곳	도서출판 이랑
주소	서울시 마포구 독막로 10(성지빌딩 608호)
전화	02-326-5535
팩스	02-326-5536
이메일	yirang55@naver.com
페이스북	www.facebook.com/yirang5535
등록	2009년 8월 4일 제313-2010-354호

- 이 책에 수록된 본문 내용 및 사진들은 저작권법에 의해 보호받는 저작물이므로 무단전재와 무단복제를 금합니다.
- 잘못된 책은 구입하신 곳에서 바꾸어 드립니다.
- 책값은 뒤표지에 있습니다.

ISBN 978-89-98746-05-6 13590

「이 도서의 국립중앙도서관 출판시도서목록(CIP)은 서지정보유통지원시스템 홈페이지(http://seoji.nl.go.kr)와 국가자료공동목록시스템(http://www.nl.go.kr/kolisnet)에서 이용하실 수 있습니다.
(CIP제어번호: CIP2014009788)」